Interpretationen
Lessings Dramen

INTERPRETATIONEN

Lessings Dramen

Philipp Reclam jun. Stuttgart

RECLAMS UNIVERSAL-BIBLIOTHEK Nr. 8411

Gesamtherstellung: Reclam, Ditzingen. Printed in Germany 2005

ISBN 3-15-008411-3

www.reclam.de

Inhalt

WOLFGANG KUTTENKEULER

Miß Sara Sampson. ». . . nichts als ›Fermenta cognitionis‹«

Dasjenige [. . .] nur allein ist fruchtbar, was der Einbildungskraft freies Spiel läßt.

Gotthold Ephraim Lessing[1]

Doch das Menschenkind hat noch kein Zuhause.

Walter Benjamin[2]

Von den großen Dramen Lessings hat *Miß Sara Sampson* ohne Zweifel am wenigsten Anteil an jenen Segnungen des »dichterischen Pfingstgeistes«, die nach Jean Pauls Urteil den *Nathan* ebenso auszeichnen wie die »Freymäurergespräche« *Ernst und Falk.*[3] Lückenlos reihen sich seit zwei Jahrhunderten die Zeugnisse aneinander, die wieder und wieder bekräftigen, daß sich dieses erste wirklich bedeutende deutsche bürgerliche Trauerspiel[4] nicht oder doch nicht mehr mitzuteilen

1 Lessing, *Laokoon*, Kap. I.

2 Walter Benjamin, *Gesammelte Schriften*, hrsg. von Rolf Tiedemann und Hermann Schweppenhäuser. Frankfurt a. M. 1972 ff., Bd. 3, S. 536.

3 Jean Paul, *Werke*, hrsg. von Norbert Miller, München 1960, Bd. 5, S. 65.

4 Richard Daunicht (*Die Entstehung des bürgerlichen Trauerspiels in Deutschland*, Berlin 1965, S. 237 f.) hat darauf aufmerksam gemacht, daß Christian Leberecht Martinis Drama *Rhynsolt und Sapphira* in der Chronik dieser literarischen Gattung Lessings *Miß Sara Sampson* voraufgegangen sei. Für die Geschichte des bürgerlichen Trauerspiels in Deutschland ist dieser Sachverhalt indes ohne Bedeutung, da Martinis Trauerspiel keine Resonanz fand und das neue dramatische Genre nicht zu beeinflussen vermochte. Vgl. dazu auch Manfred Durzak, »Äußere und innere Handlung in ›Miß Sara Sampson‹. Zur ästhetischen Geschlossenheit von Lessings Trauerspiel«, in: M. D., *Zu Gotthold Ephraim Lessing. Poesie im bürgerlichen Zeitalter*, Stuttgart 1984, S. 31 Anm. 1. – Zur Terminologie und zur Gattungsgeschichte siehe im übrigen die grundlegende Abhandlung von Karl S. Guthke: *Das deutsche bürgerliche Trauerspiel*, Stuttgart ^{3}1980; ders., »Das bürgerliche Drama des 18. und [frühen] 19. Jahrhunderts«, in: *Handbuch des deutschen Dramas*, hrsg. von Walter Hinck, Düsseldorf 1980, S. 76–92 und S. 538–540.

vermag.[5] Offenbar kann es nicht recht von der Bedeutsamkeit seines Sujets überzeugen, und so nimmt sich denn gemeinhin der dramatische Handlungsgang wie ein arg bemühtes, wortreiches, aber realitätsfernes Spektakel aus, das sich in seiner erklärtermaßen Langmut heischenden Umständlichkeit und Weitläufigkeit wie ein »moralisches Schauturnen« im Geiste der Empfindsamkeit[6] präsentiert. Exemplarisch geht diese Einschätzung aus einem Brief hervor, in dem Johann Martin Miller am 20. Februar 1775 aus Leipzig an Johann Heinrich Voß berichtete:

> »Heute wurde Sara, das an sich schon mittelmässige Stück gar langweilig und schlecht aufgeführt. Ich hätte würklich die Sara noch für besser gehalten, aber auf dem Theater ennuyirt und beleidigt sie erschreklich. Lessing lief selber bald wieder weg.«[7]

Solche strikte, ebenso einhellige wie nachhaltige Ablehnung des Dramas bildete seit der Mitte der 1770er Jahre die Nachfolge von einer nicht weniger einhelligen naiv-enthusiastischen Befürwortung, die Lessings *Miß Sara Sampson*

5 Dazu die »Dokumente zur Wirkungsgeschichte« in: *Erläuterungen und Dokumente. Gotthold Ephraim Lessing. Miß Sara Sampson*, hrsg. von Veronica Richel, Stuttgart 1985 (Reclams Universal-Bibliothek, Nr. 8169), S. 40–63; hier: S. 53, 56 und 58 die Voten von August Wilhelm Schlegel, Heinrich Laube und Otto Brahm.

6 So Gerhard Fricke (»Bemerkungen zu Lessings ›Freigeist‹ und ›Miß Sara Sampson‹«, in: *Festschrift Josef Quint*, Bonn 1964, S. 117), dem es keineswegs um eine Abwertung von Lessings Trauerspiel zu tun ist, der jedoch die hypertrophen Schuld- und Reuebekundungen Saras, »unserer puritanischen Moralistin«, mit verhaltener Ironie quittiert, und dies in der wohlbegründeten Überzeugung, daß die »in der reinen Innerlichkeit gefangene (Goethe würde sagen: ›hypochondrische‹) Tugend« den Zusammenhang mit der Wirklichkeit zu verlieren und einem »zerstörerischen Utopismus« (S. 117) anheimzufallen drohe.
Zur expliziten Würdigung der hier zitierten Formel Frickes sowie zur Auswertung der derzeit relevanten Deutungen von Lessings *Miß Sara Sampson* vgl. Wilfried Barner / Gunter Grimm [u. a.], *Lessing. Epoche – Werk – Wirkung*, München [4]1981, S. 159–173; hier insbes. S. 167 ff.

7 Zit. nach: Richard Daunicht, *Lessing im Gespräch. Berichte und Urteile von Freunden und Zeitgenossen*, München 1971, S. 338.

über knapp zwei Jahrzehnte hin zu einer dubiosen Prominenz erhob. So frenetisch, wie dieser Beifall war, ließ er das Trauerspiel, das der Sechsundzwanzigjährige in wenigen Wochen niederschrieb,[8] schon bald nach seiner Veröffentlichung zu einem glänzenden, allenfalls mit Klopstocks *Messias* und mit Goethes *Werther* vergleichbaren »Weinerfolg«[9] werden. Daß sich dieser Ruhm der ungeschmälerten, möglichst intensiven und extensiven Hingabe just an jene Tränenseligkeit verdankte, die später dann der Verpönung verfiel, bezeugt Karl Wilhelm Ramler, der über die Uraufführung des Dramas am 10. Juli 1755 in Frankfurt an der Oder zu berichten wußte:

> »Herr Leßing hat seine Tragödie in Franckfurt spielen sehen und die Zuschauer haben drey und eine halbe Stunde zugehört, stille geseßen wie Statüen, und geweint.«[10]

Derartige glorifizierende Gemütserschütterungen, die unstreitig aus einer modisch befristeten Empfindungskonvention und -konfektion resultierten, prägten sich seinerzeit durchaus nicht nur als kollektives Reaktionsmuster eines verhältnismäßig schlicht enthusiasmierten Theaterzirkels aus, sondern sie gingen auch, wie Wilfried Barner überzeugend nachgewiesen hat, aus der Lektüre besonders kritischer, um die Eigenständigkeit ihres Urteils bemühter Geister hervor. Friedrich Nicolai, Lessing Freund, liefert dafür ebenso eine

8 Die Zeit der Niederschrift des Dramas dürfte sich, den divergierenden Schätzungen der Lessing-Forschung zufolge, auf mindestens zwei und auf höchstens sieben Wochen belaufen.

9 Vgl. dazu die Studie von Wilfried Barner, »›Zu viel Thränen – nur Keime von Thränen‹. Über ›Miß Sara Sampson‹ und ›Emilia Galotti‹ beim zeitgenössischen Publikum«, in: *Das weinende Saeculum.* [...], Heidelberg 1983, S. 89–105. – Zur Inszenierung und zur zeitgenössischen Rezeption von *Miß Sara Sampson* siehe die materialreiche Arbeit von Sybille Maurer-Schmook, *Lessing und die Bühne seiner Zeit*, Diss. (masch.) Tübingen 1980; hier insbes. S. 496–508 und S. 783–800.

10 Brief vom 25. Juli 1755 an Johann Wilhelm Ludwig Gleim. Zit. nach: Daunicht (Anm. 7) S. 88.

Bestätigung[11] wie Christian Adolph Klotz, der so streitbare und späterhin auch mit Lessing vehement zerstrittene Hallenser Professor der Beredsamkeit, der aus der Tatsache, »daß uns der ›Sara‹ Schicksaal recht rühren und zum weinen zwingen« kann, zu dem Schluß gebracht wurde, daß in diesem Drama »des ›Sophokles Oedipus‹ [. . .] eine Gespielin gefunden« haben muß. Und es ist dies eine Wertschätzung, zu der Klotz hinfand, nachdem er *Miß Sara Sampson* erneut gelesen hatte; sein Urteil verband sich dabei mit dem freimütigen und zugleich symptomatischen Bekenntnis:

> »Es ist wahr, die Tragödie ist vortreflich: sie reißt uns dahin, und ich wenigstens schäme mich nicht zu sagen, daß sie mir Thränen abgezwungen hat.«[12]

So fundiert oder vordergründig, so besonnen oder beiläufig solche Stellungnahmen auch immer gewesen sein mögen, in der angedeuteten Gegensätzlichkeit stimmten sie in Wahrheit doch allemal darin überein, daß sie sich auf eine kritische Erörterung der vorgeführten Handlungsmodelle und also auch der reformträchtigen Handlungsimpulse dieses bürgerlichen Trauerspiels gar nicht einließen; sowohl in den tränenseligen Erschütterungen als auch mit den ästhetischen Enttäuschungen und Entrüstungen wandte sich die Aufmerksamkeit des Zuschauers oder Lesers bewußt oder unbewußt nur den eigenen liebgewonnenen Ideen und Idealen zu, so daß das Drama recht eigentlich als ein faktisch unverbindliches, letztendlich austauschbares »Inzitament« diente. Solchem auf Selbstabsolution und Selbstbestätigung abgestellten Bedarf entsprach es denn wohl auch, daß man jener 1792

11 Vgl. den auszugsweise abgedruckten Brief Friedrich Nicolais vom 3. November 1756 an Lessing in: *Erläuterungen und Dokumente* (Anm. 5) S. 31 f.

12 Abdruck des Briefs von Christian Adolph Klotz an Johann Valentin Briegleb (29. Dezember 1763) in: Karl Eibl, *Gotthold Ephraim Lessing. Miß Sara Sampson. Ein bürgerliches Trauerspiel*, Frankfurt a. M. 1971, S. 242–245; hier S. 242 f. – Den Nachweis von weiteren wirkungsgeschichtlichen Zeugnissen der Zeitgenossen Lessings bietet Barner (Anm. 9) S. 102 f.

in Umlauf gesetzten »anekdote« so bereitwillig Glauben schenkte, wonach Lessings Trauerspiel aus einer »wette« mit Moses Mendelssohn hervorging und danach nichts weiter bezweckte, als, aller »Kunst« entratend, »alte weiber zum heulen zu bringen«.[13]

Bezeichnenderweise war Lessing, was *Miß Sara Sampson* angeht, durch Lob und Tadel seiner Zeitgenossen nicht zu beeindrucken. Wohl veranlaßten ihn deren verharmlosende und in eins verdrängende Kommentare dazu, sich in der Korrespondenz mit Mendelssohn und Nicolai weitere grundsätzliche Klarheit über die Wirkungsmöglichkeiten des Dramas zu verschaffen, namentlich über die Erregung des Mitleids durch die Tragödie.[14] Im übrigen freilich bekannte er sich in unbeirrter Souveränität zu seinem ersten bürgerlichen Trauerspiel und bestätigte mit Nachdruck, Voltaires Urteil zu *L'enfant prodigue* zitierend, den durch nichts zu schmälernden Geltungsanspruch von *Miß Sara Sampson*:

> »Man kann nicht immer alles ausführen, was uns unsere Freunde raten. Es gibt auch notwendige Fehler. Einem Bucklichten, den man von seinem Buckel heilen wollte, müßte man das Leben nehmen. Mein Kind ist bucklicht; aber es befindet sich sonst ganz gut.«[15]

Man versteht diese Erklärung gewiß richtig, wenn man ihr das schwerlich überraschende Eingeständnis entnimmt, es bei diesem Drama mit einem poetischen Konstrukt zu tun zu haben, das, revidierbar und in Einzelheiten wohl auch revi-

13 Friedrich Wilhelm Basilius von Ramdohr, *Reise nach Dännemark* [sic!], Hannover 1792, S. 12 f.; hier zit. nach: Daunicht (Anm. 7) S. 82.

14 Vgl. dazu die grundlegenden Abhandlungen von Peter Michelsen, »Die Erregung des Mitleids durch die Tragödie. Zu Lessings Ansichten über das Trauerspiel im Briefwechsel mit Mendelssohn und Nicolai«, in: *Deutsche Vierteljahrsschrift für Literaturwissenschaft und Geistesgeschichte* 40 (1966) S. 548–566; und Hans-Jürgen Schings, *Der mitleidigste Mensch ist der beste Mensch. Poetik des Mitleids von Lessing bis Büchner*, München 1980, S. 34–45. In Ergänzung dazu und zur Klärung der Problemgenese Käte Hamburger, *Das Mitleid*, Stuttgart 1985.

15 Lessing, *Hamburgische Dramaturgie*, 14. Stück.

sionsbedürftig, hinsichtlich seiner sittlich-emanzipatorischen Leitvorstellungen und nicht weniger hinsichtlich der Form ihrer histrionischen Darbietung durchaus mit dem Projekt eines deutschen Nationaltheaters in Einklang stand, wie es bekanntlich der Autor der *Hamburgischen Dramaturgie* zu verwirklichen bemüht war.

Für die Stichhaltigkeit und für die Verbindlichkeit dieser Einschätzung verstellt man sich nur zu leicht den Blick, und üblicherweise geschieht dies zumal dann, wenn man Lessings erstes Trauerspiel ausschließlich oder doch vornehmlich als Vorbereitung seines zweiten, *Miß Sara Sampson* mithin als ein lediglich die poetischen Möglichkeiten auslotendes, nicht aber sie ausschöpfendes Vorspiel zu *Emilia Galotti* ansieht. Betont man demgegenüber – im Sinne des Dichters – die Eigenständigkeit dieses frühen Dramas, so wird dadurch weder dessen ästhetische Aufwertung befürwortet noch dessen artistisch-produktive Signalfunktion in bezug auf das nachfolgende Schaffen bestritten. Wohl aber wird auf eine solche Weise eine angemessene Würdigung der markanten, durch nichts zu relativierenden Textstruktur sichergestellt, eine Würdigung eben der Tatsache, daß Lessings erstes bürgerliches Trauerspiel bereits wesentlich und mit allen Konsequenzen zu einem das individuelle wie das gesamtgesellschaftliche Bewußtsein analysierenden und problematisierenden Denkmodell ausgebildet ist. Darauf, auf die szenische Vermittlung der »fermenta cognitionis«[16] also und auf die sich dementsprechend von *Miß Sara Sampson* herleitenden außerästhetischen Wirkungstendenzen, soll sich die nachfolgende Erörterung vornehmlich beziehen.

Durch nichts ist die Behauptung zu rechtfertigen, Lessing sei es in seinem Drama »hauptsächlich« um Rührung und nicht um Belehrung zu tun, und er bringe demgemäß auf der Bühne »ausschließlich« zur Darstellung, was zu rühren vermöge.[17]

16 Ebd., 95. Stück.

17 Vgl. Lothar Pikulik, *»Bürgerliches Trauerspiel« und Empfindsamkeit*, Graz 1966, S. 128 und passim.

Hingegen spricht alles dafür, daß hier vermittels Einstimmung, Einfühlung und Mitempfinden ein handlungsorientierter Bewußtwerdungsprozeß eingeleitet wird, der im erklärten Gegensatz zu den Gepflogenheiten der Frühaufklärung rezept- und thesenartig reduzierbare Lehrmeinungen (idealiter) ebenso hinter sich läßt wie eine bloß Passivität und mehr oder minder erbauliche Realitätsverdrängung zeitigende »Intensivierung von Selbstgenuß mittels einer Rührung aller durch alle«[18] (Pikulik). Programmatisch bildet sich hier das bürgerliche Trauerspiel[19] zu einem Medium der kritischen und selbstkritischen Reflexion aus, indem es seine wirklich bedeutenden Gestalten und die Begebenheiten, in die sie sich in den szenischen Abläufen verwickeln, vergleichsweise schwach und schemenartig und jedenfalls nur so weit konturiert, daß sich für den Zuschauer oder Leser keine unnötigen, vielleicht gar willkommenen Hindernisse für eine Identifikation auftuen. Sieht man von den beiden katastrophalen Affekthandlungen ab, zu denen das Bühnengeschehen hinführt, ohne daß es sie, die Ermordung Saras und den Selbstmord Mellefonts, ins Zentrum der Erörterung brächte, so liegen in der Tat alle markanten, schicksalhaften Ereignisse zeitlich dem weit vorauf, was dann dramatisch vergegenwärtigt wird. Und was von der Vergangenheit als Vorgeschichte referiert wird, fügt sich durchaus nicht zu

18 Ebd., S. 130.

19 Sporadische, zuweilen von vagen Spekulationen überfrachtete Hinweise durchziehen die Lessing-Forschung und werden bei Arthur Eloesser (*Das Bürgerliche Drama. Seine Geschichte im 18. und 19. Jahrhundert*, Berlin 1898, S. 27 ff.) ebenso aufgegriffen wie etwa bei Pikulik (Anm. 17) S. 129 ff. Eine profunde und umfassende Klarstellung liefert nun Peter Michelsen, »Zur Entstehung des bürgerlichen Trauerspiels. Einige geistes- und literaturgeschichtliche Vorüberlegungen zu einer Interpretation der ›Miß Sara Sampson‹«, in: *Literaturwissenschaft und Geistesgeschichte. Festschrift für Richard Brinkmann*, Tübingen 1981, S. 83–98. Vgl. im übrigen auch Kurt Wölfel, »Moralische Anstalt. Zur Dramaturgie von Gottsched bis Lessing«, in: *Deutsche Dramentheorien. Beiträge zu einer historischen Poetik des Dramas in Deutschland*, hrsg. von Reinhold Grimm, Frankfurt a. M. 1971, Bd. 1, S. 45–122; hier insbes. S. 84 ff. und S. 108 ff.

einem lückenlosen Bericht zusammen, sondern bleibt trotz aller Bedeutungsschwere auf knappe Anmerkungen und flüchtige Verweise reduziert. Die Rückschau verhilft also nicht zur Abklärung einer einzigartigen, unverwechselbaren Biographie, sondern sie stimuliert zu Kombinationen, durch welche die vorgeführten Gesinnungs- und Verhaltensweisen in ihrer Krisen- und Konflikthaltigkeit einigermaßen verständlich und nachvollziehbar werden. Was die Gestalten des Dramas anbelangt, so bleibt freilich nicht allein ihre voraufliegende Lebensgeschichte eigentümlich unprofiliert; auch in den auf dem Theater präsentierten Aktionen nehmen sie nur sehr bedingt individualisierende Umrisse an. Sie erstarren nicht zu Typen, deren Klischeehaftigkeit einschlägige Etikettierungen zuließe, als Personen indes prägen sie sich nicht über das hinaus aus, was – die Marwood immer ausgenommen – das Prinzipielle ihrer Emotionen und Meditationen ausmacht. Wer vom »Schauturnen« als Handlung dieses Lessingschen Dramas spricht, würdigt recht eigentlich, daß in *Miß Sara Sampson* nicht so sehr Personen mit festen Überzeugungen und mit prononcierten Empfindungen zur Darstellung gelangen, sondern daß sich im szenischen Geschehen weitaus eher personifizierte geistig-seelische Haltungen konkurrierend entfalten, die sich unvorgreiflichen Sinns einer kritischen Erwägung anheimstellen.

Insofern diese Gestaltungsweise auf Einmischung, kommentierende Urteilsbildung und letztendlich auf Identifikation abzielt, ist sie sehr genau auf die übergeordnete Intention des Trauerspiels abgestimmt. Für dessen Handlungsablauf ist bezeichnend, daß rivalisierende Aktionen eingeleitet und mit unmißverständlich klaren Zielvorstellungen durchgefochten werden, daß aber den so gut oder so schlecht kalkulierten Unternehmungen zuletzt der krönende Erfolg vorenthalten bleibt. Das Drama kennt keinen triumphierenden Helden; nachdem alle Vorsätze zum Straucheln gebracht wurden, die Prinzipientreue eines jeden mehr oder weniger ins Abseits geraten ist und alle Planungen eben entweder in ihrer Verkündung steckenblieben oder sich faktisch ad absurdum geführt haben,[20] drängt sich die Frage auf, wie denn die als sittlich legitim erkannten Leitvorstellungen in die Wirklichkeit einzubringen sind: Die Familie, deren bindende Kraft für Sir William die Natur, die »Sprache des Blutes«, verbürgt und die für die sterbende Sara einzig und allein aus einer Konventionen und Traditionen entratenden ethischen Entschlossenheit hervorgeht, will erst noch als Inbegriff einer humanen sozialen Ordnung konkretisiert und realisiert sein! Das Drama liefert nichts weiter als Negativbefunde und im übrigen ebenso ermutigende wie wohlwollende und verheißungsvolle Impulse, die Frage indes, wie die durch den histrionischen Prozeß vermittelten Einsichten und Anregungen als gesellschaftliche Moral Praxis zu werden vermöchten, bleibt hier bei Lessing unbeantwortet.[21]

In diesem Zusammenhang und im Hinblick auf den allenthalben eingeklagten Pragmatismus zugunsten einer neuen, menschenwürdigen Gesittung erhält der Ort des Geschehens zeichenhafte Bedeutung. Der Gasthof ist, zumal im Drama des 18. Jahrhunderts, eine gern und oft gewählte Szenerie, die sich gemeinhin insofern empfiehlt, als sich dort, auf recht neutralem Terrain, die Personen je nach Bedarf der Handlung zwanglos und ohne sonderliche Argumentationsnöte zusam-

20 Diesen – hier dankbar aufgegriffenen – Sachverhalt klären umfassend Wolfram Mauser (»Lessings ›Miss Sara Sampson‹. Bürgerliches Trauerspiel als Ausdruck innerbürgerlichen Konflikts«, in: *Lessing Yearbook* 7, (1975, S. 7–27) und Karl Eibl (»Identitätskrise und Diskurs. Zur thematischen Kontinuität von Lessings Dramatik«, in: *Jahrbuch der Deutschen Schillergesellschaft* 21, 1977, S. 138–191).

21 Im Hinblick auf die bislang in der deutschen Dramatik propagierte Bürgerlichkeit als staatsferne, das Private verabsolutierende »Häuslichkeit« betont Wölfel zutreffend die Fortschrittlichkeit, die in Lessings Sprengung der herkömmlichen schematisierenden Einengungen offenbar wird: »Zu dieser Verfügungsfreiheit, die es dem bürgerlichen Drama erlaubte, eine standesmäßig unbeschränkte Vielfalt öffentlicher wie privater zwischenmenschlicher Beziehungen und Verhältnisse auf die Bühne zu bringen, ohne den prinzipiell bürgerlichen Charakter dieser Bühne in Frage zu stellen, wurde die deutsche Dramendichtung erst von Lessing geführt« (Wölfel [Anm. 19] S. 84).

menführen lassen. Repertoirestücke wie *Die Weiber-Probe* von Picander (Christian Friedrich Henrici), *Der Spieler* von Jean François Regnard, *Der Lauf der Welt* von William Congreve und *Der Gasthof oder: Trau, schau wem!* von Johann Christian Brandes geben dafür ebenso illustrierende Beispiele ab wie Christian Felix Weißes *Amalia* oder auch Goethes *Die Mitschuldigen*. Demgegenüber erhebt Lessing diesen Handlungsort – in *Miß Sara Sampson* übrigens genauso wie in *Minna von Barnhelm* – in den Stand des Symbols. Der Gasthof stellt sich hier als eine befristete Behausung dar, der das Wohltuende der Geborgenheit üblicherweise fehlt, und wenn der wohlhabende Kaufmann Sampson[22] dieses Lokal mit der von Befremden und Entsetzen zeugenden Bemerkung betritt: »Hier meine Tochter? Hier in diesem elenden Wirtshause?«, dann hebt er nicht nur das Kaschemmen- und Spelunkenartige dieses Etablissements ans Licht, an dem sich der soziale und moralische Reputationsverlust seiner geliebten Tochter ablesen lassen könnte, sondern er markiert diese dubiose Unterkunft zugleich auch, und eben das bereits mit dem Einleitungssatz des Dramas, als Inbegriff des Transitorischen. Von diesem Ort aus, wo kein Verbleiben sein darf, gilt es, zu einer neuen, sittlich vertretbaren Lebensordnung fortzuschreiten, wie immer diese konkret auch aussehen mag.[23]

22 Spätestens seit der Interpretation von Lothar Pikulik wird ungeprüft – quasi als Deutungstopos – die Behauptung weitergereicht, daß es sich bei dem Kaufmann Sampson in Wahrheit doch um einen Vertreter des Adelsstands (»Landedelmann«) handele, wie denn überhaupt das gesamte dramatische Geschehen nicht in der Lebenswelt des Bürgers, sondern in den Kreisen der Aristokratie vor sich gehe. – Vgl. Pikulik (Anm. 17) S. 6 ff. und passim; zuletzt Dieter Borchmeyer, »Lessing und sein Umkreis«, in: *Geschichte der deutschen Literatur vom 18. Jahrhundert bis zur Gegenwart*, hrsg. von Viktor Zmegač, Königstein (Taunus) 1978 ff., Bd. I/1, S. 115 f.

23 Vgl. dagegen Pikulik (Anm. 17) S. 12, der aus der Tatsache, daß »Lessings Stück im Wirtshausmilieu spielt«, unter dem Diktat seiner vielfach gerügten Prämissen folgert, die zur Schau gestellte »Beseelung der familiären Beziehungen« bedürfe nicht der »konkreten Verräumlichung« nach der Art des »bürgerlichen Hauses«.

Nun fehlt es ja auch keiner der Personen, die in dem namenlosen Gasthof zusammenkommen, an der – sich freilich von höchst unterschiedlichen Beweggründen herleitenden – Entschlossenheit, diesen Ort der freiwilligen oder unfreiwilligen Begegnung alsbald und möglichst glücklich zu verlassen. Diese Bestrebungen zum Aufbruch und zur »Heimkehr« mögen hoch und hehr, lauter und tugendhaft oder auch fadenscheinig und skrupellos sein, sie führen jedenfalls im Fortgang des dramatischen Geschehens nicht ans Ziel, sondern sie rükken dieses letztendlich von der Wirklichkeit ab und überführen es ins ebenso vage wie spektakuläre Utopische.
Getrieben von Schuld- und Verantwortungsbewußtsein und angeblich geleitet von liebender Fürsorglichkeit, bricht Sir William auf, seine Tochter den Fängen ihres gauklerisch-betörenden Verführers Mellefont zu entreißen. Weder die Last des Alters noch das Prestige, das sich mit der väterlichen Autorität verbindet, noch gar der Moralkodex der Gesellschaft soll ihn, Sampson, daran hindern, Sara aus dem anrüchigen Milieu jenes Gasthofs, der sich ihm und seinem Diener Waitwell als der »allerelendeste im ganzen Städtchen« präsentiert, in die eindeutige Tugendhaftigkeit seines Hauses zurückzuführen; und es drängt ihn erklärtermaßen sehr, mit der Einlösung dieses Vorsatzes seine so schmählich lange versäumte Pflicht zu erfüllen:

> »Ich kann sie länger nicht entbehren; sie ist die Stütze meines Alters, und wenn sie nicht den traurigen Rest meines Lebens versüßen hilft, wer soll es denn tun? [. . .] Ich würde doch lieber von einer lasterhaften Tochter als von keiner geliebt sein wollen.« (I,1)[24]

Gewiß ist es so, daß sich Sir William alle ihm nach der Zeiten Brauch zu Gebote stehenden strafend-erzieherischen Macht-

24 Der Dramentext wird zitiert nach: *Miß Sara Sampson. Ein Trauerspiel in fünf Aufzügen*, mit einer Nachbem. von Erwin Leibfried, Stuttgart 1979 [u. ö.] (Reclams Universal-Bibliothek, Nr. 16). Nachweise mit Angabe von Aufzug und Auftritt in Klammern unmittelbar hinter dem Zitat.

mittel versagt und daß er, wie Bengt Algot Sørensen eindringlich nachgewiesen hat, souverän und in kluger, mitempfindender Erwägung als »zärtlicher« Vater um die »Heimkehr« seiner Tochter wirbt.[25] In diese von Reue diktierten, liebevoll schützenden und bergenden Bemühungen mischen sich aber doch wohl unterschwellig Eigennutz und Selbstmitleid. Wie immer es darum auch bestellt sein mag, die so umsichtig, mutig und pragmatisch initiierten Anstrengungen stagnieren plötzlich, und zwar ausgerechnet dort, wo es ganz auf sie ankommt; die programmatische »Zärtlichkeit« degeneriert zum Zögerlichen und Zauderhaften. Nachdem lange, allzu lange Zeiten überbrückt und weite Räume überwunden wurden, so daß nun Sir William »nur eine Wand« noch von seiner Tochter trennt, beschleichen ihn Skrupel, die trotz aller Versicherung psychologisch schwerlich einleuchtend sind, die sich ex eventu aber als einschlägig fatal erweisen:

> »[. . .] bring ihr diesen Brief. Es ist der Brief eines zärtlichen Vaters, der sich über nichts als über ihre Abwesenheit beklaget. Sag ihr, daß ich dich [Waitwell] damit vorweggeschickt und daß ich nur noch ihre Antwort erwarten wolle, ehe ich selbst käme, sie wieder in meine Arme zu schließen.« (III,1)[26]

25 So Bengt Algot Sørensen in: *Herrschaft und Zärtlichkeit. Der Patriarchalismus und das Drama im 18. Jahrhundert*, München 1984, S. 73–81. Sørensen macht in seiner Untersuchung überzeugend einsichtig, daß Sir William dank seiner programmatischen Absage an alle »strafende Machtausübung« den ideellen Fluchtpunkt der dramatischen Aktion markiert: »Von einer erotischen Leidenschaft erfahren wir so gut wie nichts. Die Liebe Saras zu Mellefont wird einfach als eine Tatsache hingestellt, der man Rechnung tragen muß, steht aber sonst nicht zur Debatte. Thematisiert ist dagegen von Anfang an das emotionale Verhältnis zwischen Vater und Tochter.« (Ebd., S. 76; im übrigen S. 78 f.)

26 Eine historisch angemessene Einschätzung dieser mittelbaren Art der Verständigung ergibt sich im Hinblick auf den sich im 18. Jahrhundert entfaltenden Briefkult als Manifestation der »Wertschätzung des Inneren« und als einen wesentlichen Bestandteil der »Sublimationsformen des Bürgertums«. Vgl. Gerhard Sauder, *Empfindsamkeit*, Bd. 1: *Voraussetzungen und Elemente*, Stuttgart 1974, S. 28, 54 und passim.

Man muß daran erinnern, daß Sir William hier gegenüber seinem Diener beredt in Worte faßt, was eigentlich gar keines Kommentars bedarf. Enthebt das Geschehen von sich aus einer expliziten Erläuterung des Handelns und Verhaltens, so nimmt es sich wie eine pure und platte Entschuldigung der ohnehin schon verhängnisvollen eigenen Untätigkeit aus, wenn Sampson zu dem Brief, den er an seine im Nebenzimmer weilende Tochter richtet, nachgerade zartsinnig anmerkt:

> »Ich werde ihrer Gesinnungen dadurch gewiß und mache ihr Gelegenheit, alles, was ihr die Reue Klägliches und Errötendes eingeben könnte, schon ausgeschüttet zu haben, ehe sie mündlich mit mir spricht. Es wird ihr in einem Briefe weniger Verwirrung und mir vielleicht weniger Tränen kosten.« (III,1)

Diese abrupte Abkehr von einem stringenten pragmatischen Handeln, das der moralischen Not Saras wie im übrigen auch der Sir Williams selbst ein Ende setzen könnte, mag man zu Teilen der – unausgesprochenen – späten Einsicht zuschreiben, wonach die räumliche Nähe keine Gewähr bietet für die Behebung einer leidvoll erfahrenen personalen Entfremdung.[27] Vollends begründbar aber wird die folgenschwere Verhaltenheit des »zärtlichen« Hausvaters Sampson erst im Blick auf die Logik der dramatischen Handlungsführung. Durchbräche sie die ihr eigenen Grenzen, so antizipierte sie eben die Urteilsfindung dessen, der als Zeuge des histrionischen Tathergangs zu einer autonomen Willensbildung und zu entsprechenden sozialen Ordnungsvorstellungen provoziert werden soll.

Es ist genau diese Logik der Dramaturgie, die auch Sara zuletzt davon abhält, den entwürdigenden Gasthof zu verlassen oder doch, was dem faktisch nahekäme, mutig und reuig,

27 Über die psychologische Wahrheit dieses Sachverhalts muß sich in sehr genauer Entsprechung dazu Lessings Minna von Barnhelm wiederholt und mit gebotenem Nachdruck durch ihre Dienerin Franziska belehren lassen, wo es um die ›Heimholung‹ Tellheims geht. Vgl. *Minna von Barnhelm*, II,1 und insbes. II,5.

spontan und getreu den Geboten ihres Gewissens Sir William entgegenzugehen. Statt dessen versperrt sie sich jeden neuerlichen Zugang zu den sie umgebenden Menschen. Es mag dahingestellt bleiben, ob sich Lessings Zeitgenossen für sie als »verführte Unschuld«[28] überhaupt Möglichkeiten oder gar Garantien für eine Resozialisierung ausmalen konnten; die hochtrabende, eher schrill und arrogant tönende als zerknirscht-selbstlos tätige Tugendhaftigkeit der Kaufmannstochter verleitet diese jedenfalls dazu, alle zutunlichen gesellschaftlichen Bindungen auszuhöhlen und abzutöten und alle rettenden Zuwendungen zunichte zu machen. Daß sich Sara, halb gewollt vielleicht und halb ungewollt, auf eine Wirklichkeit ausrichtet, deren moralische und soziale Dimensionen sie naiv eifernd zur Schimäre deformiert, bringt der insgeheim welt- und lebenskluge und zugleich uneigennützige Diener Waitwell recht genau zur Sprache, wenn er die unentwegt Hadernde davon abzubringen versucht, »sich mit so falschen Vorstellungen zu plagen« (III,3),[29] und wenn er ihr mit unverkennbarem Wohlwollen vorhält:

28 Zur poetischen Phänomenologie und zur literarhistorischen Konkretion dieses Begriffs grundlegend: Hellmuth Petriconi, *Die verführte Unschuld. Bemerkungen über ein literarisches Thema*, Hamburg 1953. – Gezielte weiterführende Auskünfte in bezug auf die Dramatik Lessings bei Ursula Frieß, »›Verführung ist die wahre Gewalt‹. Zur Politisierung eines dramatischen Motivs in Lessings bürgerlichen Trauerspielen«, in: *Jahrbuch der Jean-Paul-Gesellschaft* 6 (1971) S. 102–130; hier insbes. S. 107 f.

29 Waitwells wohlwollende Ermahnung wird bereits in I,7 durch Mellefonts lakonisch prägnante Feststellung antizipiert: »Sie [Sara] vermuten immer das Schlimmste.« – In der Nachfolge von Erich Schmidt (*Lessing. Geschichte seines Lebens und seiner Schriften*, Berlin [3]1909, Bd. 1, S. 272 ff.), der dem Drama ohnehin eine »verzärtelte Humanität« anlastet, die als »Rührbrei« allemal »weichlich schmeckt« (S. 281), wird diese visionäre Befangenheit in der Lessing-Forschung fast einmütig als manische Egozentrik apostrophiert. Vgl. Fricke (Anm. 6) S. 100; Pikulik (Anm. 17) S. 70: »Sara hängt an ihrem Leiden, und sie ist bereit, alles willkommen zu heißen, was es fördert, doch lehnt sie ebenso alles ab, was ihm Abbruch tut. Die Lust, die sie aus ihm schöpft, muß allerdings beträchtlich sein, wenn selbst das Glück der Wiedervereinigung mit einem Vater, den sie zärtlich liebt, ihr keinen gleichwertigen Ersatz zu bieten scheint.«

»Es ist, Miß, als ob Sie nur immer an Ihren Fehler dächten und glaubten, es wäre genug, wenn Sie den in Ihrer Einbildung vergrößerten und sich selbst mit solchen vergrößerten Vorstellungen marterten. Aber ich sollte meinen, Sie müßten auch daran denken, wie Sie das, was geschehen ist, wiedergutmachten.« (III,3)[30]

Daß sich bei Sara, wie Waitwell hier zutreffend anmerkt, die reueträchtigen Selbstbezichtigungen als ebenso unverbindliche wie folgenlose, weil Untätigkeit legitimierende Selbstquälereien auswirken, bewahrheitet sich besonders deutlich in bezug auf ihren Vater. Seinen Brief – dessen Aushändigung, Abwägung und höchst kapriziöse Auslegung markierten bezeichnenderweise den Höhepunkt und die totale Stagnation der dramatischen Handlung[31] – nimmt sie unter

30 Heinrich Bornkamm (»Die innere Handlung in Lessings ›Miss Sara Sampson‹«, in: *Euphorion* 51, 1957, S. 385–396; hier insbes. S. 388) konstatiert zutreffend, daß mit Waitwells Hinweis die Verspannung von sozialer Krise und religiösem Geschehen in der Tragödie stattfinde, und das insofern, als »die Erfahrung und Entfaltung der Vergebung« fortan das Fundament des dramatischen Geschehens präge. Nicht zu verkennen und nicht zu unterschätzen ist freilich auch, daß der hier in versöhnlicher Absicht zur Sprache gebrachte »Gewissenskonflikt« Saras »in einer vertrackten Weise auf den bürgerlich-rechtlichen Status« der »gefallenen Tochter« bezogen bleibt: »Das Bewußtsein der Illegalität verstärkt ihren Gewissenskonflikt. Umgekehrt intensiviert das moralische Dilemma ihre Erfahrung der öffentlichen Ehrlosigkeit.« (Peter Horst Neumann, *Der Preis der Mündigkeit. Über Lessings Dramen*, Stuttgart 1977, S. 27.)

31 Ohne Bestätigung blieb Waldemar Oehlke (*Lessing und seine Zeit*, München 1919, Bd. 1, S. 298), der Saras skrupulösen Monolog in III,3, »so blaßmündig, so ganz herniedergetaut von einem Himmel von Empfindungen« zu den »langweiligsten« Passagen des Dramas rechnete und unterstellte, daß dieses »Meer von öden Redeübungen« den Zuschauer ebenso wie den »braven Waitwell« zur »Verzweiflung« treiben müßte. Es kann demgegenüber als ausgemacht gelten, daß in III,3 die soziale Problematik so in eine Gewissensproblematik umgeschrieben wird, daß recht eigentlich von hier, von der inneren Mitte und Wende des Dramas, der tragische Konflikt seine Entwicklungslinien vorgezeichnet bekommt. Vgl. dazu besonders ausführlich Bornkamm (Anm. 30), S. 388 ff.; Fricke (Anm. 6) S. 109–115; ferner Karl Eibl, »Bürgerliches Trauerspiel«, in: *Aufklärung. Ein literaturwissenschaftliches Studienbuch*, hrsg. von Hans-Friedrich Wessels, Kronstein (Taunus) 1984, S. 78.

Schreckensvisionen entgegen, in denen der um Vertrauen werbende Sampson bald als rachsüchtiger Tyrann und bald als verdammender Sterbender evoziert wird (III,3);[32] und wo alle diese aberwitzigen Spekulationen nichts verschlagen, quittiert Sara diese Zeilen mit einer auch durch Tränenergießungen nicht zu beschönigenden Sophistik. Die Stadien, durch welche sie Abstand schafft, während sie den Willen zur Annäherung vorgibt, sind klar und einschlägig voneinander abgehoben. Zunächst noch fällt der Tochter zur Vergebung des Vaters ein:

> »Sein sehnliches Verlangen nach mir verführt ihn vielleicht, zu allem ja zu sagen. Kaum aber würde dieses Verlangen ein wenig beruhiget sein, so würde er sich seiner Schwäche wegen vor sich selbst schämen. Ein finsterer Unwille würde sich seiner bemeistern, und er würde mich nie ansehen können, ohne mich heimlich anzuklagen, wieviel ich ihm abzutrotzen mich unterstanden habe. [. . .] Ich würde [. . .] tun müssen, was er mir erlaubte, ohne mich daran zu kehren, wie teuer ihm diese Erlaubnis zu stehen komme.« (III,3)[33]

In einer solchen – den Absichtserklärungen widerstrebenden – Verstocktheit weit davon entfernt, sich dem eigenen Vater, rückhaltlos vertrauend und uneingeschränkt liebend, anzuvertrauen, sich ihm um einer glücklichen Zukunft willen mutig und reuig zugleich auszuliefern, versteigen sich Saras

32 Für die Erschließung dieses Gesprächsverlaufs erweist sich, so fragwürdig systemzwängig diese konsequente Orientierung ansonsten auch sein mag, die Berücksichtigung der Absolutionsformeln im Neuen Testament bei Bornkamm (Anm. 30) S. 390 f., als aufschlußreich, wo mit guten Argumenten von einer »Dramatisierung der fünften Bitte des Vaterunsers« (ebd., S. 393) gesprochen wird.

33 Es ist Pikulik (Anm. 17, S. 86) uneingeschränkt zuzustimmen, der konstatiert: »Sie scheint sich bei all ihren spitzfindigen Erwägungen nur dem Gedanken an ihren Vater zu unterwerfen, und trotzdem ist der Vater aus ihren Gefühlen ausgeschlossen. Sie denkt nämlich an ihren Vater nicht so, wie es die tatsächliche Situation seiner- sowohl als ihrerseits verlangt, sondern so, wie es ihr ihre Phantasie eingibt.«

klügelnde Erwägungen sodann zu der Distanz schaffenden Maxime:

»Wenn man den Zorn eines Vaters unglücklicherweise verdient hat, so muß man wenigstens gegen diesen väterlichen Zorn so viel Achtung haben, daß er ihn nach allen Gefallen gegen uns auslassen kann. Ihn zu vereiteln suchen, heißt Beleidigungen mit Geringschätzung häufen.« (III,3)[34]

Auf dieser Linie akkumulierter Vorbehalte und masochistischer Handlungsdispens liegt es schließlich, daß Sara den Brief Sampsons mit einem Brief zu beantworten versucht, von dessen Inhalt wir nichts außer den geradezu diplomatischen Nöten seiner Niederschrift erfahren:

»Daß ich mich ja nicht zu obenhin [. . .] ausdrücke! – Das Schämen kann überall an seiner rechten Stelle sein, nur bei dem Bekenntnisse unserer Fehler nicht. Ich darf mich nicht fürchten, in Übertreibungen zu geraten, wenn ich auch schon die gräßlichsten Züge anwende.« (III,4)[35]

Wenn Vater und Tochter am Ende dank der Vermittlung Waitwells zusammentreffen, so verdankt sich dieses versöhn-

34 Wenn Neumanns These zutrifft, daß Lessings Trauerspiel »eine Dämonisierung jener bürgerlich-patriarchalischen Rechtsordnung« offenbar mache, »deren Wirksamkeit, greifbar in der potestas des Vaters, gerade im Zustand der Illegalität besonders qualvoll empfunden« werde (Anm. 30, S. 27 f.), dann bietet diese Äußerung Saras dafür eine einschlägige Bestätigung.

35 Rolf-Peter Janz (»›Sie ist die Schande ihres Geschlechts‹. Die Figur der femme fatale bei Lessing«, in: *Jahrbuch der Deutschen Schillergesellschaft* 23 [1979], S. 213) hebt zutreffend hervor, daß das Trauerspiel in Sara und in der Marwood »zweimal das gesellschaftliche Schicksal der Frau« thematisiere: »Während sich Marwood offen zu ihrer ›Wollust‹ bekennt, darf Sara ›Wollust‹ nur als Lust am Leiden kennenlernen. Neigt die Tugendheldin zum Masochismus, gewinnt die Aggressivität der Marwood, sobald sie ihre Demütigung zu rächen beginnt, jene sadistischen Züge, die [. . .] sie in Verruf gebracht haben.« So markant die Entgegensetzung von Sara und Marwood unstreitig ist, so wenig läßt die zitierte Passage verkennen, daß beide Frauengestalten, je nach Maßgabe ihrer Selbstgefälligkeit, die Gabe des verlarvten Sprechens nur zu gekonnt beherrschen.

liche Wiedersehen nicht einer tatkräftigen Sühne, quasi einem läuternden Bußgang, und noch weniger jenem alle Skrupel kultivierenden Brief Saras, der angeblich »bis auf einige Zeilen« fertiggestellt (V,7), aber bezeichnenderweise dem Adressaten nicht ausgehändigt wurde. Sir William und seine Tochter begegnen einander erst – und das ist hier vorderhand resümierend festzuhalten –, als die Katastrophe durch den Mordanschlag der Marwood unabwendbar geworden ist. Der nahe Tod Saras verwehrt die ersehnte Restituierung der familiären Harmonie, und wenn von ihm über das grauenhaft-zerstörerische Verhängnis hinaus ein Fingerzeig in reformerischer Absicht ausgeht, so gilt er einer Zukunft, die sich deutenden und gestaltenden Vorgriffen entzieht, die sich aber um so eindringlicher als eine undogmatisch herausfordernde, zu praktischer Solidarität und dementsprechend als eine zu sittlicher Bewährung nötigende Aufgabe darstellt.

Sara steigt im Sinne Lessings zur »Heiligen«[36] auf. Aber wenn ihr Läuterungsprozeß verbürgt, daß sich das bürgerliche Trauerspiel hier als »Schule der moralischen Welt«[37] ausweist, dann bleibt zu bedenken, daß die Kaufmannstochter als »verführte Unschuld« ethische Postulate über eine Lebenswirklichkeit spricht, von der sie sich, den Tod vor Augen, ihrerseits abwendet. Orientierungsmodelle für die Ausbildung oder doch wenigstens für die Erprobung einer neuen menschenwürdigen Gemeinsamkeit liefert sie nicht. Solange sie im Bann der alltäglichen Lebenswirklichkeit

36 Vgl. dazu *Hamburgische Dramaturgie*, 34. Stück. – Eine umfassende, hier freilich nicht in allen Aspekten und Akzentuierungen zu bestätigende Auslegung dazu bietet Gerhard vom Hofe, »Die ›heiligen Charaktere‹ im bürgerlichen Trauerspiel. Zum Problem der poetischen Theodizee bei Lessing«, in: Euphorion 77 (1983) S. 380–394; hier insbes. S. 384 und S. 390–392 mit dem – für den anstehenden Argumentationsgang wichtigen – Hinweis darauf, daß allein in *Miß Sara Sampson* Lessings Mitleidstheorie konsequent eingelöst wird und auf die Verwirklichung eines »sozialen« Mitempfindens abhebt, das mit der Erfüllung der christlichen Nächstenliebe korreliert.

37 *Hamburgische Dramaturgie*, 2. Stück.

steht, macht sie sich eine »Zärtlichkeit des Herzens« zu eigen, die eine mit Arroganz gepaarte soziale Isolation nach sich zu ziehen pflegt.[38]

Dies gilt nicht nur, wie ausgeführt, für Saras Verhältnis zu Sir William, ihrem Vater. Auch ihr Verhältnis zu dem zweifellos leidenschaftlich geliebten Mellefont ist von einer Art, die, geradezu »komisch« anmutend,[39] die Liebesbeziehung pervertiert, und das in demselben Maße, wie das Dialogische als Existenzform selbstgefällig oder doch selbstgenüßlich durch das Monologische verdrängt wird und, paradox genug, der Wille zur Vermählung mit der Diskreditierung des Sozialen mit seinen traditionellen Organisations- und Ordnungsformen einhergeht. Ihr Heiratsverlangen mutet eigentümlich egozentrisch an, wenn sie bedrängend auf den notorischen Zauderer Mellefont einredet:

> »Ich will mit Ihnen nicht um der Welt willen, ich will mit Ihnen um meiner selbst willen verbunden sein. Und wenn ich es bin, so will ich gern die Schmach auf mich nehmen, als ob ich es nicht wäre. Sie sollen mich, wenn Sie nicht wollen, für Ihre Gattin nicht erklären dürfen; Sie sollen mich erklären können, für was Sie wollen. Ich will Ihren Namen nicht führen; Sie sollen unsere Verbindung so geheimhalten, als Sie es für gut befinden; und ich will derselben ewig unwert sein, wenn ich mir in den Sinn kommen

38 Zutreffend bemerkt Hans Rempel (*Tragödie und Komödie im dramatischen Schaffen Lessings*, Berlin 1935, reprogr. Nachdr. Darmstadt 1967, S. 38): »Lessing hat Sara in keiner Weise zur Trägerin einer Idee gemacht, die sich erst in der Heldin durchzusetzen hätte. [. . .] Sara ist im Verlauf des Stückes vor keine einzige sittliche Entscheidung gestellt. Sie ist eigentlich nur Ziel des Geschehens, genau wie die passiv-komischen Personen in der Komödie.« – Auf eben den hier konstatierten Sachverhalt sollen die nachfolgenden Erörterungen abheben.

39 Daß nach solcher Art in *Miß Sara Samson* »sehr oft das Komische herdurch siehet«, bemerkt erstmals ausdrücklich Johann Jakob Dusch in einem 1758 anonym veröffentlichten ›Brief‹. (Zit. nach: Eibl [Anm. 12] S. 217–234; hier: S. 220.)

lasse, einen andern Vorteil als die Beruhigung meines Gewissens daraus zu ziehen.« (I,7)[40]

Zweifellos sind »die Bitten Saras um das Zeremoniell der Eheschließung [. . .] ganz an das moralische Bewußtsein, das aus ihrer Frömmigkeit erwächst, gebunden«.[41] Aber wenn es ihr, Sir Williams Tochter, denn darum zu tun ist, durch ihre Vermählung mit Mellefont nicht die Wiederherstellung ihrer Ehre vor den Menschen, sondern die Lossprechung von der Schuld vor Gott zu erreichen, dann laufen diese unstreitig lauteren und edelmütigen Bestrebungen nichtsdestoweniger darauf hinaus, daß mit der Legalisierung der ehelichen Gemeinschaft deren Einbindung in die soziale Ordnung negiert wird. Die unbedingte Forderung des Gewissens, durch die Heirat nachträglich eine religiöse Verpflichtung zu erfüllen und einem sakramentalen Anspruch Genüge zu tun, verstellt nicht nur den Blick auf den Partner, mit dem die Vermählung eingegangen werden soll; was aus der Sicht Saras als sublimierende Verinnerlichung und ethische Steigerung der Ehe gilt, führt auch dazu, daß diesem Bündnis die Bewährung in der alltäglichen Wirklichkeit weder zugedacht noch zugemutet wird. Das »Zeremoniell der Eheschließung«, wie es hier, entgegen Wortlaut und Intention mit einem Anflug von Selbstherrlichkeit, interpretiert wird, ebnet nicht den Weg zur Gesellschaft, sondern blockiert ihn weitaus eher. Ungewollt entpflichtet es den ohnedies bindungs- und

40 Zum Ethos dieser einzig in dem »Versprechen« des anderen begründeten, auf ein rückhaltloses Sich-Ausliefern an ihn abgestellten Auffassung von der Ehe vgl. die grundlegende Studie von Friedrich Bassenge, *Das Versprechen. Ein Beitrag zur Philosophie der Sittlichkeit und des Rechts*, Diss. Leipzig/Dessau 1930.

41 Frieß (Anm. 28) S. 107. – Vor einer Überschätzung dieser ganz an der subjektiven Innerlichkeit orientierten ehelichen Bindung dürfte Lessings Zeitgenossen die emphatische Ritualisierung des gesellschaftlichen Lebens und speziell die Beglaubigung der Vermählung durch das traditionsverbürgte öffentliche Zeremoniell bewahrt haben. Vgl. dazu Helmut Möller, *Die kleinbürgerliche Familie im 18. Jahrhundert. Verhalten und Gruppenkultur*, Berlin 1969; hier insbes. S. 170 ff.

pflichtscheuen Mellefont, wie denn auch Saras Vermählungsanspruch – Friedrich Hebbel hat dessen Pervertierung durchschaut und in *Maria Magdalene* seinerseits in die historische Wirklichkeit umgeschrieben[42] – nicht im mindesten darüber Aufschluß zu geben vermag, wie die entehrte Tochter, auch die eines wohlhabenden und also erfolgreichen Kaufmanns, erneut in das soziale Ordnungsgefüge integriert und dort zu moralischer Reputation gebracht werden könnte.

Es macht die Ironie des dramatischen Handlungsgangs aus, daß es die zu einem Außenseiterdasein verurteilte, moralisch korrumpierte und sozial disqualifizierte Marwood ist, die, freilich ungewollt und weit entfernt von ihren eigensüchtigen Zielen, die missionarische, »Mitleid« erregende »Heiligkeit« Saras herbeiführt. Erst nach ihrem mörderischen Anschlag, der allen Spekulationen über eine – im vollen Wortsinn – Resozialisierung von Sir Williams gestrauchelter Tochter ein Ende aufzwingt, avanciert Sara quasi zu einer Instanz, von deren moralischen Leitvorstellungen ein reformerischer Aufruf zugunsten einer neuen, an der Verführbarkeit und Hinfälligkeit des Menschen orientierten humanen Gesittung ausgeht. Und eben dieser Appell erfolgt sodann um so nachdrücklicher, als die Not des ganz nahen und unabwendbaren Todes von der Tugend einer vorbildlich-exemplarischen, faktisch-konkreten Einlösung der Maximen entbindet. Bis zu

42 Klaras Aufforderung an ihren Verführer, den in Wahrheit verachteten und gehaßten Leonhard: »Heirate mich! [. . .] Ich will dir dienen, ich will für dich arbeiten, und zu essen sollst du mir nichts geben, ich will mich selbst ernähren, ich will bei Nachtzeit nähen und spinnen für andere Leute, ich will hungern, wenn ich nichts zu tun habe, ich will lieber in meinen Arm hineinbeißen, als zu meinem Vater gehen, damit er nichts merkt. Wenn du mich schlägst, weil dein Hund nicht bei der Hand ist, oder weil du ihn abgeschafft hast, so will ich eher meine Zunge verschlucken, als ein Geschrei ausstoßen, das den Nachbarn verraten könnte, was vorfällt. [. . .] Heirate mich – ich lebe nicht lange. Und wenns dir doch zu lange dauert, [. . .], so kauf Gift aus der Apotheke, und stells hin, als obs für deine Ratten wäre, ich wills [. . .] nehmen und im Sterben zu den Nachbarn sagen, ich hätts für zerstoßenen Zucker gehalten!« (Friedrich Hebbel, *Maria Magdalene. Ein bürgerliches Trauerspiel in drei Akten*, 1844; III,2.)

dieser von außen betriebenen Wende aber, die zerstörerischen Niedergang und verklärende Erhebung zugleich bedeutet, fungiert das Ethos der schönen »Schwärmerin« unbeschadet aller Reumütigkeit als ein Schild, der erwiesenermaßen der allseitigen Abschirmung und Ausgrenzung dient und der vornehmlich von einer Problematisierung der eigenen Existenz abhält. Weder die rhetorisch glänzende Vehemenz und gesinnungstüchtige Konzessionslosigkeit, mit der sie auf die Gebote ihres »zärtlichen Herzens« pocht, noch die sich kaskadenartig ergießenden Tränenströme können darüber hinwegtäuschen, daß die Moral Saras über weite Strecken hin das unstreitig erschütternde, nicht aber das den anderen bindende und in den Bann schlagende Wort für sich hat, auch bis zum Einbruch der Katastrophe von der die Situation wandelnden, läuternden Tat auf eine dubiose Weise entfernt ist. Was durch den Verbleib im Gasthof als symbolischem Ort des zwischen Verbindlichkeit und Unverbindlichkeit angesiedelten moralisch Zwielichtigen ins Bild gehoben wird, ist die Mißlichkeit, daß die Erfahrung der schuldhaften Verstrickung des eigenen Ichs nur zur Folge hat, einen Tugendkatalog zu formulieren, der mit dem Bemühen um Distanz und nachgerade mit strategischer Verve gegen andere zur Geltung gebracht wird, nicht hingegen eine Selbstverpflichtung nach sich zieht. Wie weit Sara eigentlich davon entfernt ist, das persönliche Handeln auf die als gültig erkannten und für gültig erklärten sittlichen Normen auszurichten, enthüllt das Gespräch, das sie mit sich selbst führt, während sie der Begegnung mit der ihr angekündigten sogenannten Lady Solmes entgegensieht:

> »Wenn es nur keine von den stolzen Weibern ist, die, voll von ihrer Tugend, über alle Schwachheiten erhaben zu sein glauben. Sie machen uns mit einem einzigen verächtlichen Blicke den Prozeß, und ein zweideutiges Achselzucken ist das ganze Mitleiden, das wir ihnen zu verdienen scheinen.« (III,2)

Das Schreckbild, das Sara hier von der demütigenden Macht der Tugendhaften insgeheim für sich entwirft, nimmt skizzierend vorweg, was alsbald für sie bei der Widerlegung oder doch bei dem Versuch zur Widerlegung ihrer Rivalin Marwood zur Richtschnur ihres Agierens und Argumentierens wird. Und die Philippika, in der sie sich als Mellefonts derzeitige Geliebte über dessen frühere Geliebte zu erheben bemüht, bereinigt sodann den Konflikt nicht, sondern verschärft ihn um so zwingender, als die Tugend, in deren Namen die eitle »Schwärmerin« zu sprechen vorgibt, bei ihr in Wahrheit nichts als eine vermessene Prätention ist, nichts eben als die zur reglementierenden Norm umgemünzten eigenen sittlichen Defizite. Was Sara programmatisch zur Erniedrigung ihrer Widersacherin vorbringt, ist dabei nicht allein durch das Scheinhaft-Gleisnerische der eigenen tränenverhangenen Sittlichkeit diskreditiert, sondern auch durch das Bestreben, nach Maßgabe der bekundeten intimen Kenntnis treffsicher zu verletzen und nachhaltig zu demütigen.
Es wäre literarhistorisch unangemessen und hinsichtlich der angesprochenen Zusammenhänge überdies unergiebig, auf eine psychologische Erklärung solcher Gesinnungs- und Verhaltensweisen abzuheben. In der Zusammenfassung dessen, was bislang aufgezeigt wurde, muß die Klarstellung genügen, daß Sara ebenso wie ihr Vater, Sir William, ans Licht hebt, wie sich die »Zärtlichkeit des Herzens« angesichts einer dringlich herausfordernden Wirklichkeit selbst zum Problem wird: Wo dezidiertes und zielstrebiges Handeln geboten wäre, um der fortschreitenden Zerrüttung der »bürgerlichen« Lebensordnung so schnell wie nur irgend möglich ein Ende zu setzen, animiert eine sich unter Tränenströmen entfaltende und im übrigen nichts weniger als souveräne Innerlichkeit zu einem Verharren, das allen Vorsätzen zum Trotz der Katastrophe den Weg ebnet und das in eins die Sittlichkeit derer ins Zwielicht rückt, die sich als Sachwalter der Tugend verstehen.
Der Freiraum, den Sara und Sir William als die Protagonisten einer offenbar allzu »sinnreich« zergliederten Empfindsam-

keit stiften, wird denn auch prompt und mit zynischer Logik von jener »Buhlerin« Zug um Zug eingenommen, die, geprägt durch höchst dubiose, sozial diskreditierende Erfahrungen, moralische Skrupel nicht kennt; eine die Tat hemmende Sensibilität muß sie als Alfanzerei von sich weisen. Wo die anderen das Zepter des Handelns preisgeben, richtet sich die »böse«, nicht ohne triftigen Grund als »Schlange« (II,3) gescholtene Marwood gewitzt und gewieft auf die konkreten Gegebenheiten aus, um die vorherrschende Orientierungslosigkeit für die Verwirklichung ihrer egozentrischen Wünsche auszubeuten.

Ganz und gar ein Genie dessen, was das 18. Jahrhundert als Kabale zu apostrophieren und als solche üblicherweise der aristokratisch-höfischen Lebenswelt zuzuschreiben pflegte,[43] verfügt nur die Marwood, die das literarische Urbild der Mätresse abgibt,[44] über die Einsicht und Umsicht, die Handlungsfäden, koste es, was es wolle, zu ihren eigenen Gunsten zu entwirren. Mag ihr als Mörderin zuletzt der Triumph gerechterweise vorenthalten bleiben und nur noch die Gnade der Flucht in eine zukunftslose Beliebigkeit zuteil werden, so stellt sie doch bis zu diesem Zeitpunkt, an dem sie ein Opfer ihrer enthemmten Affekte und nicht der gesellschaftlichen Moral wird, immer wieder die Weltklugheit, wie sie sie versteht, unter Beweis.

Und die mittelfristigen Erfolge, die sie erzielt, sind ihr nicht

43 Vgl. dazu generell Helmuth Kiesel, *»Bei Hof, bei Höll«. Untersuchungen zur literarischen Hofkritik von Sebastian Brant bis Friedrich Schiller*, Tübingen 1979; hier insbes. S. 220 ff. – Ist die Marwood noch den »weitgehend kontextlosen Erzbösewichtern« zuzurechnen, so läßt sich doch, wie Karl Eibl einsichtig gemacht hat, die Tendenz ihrer sozialen Verortung im Blick auf *Emilia Galotti* rekonstruieren, und das insofern, als die »alte Geliebte« Mellefonts nun in »die beiden Elemente Orsina und Marinelli«, die Mätresse des Prinzen und den intriganten Höfling, funktional auseinandertritt (Eibl [Anm. 20] S. 154 bzw. S. 162).

44 Zu der durch Lessings *Miß Sara Sampson* inspirierten Genese der Mätresse in der Dramatik des 18. Jahrhunderts vgl. Ursula Frieß, *Buhlerin und Zauberin. Eine Untersuchung zur deutschen Literatur des 18. Jahrhunderts*, München 1970, S. 31–71, insbes. S. 34–51 und S. 178–185.

streitig zu machen, und hinsichtlich der Lebens- und Weltkenntnis sind sie in ihrem Verweisungswert auch nicht zu unterschätzen: Noch bevor es sozusagen zum Schwur kommt und also die eigentliche dramatische Aktion ihren Lauf nimmt, ist es der Marwood offenbar ohne sonderliche Mühe gelungen, das Heim, in dem Mellefont seine kleine Tochter Arabella zu verstecken und vor dem Zugriff ihrer skrupellosen Mutter zu bewahren versuchte, ausfindig zu machen und die fürsorglichen Pläne gründlich zu durchkreuzen. Und nicht anders verhält es sich mit dem Gasthof, in dem ihr einstiger Geliebter mit Sara, seiner neuen Geliebten, eine unausspähbare Zuflucht zu finden hoffte; so selbstverständlich, daß es im Drama keines weiteren Kommentars bedarf, gelang es der Marwood, auch diesen Unterschlupf zu ermitteln. Mehr noch: sie bewerkstelligte es mit klüglichem Geschick, Arabella ebenso wie Sir William zugunsten ihrer selbstsüchtig-eigenen Begierden auf den Weg zu bringen. Für den Rang ihres strategischen Kalküls, für die Subtilität ihrer planenden und verplanenden Intuition spricht dabei, daß jeder, der ihren Zielen zuträglich ist, in der eitlen Gewißheit verfährt, nur für die Erfüllung seiner eigenen Wünsche und seiner persönlichen Sehnsüchte Sorge zu tragen.

Was die Marwood auszeichnet, ist mehr als ein exquisiter detektivischer Sinn und mehr als die moralische Skrupellosigkeit, den anderen als Erfüllungsgehilfen ihrer Begierden zu instrumentalisieren. Als überlegen erweist sie sich dank ihrer aller Prinzipientreue abschwörenden Fähigkeit, sich präzis in die Vorstellungswelt ihrer Mitmenschen hineinzuversetzen. Während sich Sara »in einer vollständig imaginären Ideenwelt«[45] verfängt und mit ihren »immer das Schlimmste«

45 Fritz Brüggemann, »Lessings Bürgerdramen und der Subjektivismus als Problem. Psychogenetische Untersuchung« (1926), in: *Gotthold Ephraim Lessing*, hrsg. von Gerhard und Sibylle Bauer, Darmstadt 1968, S. 83–126; hier: S. 86 f. Brüggemanns positive Bewertung dieser »selbstlosen Hingabe an ein abstraktes Tugendideal« entzieht sich ebenso der Bestätigung wie die pauschale Behauptung, »als die höchste Verkörperung der Tugend« habe Sara »die Herzen der Zeit« erobert.

unterstellenden und darum »falschen Vorstellungen« (III,3) nie zu einer angemessenen Einschätzung der Wirklichkeit hinbewegt, richtet sich die Marwood umsichtig auf die ihr zunächst entgegenstehenden Geisteshaltungen und Neigungen aus, um sie dann planmäßig für ihre Ziele umzupolen.

Wie geschickt dies geschieht und mit welchem Raffinement, ist besonders eindrucksvoll dem Gespräch zu entnehmen, das die Marwood mit Hannah, ihrer Dienerin, führt, um für die Begegnung mit Mellefont eine möglichst effektvolle Inszenierung ihrer selbst sicherzustellen:

> »Scheine ich dir nicht ein wenig unruhig, Hannah? Ich bin es auch. – Der Verräter! Doch gemach! Zornig muß ich durchaus nicht werden. Nachsicht, Liebe, Bitten sind die einzigen Waffen, die ich wider ihn brauchen darf, wo ich anders seine schwache Seite recht kenne. [...] Wenn er sich dagegen verhärten sollte? So werde ich nicht zürnen – ich werde rasen. Ich fühle es, Hannah; und wollte es lieber schon itzt.« (II,1)[46]

Wie immer es um die moralischen Qualitäten eines solchen Ventilierens und Manövrierens bestellt sein mag, gegenüber der grämlich in sich gekehrten »Zärtlichkeit« Saras geht von der wohlerwogenen Verlarvung der Marwood eine nachgerade bannende Faszination aus. Sie ist durch den Umstand verbürgt, daß in dieser eroberungsträchtigen Maskerade zumindest zeitweilig ein Ausgleich gelingt zwischen Affekt und Ordnung, zwischen den Ambitionen und Passionen des sich auslebenden Ichs und den reglementierenden, restringierenden Absichten, Ansprüchen und Erwartungen seiner Umwelt.

46 Bezeichnend für Marwoods Talent zur Maske ist auch ihr Disput mit Hannah in II,2. Dazu Frieß (Anm. 44) S. 178: »Das ›Rollenspiel‹ der Marwood, das sich durch mimische und gestische Lebendigkeit von der Deklamation im Trauerspiel des Barock unterscheidet und unterscheiden soll, gehört wesentlich zur ›Buhlerin‹ Marwood.«

Es kennzeichnet den gewinnenden Charme, der aus solcher Harmonisierung konkurrierender Intentionen hervorgeht, daß die Marwood nicht nur die Fremden, Uneingeweihten für sich einzunehmen und gewollt oder ungewollt für ihre Ziele zu mobilisieren vermag, sondern daß es ihr auch und insbesondere gelingt, Mellefonts angeblich liebende Hinwendung zu Sara auf Anhieb zu unterminieren und sich bei ihm erneut Geltung zu verschaffen. Zwar bleibt es ihr, der routinierten Buhlerin, letztendlich verwehrt, ihren einstigen Liebhaber in die Leidenschaften früherer gemeinsamer Zeiten zu verstricken, doch lassen alle noch so vehementen gegenteiligen Erklärungen keinen Zweifel an seiner sich erneut einstellenden Hörigkeit zu. Schritt für Schritt bewahrheitet sich im Fortgang der dramatischen Aktion die Prophetie, mit der Norton die Entrüstung Mellefonts über die Nachstellungen der »Frevlerin« Marwood quittiert und mit der er lakonisch die Drohung abtut, sie solle ihre »Frechheit« alsbald »mit dem Leben büßen«:

> »Es wird ihr einen Blick kosten, und Sie liegen wieder zu ihren Füßen. [. . .] das Unglück Ihrer armen Miß [Sara] ist vollkommen.« (I,9)[47]

Daß Sara in der Tat die Schlacht verloren hat, noch bevor diese recht eigentlich eröffnet wurde, ist indirekt den mehr und mehr von Finten und Finessen gezeichneten Erklärungen Mellefonts zu entnehmen. Ungleich deutlicher freilich spiegelt sich diese ihre Niederlage in seinen Aktionen und

47 Für Robert R. Heitner (»Lessing's Manipulation of a single Comic Theme«, in: *Modern Language Quarterly* 18, 1957, S. 183–198; hier: S. 187) kennzeichnet die vorhersehbare und verplanbare, bis zur platten Hörigkeit gedeihende Gefügigkeit Mellefont als »Narr der Komödie«. Es trifft wohl eher den Sachverhalt, in Übereinstimmung mit Janz in der willen- und orientierungslosen Ergebenheit Mellefonts einen Reflex jener erotischen Dämonie zu sehen, die nicht zuletzt dazu anregt, die Marwood in die Nähe der Medea zu rücken. Janz (Anm. 35) S. 212; auch Frieß (Anm. 44) S. 35 und 181. Zu den angedeuteten mythologischen Aspekten des Trauerspiels die motivgeschichtliche Studie von Wilfried Woesler: »Lessings ›Miß Sara Sampson‹ und Senecas ›Medea‹«, in: *Lessing Yearbook* 10 (1978) S. 75–93.

in seinen Reaktionen wider, die, in ihrer Umtriebigkeit ohnehin von aller Wahrhaftigkeit entfernt, nach der Ankunft der Marwood zum willfährigen und um nichts weniger orientierungslosen Taktieren geraten. Keiner seiner Gesten kann die Tochter Sir Williams ein Zeugnis werbender Liebe entnehmen, und im Wissen um die räumliche Nähe der »Buhlerin« versagt er sich auch jedes Wort, durch das nun noch der Weg in die zukünftige eheliche Gemeinschaft vorgezeichnet würde. Um so beflissener aber leistet Mellefont fortan den ruinösen Machenschaften der vermeintlich so gehaßten Marwood Vorschub, und dies wider bessere Einsicht und Absicht und allen Schwüren und Protesten zum Trotz.

Wenn Sara im Fortgang des dramatischen Geschehens, wie Wolfram Mauser zutreffend festgestellt hat, als »Opfer« erscheint, an dem die »Misere der Tugendhaftigkeit« offenkundig wird,[48] so geht die historische Zeichenhaftigkeit ihres Geschicks in Wahrheit nicht aus dem Mordanschlag der Marwood hervor. Die einschlägige Gewalttat, sie mag raffiniert ersonnen oder eruptiv und unter dem Zwang enthemmter Affekte betrieben sein, nimmt sich im Blick auf die skrupellose Verbrecherin schwerlich anders denn als brutales Resultat persönlicher und privater Rachegelüste aus. Epochale Signifikanz kommt dem heimtückischen Giftmord, dem Sara zum Opfer fällt, allein dadurch zu, daß Mellefont dazu ungewollt Beihilfe leistet. Ein Gespräch mit der einstigen Geliebten genügt, damit er für sie willenlos und perfekt wie ein Werkzeug tätig wird. Als hätte er nicht kurz zuvor der Marwood den Dolch entwinden müssen, der ihn selbst an Leib und Leben bedrohte, findet er sich nun bereit, die wortreich Gescholtene und Geschmähte, Inbegriff des »rasenden Wei-

48 Vgl. Mauser (Anm. 20) S. 14. »Die Starre der Tugendvorstellungen, in die Sara flieht, ist ein Indiz für Not und nicht ein Zeichen innerer Sicherheit; sie ist Folge gestörter Identifikation und nicht Ausdruck gewonnener Identität.« (Ebd., S. 14 f.)

bes«,[49] ihrer gehaßten Rivalin Sara als Lady Solmes anzuempfehlen. Ohne daß hier etwas rational zu begründen wäre – es sei denn als psychologisch interpretierbare Hörigkeit – und ohne daß aus den voraufgegangenen Begebenheiten Erfahrungswerte wie Umsicht und Fürsorge abgeleitet würden, verrät Mellefont die Kaufmannstochter, die er – freilich nach seinen Begriffen – liebt und verehrt, gleich mehrfach: er akzeptiert und unterstützt das Täuschungsmanöver, das der Marwood eine Begegnung mit ihrer Widersacherin erst ermöglicht, und er liefert die ahnungslose Sara sodann vollends aus, indem er sich in fataler Unbekümmertheit von dem Treffen der beiden Kontrahentinnen zurückzieht, so als bedürfte ihr Zusammensein nicht zu jeder Zeit eines Höchstmaßes an kontrollierender, schützender und abwehrender Wachsamkeit.

Wenn sich Mellefont zuletzt zu der vom Tode gezeichneten Sara zurückwendet und durch seinen Freitod zum Ausdruck bringt, daß es für ihn ohne Sir Williams Tochter kein sinnerfülltes Leben mehr geben kann, so handelt es sich bei diesem reuevollen Bekenntnis ganz ohne Zweifel um ein Zeugnis menschlich beeindruckender und anrührender Läuterung. Ansonsten freilich läßt sich nicht beschönigend davon absehen, daß es Sara – im Existenzbereich des Transitorischen – nicht gelungen ist, kraft der ihr eigenen Sittlichkeit für sich und ihren Geliebten einen Weg zu markieren, der, das Leben bewahrend und entfaltend, eine glückerfüllte Gemeinsamkeit in der konkreten alltäglichen Wirklichkeit gezeitigt hätte. Und im übrigen bleibt festzustellen, daß dort, wo die Konvention zurücktritt und die Improvisation den Ausschlag gibt, die sich in der Ausblendung der Welt gefallende Tugend der Sara im alles entschei-

49 Ausführlich hierzu und mit der angemessenen Differenziertheit Emil Staiger, »Rasende Weiber in der deutschen Tragödie des 18. Jahrhunderts«, in: E. St., *Stilwandel. Studien zur Vorgeschichte der Goethezeit*, Zürich/Freiburg 1963, S. 25–74; hier insbes. S. 41 ff.

denden Augenblick der Bewährung nichts auszurichten vermochte.[50]
Wenn am Ausgang des Dramas alle Handlungskonzepte, die zuvor formuliert und der Einlösung und Erfüllung entgegengetrieben wurden, als gescheitert vorgeführt werden, dann tritt damit an den Zuschauer die Aufgabe heran, unter den rauhen und schroffen Bedingungen der konkret-geschichtlichen, immer wieder zu Improvisationen nötigenden Wirklichkeit ein sittliches Bewußtsein auszubilden, das sich von einer tugendtreuen Selbstversklavung ebenso fernhält wie von einer skrupellosen Selbstentäußerung, das insofern zu einer wechselseitigen Durchdringung von Ich und Welt ertüchtigt, als die Gebote des »zärtlichen Herzens« zu einer inspirierenden Kraft sozialen Handelns fortentwickelt werden.[51]
Es gehört zur Ironie des dramatischen Geschehens, daß es nicht Sara ist, die für die Ausbildung dieses realitätskundigen und realitätsbeständigen Handlungsethos den lehrhaften Fingerzeig zu geben vermöchte; so eindringlich sie durch ihr Geschick die Verwirklichung dieser an der gesamtgesellschaftlichen Verfassung ausgerichteten personalen Sittlichkeit einklagt – und dies eben in demselben Maße, wie sie das »Mitleid« erregt[52] –, so eindeutig fällt Mellefont die Auf-

50 An diesen Sachverhalt knüpft Hermann Hettner sein traditionsmächtiges Verdikt über die bloße Zufälligkeit von Saras Geschick: »›Miß Sara Sampson‹ ist die Leidensgeschichte eines verführten Mädchens. Statt unsühnbarer tragischer Schuld nur ein sühnbarer Fehltritt. Die Katastrophe entspringt daher nicht innerer Notwendigkeit; [. . .] Es ist die schlechteste Art der Tragik, es ist eine Intrigentragödie. Dies gibt dem ganzen Aufbau und dessen innerer Gliederung jene Unwahrscheinlichkeit und Willkür [. . .]« (*Geschichte der deutschen Literatur im achtzehnten Jahrhundert.* [. . .], hrsg. von Georg Witkowski, Leipzig 1928, Tl. 2, S. 303.) Entsprechend dazu Pikulik (Anm. 17) S. 165 f., und Eibl (Anm. 12) S. 156.

51 Zur grundsätzlichen Klärung dieses Handlungsbegriffs als eines tätigen Sich-Einbringens in die gesellschaftliche Wirklichkeit s. Hannah Arendt, *Vita activa oder Vom tätigen Leben*, München [o. J.], S. 164–243.

52 Daß Lessings Mitleidstheorie in *Miß Sara Sampson* hinsichtlich des erzieherischen Werbens um Nachvollzug eine ungleich konzisere Einlösung erfährt als in seinen anderen Dramen, erhellt mit guten Argumenten vom Hofe (Anm. 36) S. 380 ff.

gabe zu, einer Tugendhaftigkeit das Wort zu reden, die nicht in eitler Erhabenheit an der Hinfälligkeit des Menschseins vorbeisieht, sondern sich gerade um dieser Hinfälligkeit willen zur Geltung bringt. Er, der »Flattergeist« (II,3),[53] bringt als Frage auf den Begriff, unter welchem Vorzeichen jenes neue soziale Ethos herbeizuführen wäre, das, anders als Saras fragwürdig »reine« Tugend, die bürgerliche Gesellschaft zu einem angemessenen Selbstverständnis zu bringen vermöchte. Mellefont ermutigt zur Wirklichkeit, wenn er – indirekt an die Adresse des Publikums – zu bedenken gibt:

> »Wie? muß der, welcher tugendhaft sein soll, keinen Fehler begangen haben? Hat ein einziger so unselige Wirkungen, daß er eine ganze Reihe unsträflicher Jahre vernichten kann? So ist kein Mensch tugendhaft; so ist die Tugend ein Gespenst, das in der Luft zerfließet, wenn man es am festesten umarmt zu haben glaubt; so hat kein weises Wesen unsere Pflichten nach unsern Kräften abgemessen; so ist die Lust, uns strafen zu können, der erste Zweck unsers Daseins; [. . .]« (I,7).

Auch wenn der Geschehensgang des Dramas darauf abgestellt ist, daß Sara letztendlich zur Befürworterin und zur Sachwalterin dessen wird, was Mellefont mit seinem Plädoyer für eine Tugend der Fehlbaren noch vor der todbringenden Verstrickung wortreich einfordert, so bleibt die szenische Aktion doch eigentümlich abstrakt, wo es um den pragmatischen Zuschnitt, um den der historisch-faktischen Wirklichkeit angemessenen Geltungsanspruch und Geltungsbereich, wo es um die sachgerechte Einlösung dieses Tugendpostulats geht. Wohl setzt Sara, »diese Heilige«,

53 Beachtung verdient in diesem Zusammenhang die kleine, äußerst instruktive Abhandlung von Hans M. Wolff: Mellefont, »unsittlich oder unbürgerlich?«, in: *Modern Language Notes* 61 (1946) S. 372–377. Dort der Nachweis, daß alle Kategorien zu einer moralischen oder sozialen Fixierung Mellefonts letztendlich nur zu ihrer wechselseitigen Relativierung taugen.

wesentliche Zeichen für das neu auszubildende soziale Ethos, und wohl weist sie prinzipiell zu dessen Verwirklichung die Richtung, indem sie sterbend Arabella der Fürsorge Sir Williams anvertraut (und das kleine Mädchen immerhin der Fürsorge seines leiblichen Vaters, Mellefonts, in eins entzieht), im übrigen aber hat es bei einer Ermahnung sein Bewenden, die nicht über das hinausführt, was ihr Geliebter zuvor bei ihr anmahnte:

> »Die bewährte Tugend muß Gott der Welt lange zum Beispiele lassen, und nur die schwache Tugend, die allzu vielen Prüfungen vielleicht unterliegen würde, hebt er plötzlich aus den gefährlichen Schranken – [. . .]« (V,10).

Indem Lessing es bei einer solchen Ermutigung beläßt, trägt er unstreitig der strengen Logik des bürgerlichen Trauerspiels Rechnung; mit dem Verzicht auf jedwede rezeptartige Verplanung historischer Abläufe zollt er der essentiellen erzieherischen Intention dieses literarischen Genres insofern Respekt, als es dieser Spezies des Dramas nicht darum zu tun ist, vor dem Publikum das Geleistete zu bilanzieren, sondern bei dem Publikum das erst noch und längst schon zu Leistende einfordert.[54]

Man wird sich vor der Wohlmeinenheit hüten müssen, die sich dieses programmatischen Verzichts annimmt und die sich um eine Eingrenzung eben jener lehrhaften Wirkungsabsichten bemüht, die Lessing im Blick auf den offenen Horizont der Geschichte tunlichst nicht über eine das Prinzipielle betreffende Provokation hinausführt. Dem Ausgang des Dramas droht schon eine Überzeichnung, wenn man ihn, wie

54 Vgl. dazu Lessings Brief an Friedrich Nicolai vom November 1756 (Gotthold Ephraim Lessing, Moses Mendelssohn, Friedrich Nicolai, *Briefwechsel über das Trauerspiel*, hrsg. und komment. von Jochen Schulte-Sasse, München 1972, S. 52–57). – Dazu die – angesichts eines diffusen und konfusen Forschungsstands gebotenen – Klarstellungen bei Eibl (Anm. 20) S. 150, 161 ff. und insbes. S. 169; prononcierter ders. in: »Bürgerliches Trauerspiel« (Anm. 32) S. 68 f.

Peter Horst Neumann in seiner Studie *Der Preis der Mündigkeit*, undogmatisch-dogmatisch als Maxime auslegt:

> »Vater im Sinne der Vernunft – und das heißt zugleich: des Herzens – ist allein der, welcher ein Kind, das leibliche oder das fremde, an-nimmt und als ein zur Mündigkeit bestimmtes Wesen begreift. Ein solches Verhalten bedeutet für die Väter zugleich das Erreichen einer neuen Stufe *eigener* Mündigkeit. Der Prozeß des Mündigwerdens der Kinder, ein dialektischer Prozeß, schließt die Väter mit ein; es ist die Nagel-Probe der Vater-Autorität.«[55]

Wenn Arabella in die Obhut Sir Williams gegeben wird und wenn er als Ersatzvater sich dieser seiner Ersatztochter in liebender Fürsorge zuwendet, dann ist damit am Ende des Dramas eine Figurenkonstellation geschaffen, die zu einer den traditionellen Ordnungsvorstellungen und Verhaltensmustern abschwörenden Verwirklichung mitmenschlicher Solidarität aufruft. Weit entfernt von allen Heilsgewißheiten, erfolgt diese Provokation im Angesicht der Katastrophe mit jener Unbedingtheit und Dringlichkeit, wie sie mit dem Anspruch eines radikalen Neubeginns einhergeht. In eins mit der Problematisierung eben der Selbstgewißheit, wie sie namentlich Gottsched und Gellert dem Bürgertum in vorschneller Zuversicht suggerierten, versagt sich Lessing einer Idolatrie des Familiären; es macht die – nur zu leicht zu verkennende – Besonderheit seines reformerischen Appells aus, daß dieser sich nicht allein auf den häuslich-privaten, sondern zugleich auch auf den gesamtgesellschaftlichen Lebensbereich bezieht.[56] Der Bewußtwerdungsprozeß, der durch *Miß*

55 Neumann (Anm. 30) S. 52.

56 Dagegen insbesondere Eloesser (Anm. 19) S. 26 f.: »Lessings Drama hält sich im engsten Kreise des Familienlebens. Beschränkte sich doch die deutsche Aufklärung in ihren Anfängen auf die Humanisierung der nächsten Interessen, des privaten und geselligen Lebens, des Umgangs, der Erziehung. Die Versuche, auf die politischen Angelegenheiten einzuwirken, die öffentliche Meinung zu stärken, gegen den Absolutismus und die bevormundende Büreaukratie Front zu machen, gehören erst der Arbeit späterer Jahr-

Sara Sampson (mit welchem Erfolg und mit welcher Nachhaltigkeit auch immer) inszeniert wird – und in Lessings erstem bürgerlichen Trauerspiel ist damit zugleich die soziale Grundorientierung seiner nachfolgenden Dramen vorgezeichnet –, gilt einer personalen Autonomie, die sich in aller Vorläufigkeit im schützenden und schonenden Kreis der Familie und dank der ihr eigenen Intimität ausbildet und die sich sodann im produktiven Austausch mit der Gesellschaft als Mündigkeit unter Beweis stellt.

Man hat sich oft und gern darüber ergangen, ob und in welchem Umfang George Lillos *The London Merchant* dem Drama Lessings als Vorbild oder Muster für *Miß Sara Sampson* diente. So unfruchtbar und abwegig sich diese positivistischen Spekulationen um eine poetische »Umbuchung« schließlich auch erwiesen,[57] so unmißverständlich haben sie doch geklärt, daß hier die Vereinnahmung des Fernen und Fremden dazu diente, den Blick für das Alltäglich-Nahe – für eine sowohl personale als auch soziale ›Misere‹ – zu schärfen. Zu tun war Lessing um die Weckung der kritisch sondierenden Aufmerksamkeit für das Vertraute und allzu Vertraute, um eine auf Wirklichkeitsertüchtigung abzielende Revision der gemeinhin unbefragten Lebensnormen mit dem Ziel, jene aus Souveränität hervorgehende Bürgerlichkeit herbeizuführen, die sich in der Konfrontation mit dem Unvertrauten, Ungesicherten und Unverläßlichen, eben im Geltungsbereich des Transitorischen, als Handlungskompetenz mit dem ihr eigenen menschen- und lebensklugen Charme präsentiert.

zehnte an. [. . .] Die Katastrophe der ›Sara‹ spielt als eigene Angelegenheit zwischen Privatpersonen, über welche als Richterin nur die Vernunft urteilt.«

57 Daß Lessings *Miß Sara Sampson* durch George Lillos *The London Merchant: or, The History of George Barnwell* (1731) beeinflußt wurde, wie es die positivistische Lessing-Forschung als gesichert voraussetzte, gilt heute als allenfalls heuristisch interessante Unterstellung. Zum Forschungsstand siehe die Einführung von Klaus-Detlev Müller in: George Lillo, *Der Kaufmann von Londen* [!]. [. . .], kritische Ausgabe mit Materialien und einer Einführung, hrsg. von K.-D. M., Tübingen 1981, S. 118 ff., insbes. S. 146 ff.

Wo sie denn in Erscheinung tritt, wird jene Larmoyanz überwunden, von der sich bekanntlich Lessings Zeitgenossen durch *Miß Sara Sampson* anstecken ließen und über die wir uns mit nachsichtigem Lächeln erheben dürften, wenn wir – im Sinne Walter Benjamins – zu unseren Leistungen zählen könnten, daß »das Menschenkind« inzwischen sein »Zuhause« gefunden hätte.

Literaturhinweise

Barner, Wilfried: »Zu viel Thränen – nur Keime von Thränen«. Über »Miß Sara Sampson« und »Emilia Galotti«. In: Das weinende Saeculum. Colloquium der Arbeitsstelle 18. Jahrhundert. Gesamthochschule Wuppertal – Universität Münster. Heidelberg 1983. S. 89–105.

Bornkamm, Heinrich: Die innere Handlung in Lessings ›Miss Sara Sampson‹. In: Euphorion 51 (1957) S. 385–396.

Daunicht, Richard: Die Entstehung des bürgerlichen Trauerspiels in Deutschland. Berlin ²1965.

– Lessing im Gespräch. Berichte und Urteile von Freunden und Zeitgenossen. München 1971.

Durzak, Manfred: Äußere und innere Handlung in »Miß Sara Sampson«. Zur ästhetischen Geschlossenheit in Lessings Trauerspiel. In: Deutsche Vierteljahrsschrift für Literaturwissenschaft und Geistesgeschichte 44 (1970) S. 47–63. Wiederabdr. in: M. D.: Zu Gotthold Ephraim Lessing. Poesie im bürgerlichen Zeitalter. Stuttgart 1984. S. 31–45.

– Das bürgerliche Trauerspiel als Spiegel der bürgerlichen Gesellschaft. In: Aufklärung und Romantik. 1700–1830. Berlin 1983. S. 118–139. Wiederabdr. u. d. T. »Bürgerliches Trauerspiel und bürgerliche Gesellschaft« in: M. D.: Zu Gotthold Ephraim Lessing. Poesie im bürgerlichen Zeitalter. Stuttgart 1984. S. 130–159.

Eibl, Karl: Gotthold Ephraim Lessing. Miß Sara Sampson. Ein bürgerliches Trauerspiel. Frankfurt a. M. 1971.

– Identitätskrise und Diskurs. Zur thematischen Kontinuität von Lessings Dramatik. In: Jahrbuch der Deutschen Schillergesellschaft 21 (1977) S. 138–191.

– Bürgerliches Trauerspiel. In: Aufklärung. Ein literaturwissenschaftliches Studienbuch. Hrsg. von Hans-Friedrich Wessels. Kronstein (Taunus) 1984. S. 66–87.

Eloesser, Arthur: Das Bürgerliche Drama. Seine Geschichte im 18. und 19. Jahrhundert. Berlin 1898.

Erläuterungen und Dokumente. Gotthold Ephraim Lessing. Miß Sara Sampson. Hrsg. von Veronica Richel. Stuttgart 1985. (Reclams Universal-Bibliothek. Nr. 8169.)

Flavell, M. Kay: Family Conflict in Lessing: Living through the Fictions. In: Lessing Yearbook 14 (1982) S. 71–97.

Fricke, Gerhard: Bemerkungen zu Lessings »Freigeist« und »Miß Sara Sampson«. In: Festschrift Josef Quint. Bonn 1964. S. 83–120.

Frieß, Ursula: Buhlerin und Zauberin. Eine Untersuchung zur deutschen Literatur des 18. Jahrhunderts. München 1970.

– »Verführung ist die wahre Gewalt«. Zur Politisierung eines dramatischen Motivs in Lessings bürgerlichen Trauerspielen. In: Jahrbuch der Jean-Paul-Gesellschaft 6 (1971) S. 102–130.

Guthke, Karl S.: Das deutsche bürgerliche Trauerspiel. Stuttgart [3]1980.

Hofe, Gerhard vom: Die »heiligen Charaktere« im bürgerlichen Trauerspiel. Zum Problem der poetischen Theodizee bei Lessing. In: Euphorion 77 (1983) S. 380–394.

Janz, Rolf-Peter: »Sie ist die Schande ihres Geschlechts«. Die Figur der femme fatale bei Lessing. In: Jahrbuch der Deutschen Schillergesellschaft 23 (1979) S. 207–221.

Jonnes, Denis: »Solche Väter«: The Sentimental Family Paradigm in Lessing's Drama. In: Lessing Yearbook 12 (1980) S. 157–174.

Mauser, Wolfram: Lessings »Miss Sara Sampson«. Bürgerliches Trauerspiel als Ausdruck innerbürgerlichen Konflikts. In: Lessing Yearbook 7 (1975) S. 7–27.

Michelsen, Peter: Die Erregung des Mitleids durch die Tragödie. Zu Lessings Ansichten über das Trauerspiel im Briefwechsel mit Mendelssohn und Nicolai. In: Deutsche Vierteljahrsschrift für Literaturwissenschaft und Geistesgeschichte 40 (1966) S. 548 bis 566.

– Zur Entstehung des bürgerlichen Trauerspiels. Einige geistes- und literaturgeschichtliche Vorüberlegungen zu einer Interpretation der »Miß Sara Sampson«. In: Literaturwissenschaft und Geistesgeschichte. Festschrift für Richard Brinkmann. Tübingen 1981. S. 83–98.

Neumann, Peter Horst: Der Preis der Mündigkeit. Über Lessings Dramen. Stuttgart 1977.

Pikulik, Lothar: »Bürgerliches Trauerspiel« und Empfindsamkeit. Köln/Graz 1966.

Schings, Hans-Jürgen: Der mitleidigste Mensch ist der beste Mensch. Poetik des Mitleids von Lessing bis Büchner. München 1980.

Seeba, Hinrich C.: Das Bild der Familie bei Lessing. Zur sozialen Integration im bürgerlichen Trauerspiel. In: Lessing in heutiger Sicht. Beiträge zur Internationalen Lessing-Konferenz Cincinnati 1976. Hrsg. von Edward P. Harris und Richard E. Schade. Bremen/Wolfenbüttel 1977. S. 307–321.

Sørensen, Bengt Algot: Herrschaft und Zärtlichkeit. Der Patriarchalismus und das Drama im 18. Jahrhundert. München 1984.

Spies, Bernhard: Der »empfindsame« Lessing – kein bürgerlicher Revolutionär. Denkanstöße zu einer Neuinterpretation von Lessings »Miß Sara Sampson«. In: Deutsche Vierteljahrsschrift für Literaturwissenschaft und Geistesgeschichte 58 (1984) S. 369–390.

Weber, Peter: Das Menschenbild des bürgerlichen Trauerspiels. Entstehung und Funktion von Lessings »Miß Sara Sampson«. Berlin ²1976.

Wierlacher, Alois: Das Bürgerliche Drama. Seine theoretische Begründung im 18. Jahrhundert. München 1968.

Woesler, Winfried: Lessings »Miss Sara Sampson« und Senecas »Medea«. In: Lessing Yearbook 10 (1978) S. 75–93.

Wolff, Hans M.: Mellefont: Unsittlich oder unbürgerlich? In: Modern Language Notes 61 (1946) S. 372–377.

Ziolkowski, Theodore: Language and Mimetic Action on Lessing's »Miss Sara Sampson«. In: The Germanic Review 40 (1965) S. 261–276.

Nach Abschluß des Manuskripts erschienen:

Pütz, Peter: Die Leistung der Form. Lessings Dramen. Frankfurt a. M. 1986.

Ter-Nedden, Gisbert: Lessings Trauerspiele. Der Ursprung des modernen Dramas aus dem Geist der Kritik. Stuttgart 1986.

HELMUT GÖBEL

Minna von Barnhelm oder Das Soldatenglück. Theater nach dem Siebenjährigen Krieg

> ... eine Lustspielszene kann mehr Welthistorie bewahren als ein Feldzugsbericht.
> *Walther Rathenau*

Im Mailänder »Piccolo Teatro« inszenierte 1983 Georgio Strehler die *Minna von Barnhelm*. Es war vielleicht die erste Aufführung in Italien überhaupt, wenigstens aber die erste seit langem, obwohl es das Lustspiel seit 1799 in mindestens sieben verschiedenen Übersetzungen gibt.[1] Dies ist nur ein Beispiel für die geringe Theaterwirkung von Lessings größter Komödie jenseits der deutschen Sprachgrenze vor allem in den romanischen Ländern. Mit einigen Einzelheiten stellte die Mailänder Inszenierung mehr oder weniger deutlich erkennbare Assoziationen zur deutschen Geschichte in Vergangenheit und Gegenwart her. Die einzelnen Akte wurden zum Beispiel musikalisch eingerahmt abwechselnd von Marschmusik und von Haydns Kaiserquartett. Dieser schöne Einfall demonstrierte dem Publikum deutlich: *Minna von Barnhelm* ist ein deutsches Stück zwischen deftigen preußisch-österreichischen Märschen und der verhaltenen Haydnschen Kammermusik mit der Hymnenmelodie für das Deutschlandlied. Eine solche Deutung nimmt in ihrer eigenen Art Goethes Charakterisierung in *Dichtung und Wahrheit* auf. Dort wird Lessings Komödie nicht nur als »ein unerreichbares Muster« für eine dramatische Exposition gepriesen,[2] sondern mit berühmt gewordenen Worten auch ein

1 Vgl. Siegfried Seifert, *Lessing-Bibliographie*, Berlin/Weimar 1973, S. 297.

2 Vgl. J. W. Goethe, *Aus meinem Leben. Dichtung und Wahrheit*, Tl. 2, Buch 8, zit. nach: dtv-Gesamtausgabe (= Nachdruck der Artemis-Gedenkausgabe), Bd. 23, München 1962, S. 127.

Wegzeichen gesetzt für viele weitere Auslegungen des 19. und 20. Jahrhunderts. Goethe schreibt: »Eines Werks aber, der wahrsten Ausgeburt des Siebenjährigen Krieges, von vollkommenem norddeutschem Nationalgehalt muß ich hier vor allem ehrenvoll erwähnen: es ist die erste, aus dem bedeutenden Leben gegriffene Theaterproduktion, von spezifisch temporärem Gehalt, die deswegen auch eine nie zu berechnende Wirkung tat: Minna von Barnhelm.«[3]
Die folgende Interpretation wird weniger dem »Nationalgehalt« nachgehen, wohl aber zu zeigen haben, daß und wie das Theaterstück mit Lessing und seiner Deutung der historischen Situation um den Siebenjährigen Krieg zu tun hat.

Der Text und die ersten Aufführungen

Ein Manuskript der Reinschrift von Lessings Lustspiel ist in der Deutschen Staatsbibliothek (Ost-Berlin) erhalten; ein Faksimile dieser Handschrift wurde vor mehr als einem halben Jahrhundert veröffentlicht.[4] Gelegentlich berücksichtigen neuere Textausgaben diesen einzigen von Lessing selbst stammenden authentischen Text. Die meisten Ausgaben von heute gehen jedoch indirekt oder direkt zurück auf den Abdruck der *Minna von Barnhelm* in der 3. Auflage der Lessing-Ausgabe von Karl Lachmann, die Franz Muncker 1886 besorgt hat.[5] Muncker wiederum stützt sich auf die zu Lessings Lebzeiten erschienenen Drucke, vor allem auf die letzten Ausgaben. Es sind neben der Handschrift folgende Drucke wichtig: Der Abdruck in der Ausgabe von Lessings Lustspielen von 1767 und in einer Einzelausgabe ebenfalls

3 Ebd., Buch 7, S. 64 f.

4 G. E. Lessing, *Minna von Barnhelm oder Das Soldatenglück*, Heidelberg 1926 (Bibliotheca Manuscripta, 1).

5 In den folgenden Ausführungen beziehe ich mich dankbar auf die detaillierte Textkritik von Martin Boghardt, »Zur Textgestalt der ›Minna von Barnhelm‹, in: *Wolfenbüttler Studien zur Aufklärung*, Bd. 2, Wolfenbüttel 1975, S. 200–222.

von 1767. Beide Drucke erschienen im Frühjahr des Jahres in Berlin bei Lessings Verleger Christian Friedrich Voß. In demselben Jahr erschien, ebenfalls bei Voß, eine weitere Einzelausgabe, die von den genannten geringfügig abweicht. Die letzten Ausgaben zu Lessings Lebzeiten sind 1770 erneut wie die ersten doppelt erschienen in einer Einzel- und einer Lustspiel-Sammelausgabe und wieder bei Voß in Berlin. Die Textunterschiede aller Ausgaben beschränken sich neben offensichtlichen Druckfehlern in erster Linie auf Interpunktions- und Orthographiedifferenzen. Dies ist für die Zeit sozusagen normal; es gibt noch keine festen Normen, und die Autoren, so auch Lessing, variieren in Schreibweise und Zeichensetzung oft genug; Doppelkonsonanten etwa lösen Einfachschreibungen ab und umgekehrt, wie es vom Autornamen auch bekannt ist: »Leßing« und »Lessing«.

In den verschiedenen Drucken gibt es darüber hinaus gelegentliche Abweichungen im Wortlaut. Da und dort fehlen einzelne Wörter im Vergleich zu anderen Fassungen. Höchst selten ergeben sich gewichtigere Sinnunterschiede. Ein Beispiel dafür ist die Textvariante im kurzen Monolog Minnas zu Beginn des 7. Auftritts im 2. Aufzug, eine Variante, die noch die verschiedenen heute gängigen Ausgaben durchzieht. Minna hat eben erfahren, daß Tellheim lebt und sich in ihrer Nähe aufhält. Ihr ist daraufhin ein »einziger dankbarer Gedanke gen Himmel« in der einen Textüberlieferung »das willkommenste«, in einer anderen Überlieferung »das vollkommenste Gebet«.[6]

Aussagekräftiger als die bisher skizzierte Druckgeschichte der sogenannten rechtmäßigen Ausgaben ist die Tatsache der recht zahlreichen Ausgaben innerhalb weniger Jahre wie auch der Raubdrucke, Sonderdrucke mit den Texten einzelner Aufführungen und der Abdrucke in Anthologien zum damals neuesten deutschsprachigen Theater. Neben den Drucken bei Voß in Berlin sind aus den Jahren von 1767 bis 1779 acht

6 Vgl. ebd., S. 204.

weitere Ausgaben bekannt. Dies zeigt, daß Lessings Lustspiel sich einer großen Nachfrage erfreute und daß davon neben Lessings Berliner Verleger Voß auch weitere Verleger in Berlin, Wien, Coburg, Frankfurt a. M. und in Stuttgart profitieren wollten und konnten.[7]

Zu dieser großen Nachfrage haben die Theater ihren Teil beigetragen. Uraufgeführt wurde das Stück am Hamburger Nationaltheater am 30. September 1767. Immerhin sechs weitere Wiederholungen gab es in Hamburg noch in demselben Jahr. In eben der Zeit beginnt auch Lessing, als gutbezahlter Kritiker das Hamburger Nationaltheater-Experiment mit seiner *Hamburgischen Dramaturgie* zu begleiten. Auch auf anderen Bühnen konnte man bereits 1767 die *Minna von Barnhelm* sehen: achtmal in Leipzig – im Zentrum Sachsens fanden also relativ viele Aufführungen statt –, viermal in Frankfurt a. M. Weitere Aufführungen sind aus Wetzlar, Wien und Hannover bekannt. In Breslau steht das Stück im Mai 1768 sechsmal auf dem Spielplan. Im Frühjahr 1768 erobert das Stück die Berliner Bühne; im März und April des Jahres wird es dort achtzehnmal wiederholt, was für das deutsche Theater damals einen fast sensationellen Erfolg bedeutet.[8]

Offenbar hatte Lessing mit dem Lustspiel *Minna von Barnhelm oder das Soldatenglück* den Lesern und Zuschauern der Zeit ein Stück geschrieben, das vielen Erwartungen entsprochen hat. Insbesondere der theatralische Erfolg in Leipzig, Berlin und Breslau und die Tatsache, daß *Minna von Barnhelm* auch in Wien wiederholt aufgeführt und gedruckt wurde, deuten in der ersten Wirkung des Stückes wichtige Verständnishilfen an: es ist kein Zufall, daß ausgerechnet das Spiel vom »Soldatenglück« dort die Zuschauer am meisten interessiert, wo man die Auswirkungen des Kriegs zwischen

7 Seifert (Anm. 1) S. 134 f.

8 Vgl. Ursula Schulz, *Lessing auf der Bühne. Chronik der Theateraufführungen. 1748–1789*, Bremen/Wolfenbüttel 1977 (Repertorien zur Erforschung der frühen Neuzeit, 2), S. 18 ff.

Preußen, Sachsen und Österreich und den übrigen europäischen Mächten noch am heftigsten spürt. *Minna von Barnhelm* wurde bereits von den ersten Aufführungen her als ein aktuelles Zeitstück verstanden, auch wenn die ersten Theaterkritiken nicht ausdrücklich darauf Bezug nehmen. Das Stück machte etwas von der Zeit sichtbar, eine Interpretation muß daher sowohl die Theatralität wie den Zeitbezug herausarbeiten.

Das historische Interesse an dem Stück belegen schließlich noch weitere Einzelheiten aus seiner ersten Wirkungsgeschichte. Den Drucken und Aufführungen ab 1767 stellen sich bald diverse Nachahmungen zur Seite, die das Soldatenthema und andere Aspekte des Stücks in verschiedenster Weise aufnehmen und häufig auch trivialisierend weiterspielen. Bis in die zwanziger Jahre des 19. Jahrhunderts hat es über 250 Schauspiele gegeben, »die Ähnlichkeiten mit Lessing's Lustspiel enthalten sollen«.[9]

Die Beliebtheit des Stücks nutzte auch der Berliner Kupferstecher Chodowiecki aus. Er schuf mit zwölf Illustrationen zur Komödie einen neuen Typus von Kalenderbildern. Szenische Bilder zu dem Lustspiel lösten die bis dahin in Kalendern üblichen Jahreszeiten-Illustrationen ab.[10] Der Verkaufserfolg dieser neuen Kalenderbilder trug ganz wesentlich zur Karriere Chodowieckis bei und machte die Figuren des Lustspiels populär. Die Illustrationen trafen den neuen Zeitgeschmack in einem neuen Verhaltensideal. Deutlich zeigen sie Minna, Franziska und Tellheim in Mimik, Gestik und Bewegungen, die nun als »natürlich« und »lebendig« verstan-

9 Vgl. Wilfried Barner / Gunter Grimm [u. a.], *Lessing. Epoche – Werk – Wirkung*, München 1975 (Arbeitsbücher für den literaturgeschichtlichen Unterricht), S. 239 mit Verweis dort auf H. v. Stockmayer, *Das deutsche Soldatenstück des 18. Jahrhunderts seit Lessings »Minna von Barnhelm«*, Stuttgart 1898.

10 Vgl. *D. Chodowiecki 1726–1801, Zeichnungen und Druckgraphik: Bürgerliches Leben im 18. Jahrhundert*, Ausstellungskatalog, Städelsches Kunstinstitut und Städtische Galerie Frankfurt a. M. 1978, S. 42 ff.; vgl. dazu auch ebd., S. 124 ff.

den wurden. Diese neue »Natürlichkeit« sollte die höfische Steifheit und die »gekünstelte« Affektiertheit im Verhalten ablösen. In diesem Sinne führte Lessings Lustspiel bürgerliche Normen vor, die eine weitere bedeutende historische Schicht des Stücks belegen.

Die Vorgeschichte

Auf dem Titelblatt von *Minna von Barnhelm oder das Soldatenglück* ist nach der Gattungsangabe zu lesen: »Verfertiget im Jahre 1763«. Dieser Hinweis des Autors ist zu beachten, denn er führt zu wichtigen Vorklärungen für ein Verständnis des Stücks. Wie gelegentlich auch sonst bei Lessing, stimmen angegebene Daten und Jahreszahlen nicht so, wie sie dastehen. Die »Ankündigung« des *Nathan* etwa ist ziemlich sicher nicht am 8. August 1778 geschrieben worden. Das Datum aber hat seinen verborgenen Sinn: Es ist der Tag, an dem Lessing vom endgültigen Zensurbeschluß der Braunschweiger Behörden in Sachen Lessing gegen Goeze erfuhr. Der Autor hat hier bewußt zurückdatiert. Bei der Entstehungsangabe zur *Minna von Barnhelm* liegt ein ähnlicher Sachverhalt vor, der mit einem Exkurs über Lessings Verwicklung in die Zeitereignisse erhellt werden muß.

Lessing kennt den Krieg schon lange. Am 1. Februar 1746 berichtet der siebzehnjährige Schüler recht anschaulich, wie seine sächsische Gymnasialstadt im sogenannten Zweiten Schlesischen Krieg leidet: »das arme Meisen, welches jezo mehr einer Toden Grube als der vorigen Stadt ähnlich siehet. Alles ist voller Gestanck und Unflath«. Dann meint der Briefschreiber, daß es »eine weiße Vorsicht Gottes« sei, diese Mißstände im kalten Winter und nicht im Sommer zu haben. Und im Vertrauen auf Gott werde es wohl auch nicht zum Schlimmsten kommen. Erbärmlicher als der Zustand der Stadt sei aber jener der Schule: »Sonst lebte alles in ihr, jezo scheint sie wie ausgestorben. Sonst war es was rares, wenn man nur einen gesunden Soldtaten in ihr sahe, jezo sieht man ein Hauffen verwundete hier«. Der Speisesaal sei »zu einer Fleisch Banck gemacht worden [...].« Schüler, die verreist sind, wollten nicht zurückkommen.[11]

Klar schaut der Schüler seine Umgebung an und scheut sich nicht, krasse Zustände als solche zu benennen. Der Realitätsschilderung wird die Hoffnung auf Besserung mit Gottes Hilfe zugeordnet. Nicht unwesentlich aber ist, daß dies alles in einem Brief an den Vater steht, in dem es vor und nach der Schilderung der Kriegsfolgen nur um eine dringende Bitte geht: Der Schüler möchte weg von dieser Schule; der Vater wird gebeten, das Seinige dafür zu veranlassen. Der Bericht vom Zustand der Stadt und Schule hat also auch die Funktion, dem Anliegen des Sohnes eine objektivere Begründung mitzugeben. Daß der Schüler seine Rhetoriklektionen perfekt gelernt hat und sie zu nutzen versteht, zeigen schließlich nicht nur der Aufbau, sondern auch kleinste Argumentationsschritte und Sprachstrategien. Am deutlichsten in die Augen fällt die doppelte Antithese »sonst« – »jetzt«. Der Brief sagt also recht eigentlich: Was wäre das für ein grausamer Vater, der sich jetzt nicht einsetzte dafür, daß der Sohn die Fürstenschule endlich verlassen kann.

Bereits einige Wochen zuvor hatte Lessing in einem Gelegenheitsgedicht ebenfalls geklagt über den Krieg, den Preußen, »ein ekelhafter Feind«, nach Sachsen gebracht habe. Das Gedicht ist dem Oberstleutnant Carl-Leonhard von Carlowitz gewidmet, einem Gönner der Lessings, der in der Nähe der Vaterstadt Kamenz ein Gut besaß und der Gotthold Ephraim Lessing wie dem Bruder Theophil den Aufenthalt in der Fürstenschule finanzierte.

Warum diese Reminiszenzen aus dem Winter 1745/46 – ist doch das Lustspiel vom »Soldatenglück« zwanzig Jahre später erst entstanden? Und es beginnt die Karriere des Schrift-

11 Brief an seinen Vater, Johann Gottfried Lessing, vom 1. 2. 1746 (G. E. Lessing, *Sämtliche Schriften*, hrsg. von Karl Lachmann, 3. Aufl. bes. durch Franz Muncker, Stuttgart 1886–1924, Bd. 17, S. 5).

stellers Lessing erst in der Zeit der Studien von Leipzig 1747/1748 und Wittenberg 1751 mit dem ersten Aufenthalt in Berlin dazwischen! Diese frühen Zeugnisse sind bereits von den für Lessing charakteristischen Themen und Gestaltungsprinzipien geprägt, die später in der *Minna* wiederkehren. Hunger, Krankheit und Tod, die das mörderische Kriegführen nach Sachsen brachte, registriert der Schüler. Und diese allgemeine Situation wird aufs engste verbunden mit der privaten. Der Schüler kann in der internatsähnlichen Schule St. Afra nichts mehr lernen, er will auf die Universität. Auch zwingt die Not ihn wegzukommen. Abhängigkeiten grenzen die Freizügigkeit ein. Der Vater muß beim Fürsten für seinen Sohn die Erlaubnis erbitten, diesen von der Schule gehen zu lassen. Sonst – jetzt, hier – dort, ausharren – weggehen sind als Spannung angelegt für die eigene Existenz. Das Hier bietet jetzt keine positiven Möglichkeiten mehr. Nicht unwichtig ist, daß bereits diese frühe Situation von finanziellen Abhängigkeiten geprägt ist.

Lediglich ein wichtiges Moment der *Minna von Barnhelm* ist in diesen frühen Zeugnissen noch nicht erkennbar: Lessings Vorliebe fürs Theater. Es ist kein Zufall, daß sie der nächsten Auseinandersetzung mit dem Vater während der Studienzeit zugrunde liegt. Alle Anstrengungen und Tricks des protestantischen Pastors bewirken nicht, den Sohn vom Wunsch abzubringen, der deutsche Molière werden zu wollen. Lessing beginnt also, seine verschiedenen Komödien zu schreiben.

Die ersten Jugendstücke wie *Der junge Gelehrte* oder *Die alte Jungfer* sind fast gänzlich orientiert an der von Gottsched empfohlenen satirischen Typenkomödie. Zentralfigur ist z. B. der Typus eines Gelehrten, der in seiner Bücherwelt lächerlich wirkt in Konfrontation mit anderen Figuren des Stücks, vor allem im witzigen Dialog mit dem Diener und der Zofe, die »Anton« und »Lisette« heißen. In ihnen tauchen alte Komödienfiguren auf, die ihre Herkunft aus der italienischen Commedia dell'arte zu erkennen geben und über das in Frank-

reich gespielte »Théâtre italien« vermittelt wurden. Besonders in ihren knappen, pointierenden Gesprächsanteilen entsteht eine witzige Satire auf ein Gelehrtendasein, in dem der Student Lessing durchaus auch sich selbst aufs Korn nimmt.
Die empfindsame Komödie geht wie die sächsische, satirische Typenkomödie auf ausländische, vor allem französische Anregungen zurück. Das satirisch behandelte Laster weicht in dieser Lustspielart der Darstellung rührender Szenen, in denen die Tugenden der Figuren die Zuschauer mehr weinen als lachen machen.
Die wahre Freundschaft oder die familiäre Bindung der Tochter an den Vater können so eine Tugend sein. Bei Lessing taucht die theatralische Absicht der Rührung in den frühen Komödien weniger auf als in seinem bürgerlichen Trauerspiel *Miß Sara Sampson*.
In den Komödien genannten Stücken *Die Juden* und *Der Freygeist* hatte Lessing vorher schon für das deutsche Theater eine andere, ernste Lustspielform geschaffen. Die Figuren tragen sprechende oder typisierende und bloße den Stand oder die Herkunft bezeichnende Namen. Großmut und Selbstlosigkeit zeichnen einen Reisenden aus, der einen Baron bei einem Raubüberfall rettet. Erneut steht also kein Laster, sondern eine Tugend im Zentrum. Nun soll aber nicht primär die Tugend für sich gezeigt, sondern ihr Träger dargestellt werden, um bestehende Vorurteile gegen ihn und seine Gruppe abzubauen. Der Reisende nämlich gibt sich gegen Ende des Stücks zur Überraschung aller Anwesenden als Jude zu erkennen, und aus der geplanten Heirat zwischen dem Reisenden und dem Töchterlein des Barons kann angesichts der gesellschaftlichen Beschränkungen, die für Juden galten, nichts werden. Der typische Komödienschluß ist in diesem Moment der Handlung nicht mehr möglich, das Ende aber markieren auch hier Diener Christoph und Zofe Lisette, die noch zur älteren Komödientradition gehören und schließlich das Stück mit der Aussicht auf ein Schäferstündchen glücklich beenden.

In *Minna von Barnhelm* kommen nun alle genannten Formelemente zu einem neuen Lustspiel zusammen. Subtilste Gestaltung, einfachere oder gröbere Satire, rührende Szenen und ernste Erörterungen einer allgemeinen Aufklärung. Das gesamte Spiel um Tellheims Ehre, um die Liebe und das Geld käme nicht zustande, hätte der königliche Bote Tellheim einen Tag vorher noch im Hotel angetroffen. Satirische Akzente erhält dies, wenn man bedenkt, daß solche königlichen Rückzieher, wie ihn der Bote bringt, außerhalb der Bühne nicht unbedingt an der Tagesordnung gewesen sein werden. Derb ist die Satire in so mancher kleineren Nebengestaltung, z. B. in den Erzählungen Justs von den untreuen Soldaten Tellheims, über die Franziska aufgeklärt wird (III,2).[12] Derb ist gelegentlich auch die Sprache; in einer Nachlaßnotiz rechtfertigt Lessing ausdrücklich das Wort »Hure« (I,12). Eine gewisse Realistik begründend, schreibt Lessing: Ich »werde es überall wieder brauchen, wo ich glaube, daß es hingehört«.[13] Derb und subtil zugleich ist die satirische Gestaltung der Riccaut-Figur und die Darstellung des auf seinen Vorteil bedachten Wirts, der als getreuer Gehilfe der Polizei gezeigt wird. Rührend wirken Justs Treue gegenüber Tellheim und auch Tellheims Uneigennützigkeit gegenüber der Witwe Marloff. Und in den witzigen Repliken Justs und Franziskas, ja selbst auch Minnas, scheinen, nun freilich kaum mehr zu spüren, die alten italienischen Komödienfiguren durch. Das Neue aber entsteht in der Synthese dieser älteren Formen und Elemente mit der historischen Aktualisierung von Kriegs- und Nachkriegszeit. Soldaten

12 Der Dramentext wird zitiert nach: *Minna von Barnhelm oder das Soldatenglück. Ein Lustspiel in fünf Aufzügen verfertiget im Jahre 1763*, mit einem Anhang: Zur Entstehung und Wirkung von Lessings »Minna von Barnhelm«, Stuttgart 1962 [u. ö.] (Reclams Universal-Bibliothek, Nr. 10). Nachweise mit Angabe von Aufzug und Auftritt in Klammern unmittelbar hinter dem Zitat.

13 Zit. nach: *Erläuterungen und Dokumente. Gotthold Ephraim Lessing. Minna von Barnhelm*, hrsg. von Jürgen Hein, Stuttgart 1970 [u. ö.] (Reclams Universal-Bibliothek, Nr. 8108), S. 58.

treten nun nicht mehr im antiken Gewande auf wie in Lessings *Philotas*, sondern werden in ihrer preußischen Uniform gezeigt, Sachsen und Thüringen werden beim Namen genannt.

Dies alles hängt auch mit Lessings eigener Situation zusammen. Noch während des Studiums versucht Lessing eine Annäherung an das für ihn bis dahin feindliche Preußen. Er will sein Glück als freier Schriftsteller machen, Friedrichs Berlin lockt. Es beginnt sich dort auch ein geistiges Zentrum zu etablieren, das einem jungen kritischen Schriftsteller das tägliche Brot, vielleicht sogar ein bißchen mehr, wie auch Ruhm verspricht. Lessing lernt hier zwar anregende Menschen kennen, die sein gesamtes Leben lang vertraute Freunde bleiben werden – Moses Mendelssohn, Friedrich Nicolai, Karl Wilhelm Ramler, auch findet er in Berlin seinen Verleger Voß –, doch ein ökonomisch und geistig befriedigender Ort wird Berlin für ihn nicht. Der junge Schriftsteller pendelt daraufhin zwischen Leipzig und Berlin, zwischen der sächsischen und der preußischen Hauptstadt. Nirgends ist er ganz zu Hause, nirgends aber auch Fremder. Und die Erfahrung des Krieges kehrt schneller wieder, als es sich Lessing vorstellte.

1756 glaubt er endlich, die Möglichkeit gefunden zu haben, auch die wichtigsten Städte West- und Südeuropas kennenzulernen. Aber lediglich bis Amsterdam gelangt er als Reisebegleiter eines jungen Leipziger Kaufmanns. Da fällt das preußische Heer in Sachsen ein, der Krieg beginnt. Der Kaufmann fürchtet um sein Hab und Gut und bricht die Reise ab. Dem mittellosen Lessing bleibt nichts anderes übrig, als ebenfalls umzukehren. Und nun beginnt eine Phase, in der Lessing zwischen die kämpfenden Parteien gerät.

Einerseits sieht er in Sachsen die Menschen, nicht zuletzt auch seine Familie, unter den Kriegsereignissen leiden, andererseits schließt er mit dem preußischen Offizier Ewald von Kleist Freundschaft und gibt 1758 Gleims preußisch-patriotische Grenadierlieder heraus. In Leipzig hält man ihn für einen schlechten Sachsen, in Berlin aber gleichwohl nicht für einen Preußen. Schließlich schreibt er 1759 das kurze antikisierende Trauerspiel *Philotas*, in dem mit der Figur des Titelhelden, einem feurigen, aber vernunftlosen Krieger dem Lesepublikum mitten im Krieg die Unsinnigkeit des Kriegführens demonstriert wird. Und endlich verblüfft Lessing nicht nur seine Freunde und Bekannten, als er 1760 beim preußischen Generallieutenant von Tauentzien in Breslau die Sekretärsstelle übernimmt und nun gänzlich in die Ereignisse des Krieges verwickelt wird. Lessing lernt sowohl die konkreten brutalen Erscheinungen des Krieges als auch die internen politisch-taktischen Vorgänge kennen. Er schreibt die Briefe seines Generals an den preußischen König Friedrich II., er profitiert offensichtlich auch von den Gewinnen, wie sie im Krieg immer von einigen gemacht werden. Denn wovon hätte sich der mittellose Schriftsteller Lessing sonst in der Breslauer Zeit eine ziemlich große Bibliothek mit mehreren tausend Bänden anschaffen können! Möglich ist, daß dieser Gewinn mit den preußischen Finanzmanipulationen im Krieg zu tun hatte, Lessings General nämlich war die Breslauer Münze anvertraut. Und noch eines ist für die Vorgeschichte des Schauspiels vom Soldatenglück nicht ohne Bedeutung. Insbesondere in seiner Breslauer Zeit war Lessing vielerlei Arten des Spiels nicht abgeneigt. Noch bis zu seinem Lebensende hat er Lotto gespielt, also stets auch auf ein wenn auch nicht sehr wahrscheinliches Zufallsglück gesetzt.[14]

Am 15. Februar 1763 endete mit dem Frieden von Hubertusburg dieser Krieg. Sein Ergebnis hat etwas Groteskes: Viele Tote und Verletzte, eine völlig ruinierte Finanzwirtschaft, verschuldete Staaten und Städte, leere Kassen allerorten, Tausende von entlassenen und abgedankten Soldaten – in Preußen vor allem infolge der Auflösung der sogenannten Freibataillone. Und die Länder der herrschenden Fürstenhäuser

14 Zu Lessing als Spieler vgl. S. Guthke, »Der Glückspieler als Autor«, in: *Euphorion* 81 (1977) S. 353–382.

bleiben so verteilt wie vor dem Krieg. Preußen hatte Schlesien als Besitz behauptet.

Angesichts dieser historischen Situation ist das Lustspiel vom »Soldatenglück« entstanden. Als Sekretär des Generals arbeitet der Sachse Lessing in Kriegs- und unmittelbarer Nachkriegszeit für Preußen. Zu verstehen ist das alles nur, wenn man berücksichtigt, daß Lessing in seiner Untertanenzugehörigkeit zu einer Herrschaft kein gewichtiges Problem sah. Dieser Krieg wurde eben im Interesse der Herrscherhäuser geführt. Aber eine nicht ganz einfache Lage scheint in dieser Situation auch für den unpatriotischen Schriftsteller und Weltbürger, der er eigentlich sein wollte, entstanden zu sein. Seine Gedanken über Sinn und Unsinn des Kriegführens und über das Soldatsein greifen dann auch die dramatischen Figuren Tellheim und Werner auf.

Die ersten Ideen zur *Minna* wird Lessing bereits 1763 entwikkelt haben. Aber viel Zeit blieb ihm dafür nicht. Er war mindestens bis November 1764 der Sekretär bei Tauentzien. Die unmittelbare Nachkriegszeit verbringt er hauptsächlich in Schlesien, weiterhin in der Hauptstadt Breslau. Nur von Mitte Juli etwa bis Ende September 1763 hält er sich in Potsdam und gelegentlich auch in Berlin auf, wohin er seinen General begleiten mußte. Da die Buchausgabe der *Minna von Barnhelm* erst im Frühjahr 1767 erschien, kann also von einer Entstehungs- oder Verfertigungszeit von fast vier Jahren ausgegangen werden. Und wie das bei Lessing – und nicht nur bei ihm – häufig war, ist das Stück erst kurz vor dem Druck fertig geworden. Für 1763 ist also ein erster Plan anzunehmen und ganz sicher wohl die Grundidee für das Stück. Der Hinweis »verfertiget im Jahre 1763« darf also nicht wörtlich genommen werden. Lessing macht damit den Leser und Zuschauer des Stücks auf den Geist der Nachkriegszeit aufmerksam. Das Spiel vom Soldatenglück ist ganz wesentlich inspiriert von der Situation der Menschen, nicht zuletzt der Soldaten, unmittelbar nach dem Kriegsende. Wie später in den Auseinandersetzungen mit dem Hamburger Hauptpastor Melchior Goeze um ein angemessenes Verständnis der Schriften der Bibel, gilt bereits für den angemessenen Umgang mit dem Titelblatt des Lustspiels von 1767: es kommt nicht zuerst auf den Buchstabensinn an, es kommt auf den Geist an. Mit den aktuellen Zeitbezügen des Lustspiels macht Lessing auch vor, was rund eineinhalb Jahrhunderte später Hugo von Hofmannsthal auf die Formel brachte: nach großen Kriegen können nur noch Komödien geschrieben werden, gemeint nicht »als Ausdruck der Entspannung, sondern vor allem als Satyrspiel auf die tragischen Trilogien des Krieges, als moralisches Resümee einer gesellschaftlichen Situation«.[15]

Die Komödie Lessings ist also in erster Linie ein Zeitstück. Die Behandlung der Zeit im Lustspiel und die ihr anhaftenden Andeutungen und Anspielungen auf die konkrete historische Situation machen einen ersten Interpretationsschritt notwendig.

Die Zeit im Lustspiel

Wenn Leser und Zuschauer zu Beginn des Stücks wahrnehmen, wie Just »schlummert« und »im Traume« redet (I,1), mag auch im Zusammenwirken mit dem Geschick des Beleuchters Dämmerung vorstellbar sein. Aber auf das Bühnenlicht kommt es so sehr nicht an, denn schon im Moment, in dem Just einigermaßen zu sich zu kommen scheint, ruft er aus: »Doch sieh, es ist Tag!« Dies ist zunächst auf der Bühne Selbstansprache, hat zugleich aber die Funktion, über die Rampe hinweg jedem Leser und Zuschauer mitzuteilen: das Spiel beginnt am Morgen. Und da vielleicht nicht alle diese Information realisiert haben, läßt Lessing die Zeitangabe

15 Hinrich C. Seeba, *Die Liebe zur Sache. Öffentliches und privates Interesse in Lessings Dramen*, Tübingen 1973, S. 65 mit Verweis auf W. Hinck, *Das deutsche Lustspiel des 17. und 18. Jahrhunderts und die italienische Komödie, Commedia dell'Arte und Théâtre italien*, Stuttgart 1965.

indirekt und direkt wiederholen: »Wo wird er«, fragt sich Just in Sorge um seinen Herrn, »die Nacht zugebracht haben?« Und nochmals hören wir den Hinweis aus den ersten Worten des Wirts; sein »Guten Morgen« wird sogar zum Gegenstand des ersten dialogischen Gefechts auf der Bühne. Die mehrmalige Wiederholung des »Guten Morgen« hat nun nicht mehr die Funktion der Zeitinformation, sondern wirft die Frage auf nach der Qualität. Ist der Morgen dieses anbrechenden Tages wirklich gut? Für wen ist er es, für wen nicht?

Die erste Szene enthält, wie es sich für eine anständige Exposition gehört, auch erste zeitliche Rückverweise, zunächst auf die Nacht und auf den vorausgegangenen Tag. Es ist dieser Rückblick, der das Handlungsschema des ganzen Stücks äußerlich zusammenhält: denn ohne die Ausquartierung Tellheims und die Aufnahme Minnas vom Vortag würde die gesamte Anlage des Spiels wie ein Kartenhaus zusammenfallen. In ein bloß zufälliges Ereignis also ist die äußere Handlung des Lustspiels eingebaut.

Die zweite Szene bringt auch recht bald eine weitere Rückblende: »Jahr und Tag«, meint Just, sei sein Herr bereits in dem Hotel und nun habe er »ein paar Monate [. . .] nicht prompt bezahlt«. Weiter dann, pointiert gegen das Ende dieser ersten Dialogszene gesetzt, fragt Just: »Warum waret ihr im Kriege so geschmeidig, ihr Herren Wirte? [. . .] Macht euch das bißchen Friede schon so übermütig?« Nun sind wir unterrichtet über die Einbettung dieses Morgens in einen größeren Zeitabschnitt. Es war Krieg, nun ist Friede, ein »bißchen Friede«; möglich ist, daß dazwischen diese »paar Monate« liegen. Und erneut erhält diese Zeitangabe eine perspektivische Wertung. Das Wort »bißchen« bedeutet sowohl eine relativ kurze Zeitspanne als auch eine Tendenz zu einem potentiell faulen Frieden oder zu einem Frieden, der noch nicht recht gesichert ist. Zur Relativität der Güte des Morgens gehören also ein sehr viel weiterer zeitlicher Rahmen und die Frage nach seiner Qualität für die Menschen. Das Groteske aber an der Einführung dieser so beschaffenen, nicht klar zu bewertenden Zeit ist, daß ausgerechnet derjenige, der dem Wirt das »bißchen Friede« vorwirft, am Anfang des Stücks im Traum zu schlagen beginnt und sich im Gespräch »ereifert«; wiederholt ist dann im dritten Auftritt vom »Zanken« die Rede; Just will gar dem Wirt »eins auf den Katzenbuckel geben«, »die Zähne austreten« (I,3). In dieser Nachkriegszeit verhalten sich also die Menschen noch gar nicht so sonderlich friedlich.

Leser und Zuschauer könnten nun erwarten, daß es da oben auf der Bühne recht lebhaft zugeht. Aktion wie in einer polternden Klamotte könnte signalisiert sein, und im Rahmen des weiteren erneut Krieg? Hält dieser Friede wirklich? Aber die Komödie Lessings spielt nur mit diesen Gefahren. Weder Rüpelspiel noch Staatsaktion werden ausführlich gezeigt. Das kurze Anspielen dieser Möglichkeiten aber mag als feinsinnige Demonstration Lessings gemeint sein. Das Stück soll sich in anderer Weise, als das Gottsched einst tat, von den Zeiten absetzen, in denen »Prügel [...] die witzigsten Einfälle« der Lustspiele waren – so Lessing im berühmten 17. Literaturbrief. Und daß ein Moment von Staatsaktion in dem Spiel erhalten bleibt, soll sich im 4. und 5. Akt herausstellen.

Wie im Stück auf mehreren thematischen Ebenen Diener und Herren korrespondieren, so auch auf der Ebene der von Just eingeführten Affekte. Tellheim, sein Herr, wird sich später ebenfalls zornig und in Wut gebärden. Der fast gewaltsame Eifer des Dieners exponiert also auch eine von verschiedenen Gefühlslagen, die vom Menschen nicht nur angenehme Eigenschaften den Menschen zeigen. Tellheims Wut gegenüber Werner und vor allem gegenüber Minna (in V,9 und V,11) durchbricht damit auch die sogenannte kalte Vernunft der Aufklärung. Minnas Frage nach der Vernünftigkeit der Vernunft tut dies ebenfalls (II,3). Vernunft und Empfindungen stehen ganz analog auf dem kritischen Prüfstand des Lustspiels wie der Friede zwischen den Menschen.

Alle nun noch folgenden Hinweise führen die Zeitperspektiven fort. Die Spielzeit der Bühnenhandlung dauert bis zum Ende des dritten Aktes vom Morgen bis zum Mittag. Der Wirt gibt in seiner ersten Szene mit Minna und Franziska an, daß Tellheim »noch vor einer Stunde« anwesend war (II,2). Im zweiten Akt dann wird vom Frühstück auf das Mittagessen bereits vorausgedeutet (II,8). Gegen Ende des dritten Aktes verabredet man sich um »Punkte drei« (III,10). Der vierte Akt setzt nun unmittelbar nach dem Essen ein (IV,1), die Verabredung kommt auch mehr oder weniger kurz nach drei Uhr zustande (IV,6). Der letzte Akt enthält schließlich keine präziseren Zeithinweise mehr. Nichts spricht dagegen, daß er zeitlich unmittelbar dem vorangegangenen folgt. Für die Spieldauer ist also ungefähr die Zeitspanne eines Tageslaufes anzunehmen, von morgens bis in den Nachmittag hinein mit einer Mittagspause, die im Theater als Pause zwischen dem dritten und vierten Akt genutzt werden kann. Und auch von der Friedenszeit ist im zweiten Akt ein weiteres Mal die Rede: »Ach!«, klagt Minna über Tellheims Schweigen, »seit dem Frieden hat er mir nur ein einziges Mal geschrieben.« Und auch hierauf wird der Friede ironisch kommentiert: »Auch ein Seufzer wider den Frieden!« (II,1.)
Von besonderem Gewicht und wohl einmalig im deutschen Drama bis zu Lessing ist, daß wir im zweiten Akt auch noch das genaue Datum des Spieltages erfahren. Wenn sonst im Drama exaktere Zeitangaben genannt wurden, galten sie in erster Linie als Hinweise auf die immer wiederkehrenden besonderen Daten des Jahres, des Kirchenjahres vor allem. Weihnachten, Karfreitag, Ostern oder Pfingsten stellten dann auch mögliche Deutungsverbindungen zum jeweils gefeierten Fest und zur christlichen Heilsgeschichte her. Im Lessingschen Lustspiel aber hören wir von einem scheinbar beliebigen Datum. Es ist der 22. August des laufenden Jahres, wie der Wirt so exakt registriert (II,2). Mitten im Sommer also, heiß muß es sein, und in einem übertragenen Sinn hat das Spiel ja auch mit Just recht hitzig begonnen. Doch ob sich

weitere Deutungen in diesem Datum verbergen, ist nicht klar auszumachen.

Zunächst reiht sich die Zeitangabe an die ersten Zeithinweise. Von »ein paar Monaten« Friede war die Rede. Der Leser, der das Titelblatt kennt, kann sich der Jahresangabe von dort erinnern und die scheinbare Entstehungszeit des Stücks auf die Handlungszeit zu übertragen versuchen: Der 22. August 1763 wäre also rund ein halbes Jahr nach dem Frieden von Hubertusburg anzusetzen. Aber auch zeitgenössischen Zuschauern wird es nicht weiter schwergefallen sein, die vielen Anspielungen historischer Art zu verstehen als Transfer der Situation von 1763 auf die Bühne. Im Text aber wird die Jahreszahl 1763 nicht genannt!

Doch was soll das präzise Datum vom 22. August?[16] Wichtig ist der Zusammenhang von Kriegskontributionen und Wechselgeschäften, für die der 22. August 1763 ein bedeutendes Datum markierte. Nach Firmenpleiten in Amsterdam und Hamburg bangten Kaufleute in Berlin um ihre ökonomische Existenz, die von der Einlösung der Wechsel für die Kriegsführung abhing. Am 10. August waren bereits mehr als ein Dutzend Firmen in Preußen, und das heißt in erster Linie in Berlin, bankrott. Friedrich II. schuf daraufhin ein besonderes Amt, um die Gläubiger zu beruhigen: »Zu Berlin wurde am 22. August auf Antrag des Justizdepartements für diese ganzen Wechselsachen, da sie eng miteinander zusammenhingen, anstelle der normalen, aber zersplitterten Jurisdiktionen

16 Ob dem lutherischen Pastorensohn die Feier des Namenstages von Maria Königin, Regina, an dem 22. August bekannt gewesen ist? Immerhin war der Autor in Schlesien gerade mit einem zum großen Teil katholischen Land bekannt geworden, in dem Namenstage eine wichtigere Rolle als Geburtstage spielten. Nicht ohne Reiz ist in dieser Bedeutung die Übertragungsmöglichkeit vom Namen der »Himmelskönigin« Maria auf Friedrichs II. kaiserliche Gegnerin Maria Theresia. Minna käme also im Frieden, um dem König einen abgedankten Offizier zu kapern, und dies ausgerechnet an dem Gedenktag der »Himmelskönigin«, die zufällig auch den Namen der österreichischen Herrscherin trägt. Da aber sonst die Beziehungen zwischen Preußen und Österreich in dem Stück nicht weiter mitspielen, muß wohl diese Deutung des 22. August pure Spekulation bleiben.

– Magistrat, französische Gerichte, Kammergericht – eine Immediate, d. h. unmittelbar dem König unterstellte Wechsel-Commission eingesetzt«.[17] Lessing hielt sich in diesem Sommer in Potsdam und Berlin auf, er konnte also die Sorgen der Kaufmannschaft und die königliche Wirtschaftspolitik aus unmittelbarer Nähe verfolgen. Und daß das Spiel vom »Soldatenglück« stets auch vom Geld handelt und das Bühnengeschehen hierbei erhebliche Anleihen bei der historischen Situation nimmt, liegt auf der Hand.

Das Spiel um Geld und Ehre

Ein reichlich genutzter Schatz von Fach- und Sachwörtern aus dem Finanzbereich findet auf einer ersten Ebene mit unterschiedlichen Währungsnamen Anwendung: »Taler«, »Louisdor«, »Pistolen«, »Friedrichsdor«, »Dukaten« werden genannt, ferner die kleineren Einheiten »Groschen« und »Pfennig«. Es ist für ein Verständnis dieser verschiedenen Benennungen nicht die genaue Kenntnis eines Verhältniswertes oder gar der genaue jeweilige Sach- und Gold- bzw. Silberwert nötig. Sie ließen sich allerdings auch nicht genau angeben. Wenn man etwa annimmt, daß ab 1753 drei Reichsgulden oder »Konventionsgulden« rund zwei Taler ausmachten, so muß bedacht werden, daß diese ›Konvention‹ teilweise nicht oder nur vorübergehend galt. Auch die Entsprechung von 1 Friedrichsdor = 1 Pistole = 5 Taler, die 1750 in Preußen galt, sagt wenig aus, weil es besonders im Siebenjährigen Krieg zu erheblichen Finanzmanipulationen kam und die Regierungen, voran Preußen, durch die Verringerung des Edelmetallgehalts der Münzen das Währungsgefüge in Mitteleuropa gehörig durcheinanderbrachten. Die ständig wechselnden Benennungen in der *Minna* verweisen allgemein auf

17 Joachim Dyck, *»Minna von Barnhelm« oder: Die Kosten des Glücks. Komödie von G. E. Lessing. Über Wirte als Spitzel, preußische Disziplin, Lessing im Kriege, frisches Geld und das begeisterte Publikum*, Berlin 1981, S. 67.

diesen Zustand. Man mußte also in viele Details eingeweiht sein und die sich ständig verändernden Geldwerte kennen, um nicht übervorteilt zu werden. Diese Schwierigkeit vergrößerte sich verständlicherweise für Reisende, die sich im anderen Staat jeweils auf neue Umrechnungen gefaßt machen mußten. In der Nachkriegssituation wird die Konfusion wohl am größten gewesen sein.

Auch andere Andeutungen sind in den Geldnamen und in der durchgängigen Finanzrede des Stücks enthalten. Anspielungen zunächst und Doppelbedeutungen: »Pistolen« sind selbstverständlich auch Waffen; Tellheim hatte sie sich »hinter dem Bette« verwahrt (I,10). »Louisdor« und »Friedrichsdor« sind Goldmünzen, die ihren Namen den französischen und preußischen Königen Ludwig und Friedrich verdanken. Der darin ausgedrückte Zusammenhang von Geld und Herrschaft erhält in der Riccaut-Szene einen kaum merklichen satirischen Hieb. Das französische Wort für Gold (»or«) erscheint analog zu »Louisdor« oder »Friedrichsdor« im Namen von »Riccaut de la Marlinière, Seigneur de Pret-au-val, de la branche de Prensd'or« (IV,2). Die Verbindung von Namen und Gold ist hier sprechend: »de la branche de Prensd'or« heißt wörtlich »vom Zweig der Geldnehmer«.[18] Wenn diese Wortspielerei im Stück über die Charakterisierung von Riccaut hinaus Sinn hat, spielt die Analogie mit der Tatsache: die Großen geben den Namen und nehmen dafür das Gold. Solche und andere Zusammenhänge zeigen Lessing als Dichter der Anspielungen und verdeckten Aussagen in der Gestaltung einer witzigen und doppeldeutigen Sprache.

Auch das traditionelle Liebeszeichen, der Ring, wird in seinem materiellen Wert gehandelt. Gar nicht so verborgen ist schließlich die Tatsache, daß fast alle Figuren im Stück in Geldzusammenhängen eingeführt oder gezeigt werden. Die

18 *Erläuterungen und Dokumente. Gotthold Ephraim Lessing. Minna von Barnhelm*, hrsg. von J. Hein, Stuttgart 1970 [u. ö.] (Reclams Universal-Bibliothek Nr. 8108), S. 23 f.

Summen, um die es dabei jeweils geht, sind in ihrer Geringfügigkeit oder Höhe durchaus bedeutungsvoll nicht nur für das ständische, sondern primär für das ökonomische Ansehen.

Just hat bzw. verdient nicht viel, wie wir aus seiner Abrechnung erfahren; es sind ganze sechs Taler im Monat. Daß der Wirt dem Geld hinterherläuft, wird mehrfach deutlich. Zum Beispiel, wenn er den Ring Tellheims für achtzig Friedrichsdor kaufen soll (I,10) und ihn einmal für achtzig Pistolen (II,2), dann für einhundert (III,3) gekauft haben will. Franziska wird als einzige fast nicht vom Geld abhängig gezeigt. Als sich herausstellt, daß der gesuchte Tellheim in unmittelbarer Nähe ist, wird Minna freigebig – wie im späten Stück der Nathan auch – und schenkt Franziska Geld, das sie sich selbst nicht nehmen wollte (II,3).

Noch in Anwesenheit des Wirts erfährt Minna von den Geldverlegenheiten, in denen sich Tellheim befindet, und ruft aus: »Franziska, die Schatulle her! Schließ auf!« ... »Was ist er Ihnen schuldig? Wem ist er mehr schuldig?« fragt sie den Wirt und erklärt den Inhalt der Geldkassette: »Hier ist Geld. Hier sind Wechsel«, und alles gehöre Tellheim (II,2). Die Freigebigkeit und die Demonstration vor dem Wirt zeigen eine recht heitere Minna, die nicht so sehr das Geld, aber vor allem Tellheim liebt.

Zu den Besonderheiten des Lustspiels gehört, daß Leser und Zuschauer erst im 6. Auftritt des 4. Akts den eigentlichen Grund von Tellheims Finanzsituation erfahren. Dann aber wird spätestens klar, daß die Finanzen nur einen Teil der Problemstellungen ausmachen. Nicht auf die Gelder allein, die Tellheim nicht mehr hat, kommt es ihm an, sondern auf die Verquickung dieser Gelder mit dem, was er seine »Ehre« nennt. Das Spiel vom Glück des abgedankten Soldaten Tellheim hat hier seine Mitte. Es soll nun nicht ein Versuch gemacht werden, dieses Ehrproblem ein weiteres Mal ausführlich aufzurollen, wohl aber sind einige Hinweise zur Interpretation unentbehrlich. Die Schwierigkeit des Verständnisses dieser »Ehre« hängt zunächst mit der unklaren Bedeutung des Wortes selbst zusammen.[19] Diese Unklarheit besteht sowohl im Stück wie in den verschiedenen unliterarischen Verwendungen vom 18. Jahrhundert bis heute. »Ehre« ist deswegen ausnutzbar und einsetzbar zu Propaganda, zur Aktivierung und Begründung verschiedenartigster Handlungen. Die brutalste Ausnutzung scheint stets im Wertbereich der Soldaten gelegen zu haben.[20] Im 18. Jahrhundert faßte das Wort für die Offiziere den Wert- und Verhaltenskodex zusammen.[21]

Im Lustspiel von 1767 gibt es offensichtlich drei unterschiedliche Perspektiven, die Minnas und die Tellheims und die des Riccaut de la Marlinière. In diesen Perspektiven treffen sich

19 »Ehre« sei früher ebenso vieldeutig wie in den achtziger Jahren des 20. Jh.s »Identität«, meint Lothar Baier (*Gleichheitszeichen. Streitschriften über Abweichung und Identität*, Berlin 1985, S. 8). Zur Geschichte von »Ehre« bes.: Harald Weinrich, »Mythologie der Ehre«, in: *Merkur* (1969) S. 224–239, wo auch kurz auf die Tradition der Ehre als Komödienmotiv eingegangen und behauptet wird, Lessings Lustspiel sei in diesem Punkt ein Beispiel für die Verspätung Deutschlands im Vergleich mit der romanischen Literatur (ebd., S. 227).

20 Zur Bedeutungsvielfalt von ›Ehre‹ vgl. auch den entsprechenden Artikel in: *Deutsches Wörterbuch* von Jacob und Wilhelm Grimm, Bd. 3, Leipzig 1862, Sp. 54 ff. Für die preußische Tradition ist Fontane ein wichtiger Zeuge; im *Schach von Wuthenow* greift Bülow die sich aus friderizianischen Zeiten herleitende Vielfachbedeutung von ›Ehre‹ kritisch auf:
»Der große König hat diesen schlimmen Zustand der Dinge vorbereitet, aber daß er so schlimm werden konnte, dazu mußten sich die großen Königsaugen erst schließen, vor denen bekanntermaßen jeder mehr erbangte als vor Schlacht und Tod.
Ich habe lange genug dieser Armee angehört, um zu wissen, daß ›Ehre‹ das dritte Wort in ihr ist; eine Tänzerin ist charmant ›auf Ehre‹, eine Schimmelstute magnifique ›auf Ehre‹, ja, mir sind Wucherer empfohlen und vorgestellt worden, die süperb ›auf Ehre‹ waren. Und dies beständige Sprechen von Ehre, von der falschen Ehre, hat die Begriffe verwirrt und die richtige Ehre tot gemacht.« (Fontane, Nymphenburger Taschenbuchausgabe, Bd. 5, München 1969, S. 134.) Von Instettens Duellbegründungen in *Effi Briest* müßten wohl noch zu dieser Diskussion Fontanes hinzugesehen werden.

21 Vgl. hierzu die unterschiedlichen Deutungen und Bezüge zur historischen Situation bei Seeba (Anm. 15) und Dyck (Anm. 17).

Komödientradition und eine für damals aktuelle Auseinandersetzung, Zeiteinflüsse sind in diesem Problembereich also recht unterschiedlich eingegangen. Nicht zuletzt sind auch Lessings individuelle Probleme in den Perspektiven enthalten. Verwandelt taucht dabei sogar Lessings Liebe zum Spiel auf.

Daß in der Riccaut-Figur der Capitano der Commedia dell'arte im Gewand eines Franzosen erscheint, der sein Glück nicht mehr auf dem »Feld der Ehre«, sondern mit dem Glücksspiel zu erreichen versucht, ist deutlich. Und dies, obwohl er sich »honnête-homme«, also Ehrenmann, nennt (IV,2). Auch wenn er nur in einer einzigen Szene auftritt, ist er dennoch klar als Gegenfigur von Tellheim zu erkennen. Im äußerlichen Geschehen ist das an der Szenenfolge im 4. Aufzug abzulesen, in der Verquickung von Themen und Handlung besteht darüber hinaus ein engerer eigentlicher Zusammenhang von IV,2 und IV,6. Der »abgedankte Capitaine« Riccaut ist »vom Zweig der Geldnehmer«, Tellheim das ganze Gegenteil. Er, Tellheim, kann und darf nicht von seinem Wachtmeister Geld annehmen. Der komödiantischen Tradition entsprechend führt sich Riccaut als einer vor, über den man zuerst amüsiert ist. Tellheim hingegen, der Rührung evoziert in seinem Verhalten der Witwe Marloff gegenüber, problematisiert jetzt eher das Lachen über seine Situation: »Sie wollen lachen, mein Fräulein. Ich beklage nur, daß ich nicht mitlachen kann.« (IV,6) Minna ist dem ulkigen Franzosen nicht richtig böse, weil er ein Spieler ist und sie »gleichfalls das Spiel sehr« liebt (IV,2); gerade dies ist es, was ihr an Tellheim fehlt. Seiner die Ehre verletzenden Einschätzung der königlichen Untersuchung schlägt sie die Sichtweise des Spiels entgegen: »Bilden Sie sich ein, Tellheim, Sie hätten die zweitausend an einem wilden Abende verloren. Der König war eine unglückliche Karte für Sie: die Dame *(auf sich weisend)* wird Ihnen desto günstiger sein. – Die Vorsicht, glauben Sie mir, hält den ehrlichen Mann immer schadlos« (IV,6). Tellheims Glücksspiel, meint Minna, sei also im Prinzip schon gewonnen. Diese Gewißheit gewann sie aus den ersten Begegnungen mit Tellheim vor der eigentlichen Spielzeit und im Spiel selbst, auch aus ihrem Gefühl heraus, wofür ihr »Herz« steht. Ferner gehört zu ihrer Sicherheit eine gewisse Frömmigkeit, ein Glauben an eine göttliche Lösung der anstehenden Schwierigkeiten. Schließlich bestätigt diese Sicherheit Riccauts Ankündigung, »daß die Sak von unserm Major sei auf den Point zu enden und gutt zu enden« (IV,2). In dieser Konstellation kann sie auch das, was die »Ehre« alles bedeutet, völlig anders beurteilen als Tellheim. Dem Fräulein von Barnhelm ist das Verständnis des Wortes nicht wichtig, ihre berühmte Tautologie, die Ehre ist die Ehre, weist deutlich darauf hin. Für sie zählt angesichts der Priorität des privaten Liebesglücks nichts, was auch immer mit dem Wort an Bedeutung verbunden sein mag. Jedenfalls tut sie so. Anders Tellheim: für ihn enthält das Wort die Summe seiner öffentlich-gesellschaftlichen Reputation, seines Werts als »zoon politikon«.

Ehre, Geld und Liebe – sie sind auf fatale Weise verbunden. »Ehre« markiert die öffentliche Seite des Glücks eines Offiziers, »Liebe« die private. »Geld« macht beide Ebenen sichtbar. Tellheims Großzügigkeit gegenüber den sächsischen Ständen evoziert in Minna die Sympathie zum preußischen Offizier, noch ehe sie ihn gesehen hat. Tellheims Großzügigkeit in Geldsachen wird aber andererseits auch als laxes Verhalten verstanden und provoziert die kritische Untersuchung seiner Ergebenheit als Soldat Preußens. In dieser Spannung von Privatheit und Öffentlichkeit wird der Doppeltitel des Lustspiels erst einsichtig.

Das könnte nun zuerst in einem historisch-traditionellen Sinn rollentypisch verstanden werden: die junge Frau vertritt die private Liebe, der Offizier die gesellschaftliche Problembelastung im Lustspiel. Dies trifft sicherlich eine historische Analogie im 18. Jahrhundert und hat auch im Text seinen Niederschlag. Es beginnt bei den Namen: das Fräulein von Barnhelm hat einen Vornamen, der nicht umsonst einen gewissen assoziativen Bezug zur »Minne« herstellt. Und Tellheim ist eben nur Tellheim, kann man tautologisch formulieren. Er hat keinen aufs Private gerichteten Vornamen, ist nur der Adelige und Major, also auf seine gesellschaftlich gebundenen Rollen gerichtet.

Nun gibt es aber im Stück vom Soldatenglück eine dritte Ebene zwischen privater Liebe und öffentlich-gesellschaftlichem Ansehen: die Familie. So unauffällig sie im Vergleich zu anderen Lessing-Stücken hier auch ins Spiel gebracht wird, ist sie doch von ausschlaggebender Bedeutung. Einige wichtige Andeutungen dazu: Minnas Fahrt von Thüringen nach Berlin ist familiär eingebunden; der Graf von Bruchsall unternimmt mit seiner Nichte, die ihm wie eine Tochter ist, die Reise, um Tellheim die ausstehenden Wechsel zu übergeben; ein Zufall, die Panne der Kutsche, läßt Minna nur allein auftreten; bei ihrem Eintreffen werden für Minna und für den Grafen Zimmer reserviert; ihre Geschäfte in der Residenzstadt gibt Minna dem neugierigen Wirt nur unvollständig an, sie vertröstet den Wirt auf die Ankunft des Vormunds (II,2). Schließlich hat auch Minnas Streich gegenüber Tellheim in der familiären Bindung seine Motivation. Indem sie vorgibt, enterbt zu sein – erneut stellt das Geld im weitesten Sinn eine ökonomische Vermittlung dar! –, stellt sie der öffentlich-gesellschaftlichen Ehre Tellheims die familiäre Ehrenhaftigkeit entgegen, hier freilich den vorgetäuschten Verlust dieser Ehrhaftigkeit. Mit diesem Streich auf familiär begründeter Ebene erst gewinnt Minna eine Handlungsmöglichkeit, die Tellheim von der gesellschaftlich-öffentlichen Ehre absehen lassen kann. Nicht die private Ebene schafft das vom Lustspiel geforderte Liebesglück, sonst wäre das Stück nach dem zweiten Aufzug zu Ende. Überdeutlich gestaltet Lessing in der Worthäufigkeit dieses Lösungsproblem: in II,9 wird fünfzehnmal von »Liebe« oder »lieben« und zwölfmal von »Glück« oder »Unglück« gesprochen. Der öffentlich-gesellschaftliche Bereich steht im Wege, Tellheim aber kann diese Schwierigkeit hier nicht erklären, weil es Minna allein um die Liebe geht. Sein Brief bewirkt auch keine Lösung, gibt aber Minna, noch bevor Riccaut erscheint, die Informationen, die ihre familiäre Gegenstrategie ermöglichen.[22]

Damit erhält das Lustspiel seine Werteinbettung in das staatliche und bürgerliche Bezugssystem des 18. Jahrhunderts und darüber hinaus. Die Liebe findet ihren Rahmen in der Familie, das Soldatenglück wird im Stück sowohl durch ein königliches Handschreiben im gesellschaftlich-öffentlichen Bereich wie durch einen auf die Familie gegründeten Täuschungsakt hergestellt. Den familiären Segen gibt dann auch der im Lustspiel im rechten Moment eintreffende Graf, der als Vater in Tellheim nicht den preußischen Soldaten, wohl aber den Sohn willkommen heißt (V,13). Daß dieses Lustspiel damit nicht schließt, sondern zwei weitere Szenen vorgeführt werden, hat ebenfalls seine Begründung im historischen Zeitbezug. Neben den Wert der Liebe in der Familienbindung tritt die Freundschaft. Am Ende ihres wichtigen Gesprächs über das Soldatsein spricht Tellheim Werner bereits mit dem Vornamen »Paul« an (III,7), und schließlich nennt Tellheim Werner schlicht seinen redlichen Freund (V,14). Die Freundschaft gehört nun ebenfalls zu seinem Glück. Auch dieses glückliche Ende ist durch die konfliktreiche Belastung des Öffentlich-Gesellschaftlichen und des Geldes hindurchgegangen. Der öffentlich-gesellschaftliche Bereich ist sowohl in der aus der Kriegszeit weitergeführten Abhängigkeit Werners vom Major und in Tellheims Versicherung »auf meine Ehre« (III,7) als auch pointiert in ihren Ausführungen zu Soldat und Krieg vorhanden: »Man muß Soldat sein für sein Land oder aus Liebe zu der Sache, für die gefochten wird. Ohne Absicht heute hier, morgen da dienen, heißt wie ein Fleischerknecht reisen, weiter nichts.« (III,7)

22 Dies entspricht völlig dem historischen Ehrverständnis für Frauen. Die Ehre der Frau ist die Tugend, so Weinrich (Anm. 19) S. 226.

Diese Vorhaltungen Tellheims gegenüber Paul Werner benennen einen Konflikt, der auch in gewisser Weise der Lessings selbst gewesen sein muß als Sekretär des Generals. Die Freundschaft zwischen Tellheim und Werner kann aber auch hier nur deswegen zustande kommen, weil in der Vorgeschichte beider auch eine andere Ebene als die eines Dienstverhältnisses eine Rolle gespielt hat. Die Erinnerung Werners an Tellheims Leben rettende Hilfe, spielt darauf an, eine Hilfe, die nicht nach öffentlich-gesellschaftlichen Verhaltensnormen fragte, sondern spontan war (III,7). Analog zur Liebe hat hier die Freundschaft ihre auf die jeweilige Person bezogene individuelle Herzens- oder Gefühlsbegründung.

Die Schlußszene schließlich zeigt Werner mit Franziska. Werner will weiter Soldat sein, will weiter kämpfen. Seine Schlußworte »Generalin oder Witwe« sind denn auch die letzten Worte überhaupt, die in ihrer komödienhaften Übertreibung noch einmal die Anspielungen des Doppeltitels aufnehmen. Der Wunsch, nach Persien zu gehen, zeigt aber ebenso wie Tellheims Absage an die Dienste der Großen, daß es am Ende des Stücks niemanden mehr an dem dort oben auf der Bühne vorgestellten Ort hält. Alle wollen weg.

Der Ort im Lustspiel

Wenn für Lessings Lustspiel von 1767 der erste Aufzug beginnt, also das erstemal der Vorhang aufgezogen wird, muß der Bühnenbauer bereits ein Bühnenbild erstellt haben, das dem Zuschauer vor allem Sprechen den ersten Eindruck eines Spielorts optisch vermittelt. Der erste ›Aufzug‹ ist also stets von besonderer Bedeutung. »Die Szene ist abwechselnd in dem Saale eines Wirtshauses und einem daranstoßenden Zimmer.« Dieser kurze Hinweis nach dem Personenverzeichnis soll in der Vorstellung des Dramenlesers das Bild entstehen lassen, das dem Zuschauer einer Aufführung optisch auf der Bühne vorgestellt wird. Der Hinweis faßt die Szenenbilder des gesamten Stückes zusammen und gibt Andeutungen für den sichtbaren Spielort, an dem das Spiel ablaufen wird. Daß das »abwechselnd« eine sinnvolle Regelmäßigkeit meint, wird erst im Verlauf des Lesens wie des Sehens und Hörens einer Aufführung klar: Der erste, dritte und fünfte Aufzug zeigt den »Saal«, der zweite und vierte Aufzug das genannte Zimmer.

Mit der Nennung eines Wirtshauses weiß vor Beginn des Stückes der Leser bereits mehr als der Zuschauer. Denn je nach der Art des Bühnenbildes ist das erste Bild des ersten Aufzuges als Saal von einem Wirtshaus zu erkennen oder mehr als irgendein Saal in irgendeinem vorzustellenden Haus. Diese Unschärfe und Offenheit für die Bühne hat zuerst ihre Begründung in den normalen szenischen Möglichkeiten des 18. Jahrhunderts. In einem älteren Katalog werden diese Möglichkeiten zusammenfassend vorgestellt: »[...] Die Bühne ist durch einen [...] Vorhang nach dem Zuschauerraum abgegrenzt, ein zweiter Vorhang theilt die ganze Bühne in Vorder- und Hinterbühne. Im Hintergrunde befinden sich 2 Prospecte, eine Stubenwand und einen Wald darstellend. Die Coulissen sind drehbar und zeigen auf der einen Seite eine Wald-, und auf der anderen eine Stubendecoration. Man spielte abwechselnd auf der Vorderbühne (Wald) und der Hinterbühne (Stube). Bei der Verwandlung der Stubendecoration in einen Wald ging der Schauspieler von der Hinterbühne auf die Vorderbühne, und der Zwischenvorhang verdeckte die Stubendecoration. Blieb der Zwischenvorhang geöffnet und spielte man in der Stube der Hinterbühne, so liess sich das Publicum durch die Waldcoulissen der Vorderbühne nicht stören. Auf der Vorderbühne befindet sich eine Versenkungsklappe, von der ein Gang in den Ankleideraum der Schauspieler führt. 4 Treppen führen vom Podium in den Zuschauerraum. [...] Eine Leiter führt vom Ankleideraum in den Dachraum, wo sich 2 verschiebbare Brücken befinden, die zum Standort für die Donner-, Blitz-, Regen- und Flugvorrichtungen dienten.«[23]

Dieses einfache hölzerne Theater geht zurück auf die englische Wanderbühne, die Kulissen auf italienische Entwicklungen. Das angeführte Modell ist um die Mitte des 18. Jahrhunderts und auch danach noch das der meisten, auch der städtischen Bühnen; es erlaubt eine große Vielfalt von Bühnengestaltungen und ist *die* Bühne, auf die hin die Theaterschriftsteller ihre Stücke schreiben mußten, wenn sie sich eine Aufführung erhofften. Den Stücken des Theaterpraktikers Lessing hat mit Ausnahme seines späten *Nathan der Weise* ziemlich klar dieses Bühnenmodell vor Augen gestanden. Insbesondere für die *Minna von Barnhelm* ist mit den generellen Bühnenmöglichkeiten eine Grundstruktur vorgegeben. Lessing nutzt allerdings nur einen Teil der im Modell enthaltenen Möglichkeiten. Er kann auf Donner, Blitz, Regen und Wundervorrichtungen genauso verzichten wie auf die Waldkulissen. Lessings Theater führt keine großen Spektakel vor Augen, Märchen- und Wunderspiele sind nicht sein Fall. Auch braucht er – erneut mit Ausnahme der Szenen unter Palmen im *Nathan* – in den fertiggestellten Dramen keine Naturkulisse. An die Stelle des Waldes tritt der Saal. Saal und Zimmer gehören zu den Orten, die auf dem Theater eine lange Tradition haben. Es sind Innenräume, die im 18. Jahrhundert einfache Entsprechungen zur Lebenswelt der Zuschauer darstellen. Es ist die Welt, in der sich die Menschen im Zimmer so verhalten können, wie sie es wollen. Minnas Sprache des Herzens hat hier ihre räumliche Bühnenentsprechung im gleichsam privaten Bereich. Der Saal hingegen hat etwas Öffentliches. Hier tritt Tellheim zuerst auf; seine Probleme entsprechen auch diesem mehr öffentlichen Raum. Im Gespräch mit dem Wirt stellt Franziska diese über-

23 Zit. nach: Reinhart Meyer, »Von der Wanderbühne zum Hof- und Nationaltheater«, *Hansers Sozialgeschichte der deutschen Literatur vom 16. Jahrhundert bis zur Gegenwart*, Bd. 3: *Deutsche Aufklärung bis zur Französischen Revolution* ..., hrsg. von R. Grimminger, München 1980, S. 196 f.

tragene Bedeutung ausdrücklich her, scherzhaft und leichthin leistet das die Doppelbedeutung von »Schlüssel« in ihrer Rede (III,3). In diesem Zusammenhang von privaterem und öffentlicherem Raum ist es nicht verwunderlich, daß auch das Ende des fünften Aktes im mehr öffentlichen Saal gespielt werden muß.

Da man sich im Lauf des 18. Jahrhunderts angewöhnt hatte, nach jedem Akt den Vorhang zu schließen, können auch in aller Ruhe die Vorhänge auf- und zugezogen werden und in den Pausen – wenn überhaupt nötig – die Kulissen gedreht und der Mittelvorhang hochgezogen werden. Aus dem Saal kann also leicht das daran anstoßende Zimmer gemacht werden. Das Spiel kann im Takt der Akte regelmäßig abwechselnd im Saal und stets in demselben Zimmer ablaufen. Der schäbige Raum, in den Tellheim ausquartiert wird, ist nicht als optisch zu realisierender Bühnenraum vorgesehen. Noch in der *Miß Sara Sampson* waren *zwei* verschiedene Zimmer für die Szene vorgeschrieben, was, wegen der Unwahrscheinlichkeit, daß die Zuschauer hinter dem Saal einmal das eine, dann das andere Zimmer sahen, von einem Kritiker gerügt worden war.[24] Freilich nimmt Lessing diese optische Wahrscheinlichkeit auch jetzt für die *Minna von Barnhelm* nicht so exakt an. Der Bediente deutet nämlich, wenn er auf das jetzige Zimmer Minnas hinweist, nicht nach hinten, sondern, auf ein Zimmer »an der Seite« (I,9).

Ob zu Beginn des Lustspiels der sichtbare Saal, mit Just in einer Ecke sitzend, als Raum eines Wirtshauses oder Hotels vom Zuschauer erkannt werden kann, hängt vom Geschick des Bühnenbildners ab. Von Lessings Text her betrachtet, ist dieses Erkennen nicht unbedingt nötig. Die gesprochene Rede nämlich vermittelt alle nötigen Informationen. Bereits im ersten Satz erfährt der Zuschauer von einem Wirt. Aus dem Dialog des zweiten Auftritts geht dann bald hervor, daß

24 Vgl. Karl Eibl, *G. E. Lessing: Miss Sara Sampson. Ein bürgerliches Trauerspiel*, Frankfurt a. M. 1971, S. 221 ff.

Just eben jenen meinte, der nun mit ihm spricht und daß es dieser Wirt ist, der über ein Gasthaus und die darin enthaltenen Zimmer verfügt, dementsprechend auch Personen aus- und einquartieren kann. Schon in den ersten Auftritten also erfahren wir von Zimmern, die nicht zu sehen sind.
Aus dem gesprochenen Text entsteht allmählich der über den sichtbaren Bühnenraum weit hinausreichende Ort der Handlung. Den Saal des Gasthofs muß man sich irgendwo im Hochparterre vorstellen, das man sowohl über eine Haupt- als auch über eine Hintertreppe betreten oder verlassen kann (I,12). Es muß ein größerer Ort sein, in dem dieser Gasthof liegt und in dem es mehrere Gasthäuser gibt: »Wirtshäuser sind jetzt alle stark besetzt.« (I,2) Aus der Rede der »Dame in Trauer« kann erschlossen werden, daß das Spiel in einer Stadt abläuft. »Ich reise auf das Land«, teilt sie Tellheim mit (I,5). Neben dem Gasthof gibt es ein Kaffeehaus (I,10), und Werner kommt vom Dorf (I,12). In der Stadt ist selbstverständlich auch ein Markt (I,12). Am Beginn des zweiten Aktes erfahren Leser und Zuschauer, daß diese Stadt zu den »großen Städten« gehört (II,1), von denen es im 18. Jahrhundert so viele nicht gab. Und wenn dann Minna und Franziska dem Wirt für dessen Eintragungen ins Fremdenbuch entsprechende Angaben machen, verdichtet sich der Handlungsort auf eine nichtsächsische Residenzstadt, in der es ein hohes Justizkollegium gibt und vor allem einen König. Das Hotel, in dem das Spiel im engeren Sinne abläuft, hat auch einen Namen: »König von Spanien« (II,2).
Nur ein einziges Mal wird im gesamten Stück das Wort »preußisch« ausgesprochen (III,10), der Name der Stadt wird aber nicht genannt. Und dennoch passen die vielen Informationen zur Zeit und zum Raum, in denen sich die auftretenden Figuren befinden, zu einer Kombination allein in Form einer ziemlich weitgehenden Analogie: Das Spiel da oben auf der Bühne zeigt zwei Räume eines Hotels *wie in Berlin*. In dieser historisch-individuellen Verdichtung ist das Neue des Lessingschen Lustspiels enthalten. Das hat auch seine Paral-

lele in den dramatischen Figuren, die nun nicht mehr bloße Komödientypen sind, über die besserwisserisch gelacht werden kann. Mit ihren vielfältigen Verhaltensweisen und Gefühlen von Zorn, List, Neugier, Zuneigung, Liebe und Freundschaft, Vernünftigkeit, Witz, Übermut und Draufgängertum entsprechen sie der Lessingschen Forderung, wirkliche Menschen zu zeigen, die nun ebenfalls der historischen Situation des 18. Jahrhunderts entstammen. Tellheim sieht vor allem Minna so. Trotz ihres vorgetäuschten Erbschafts- und Ansehensverlusts ist sie ihm die einmalige Frau. Die Folge von Superlativen machen das der Komödie gemäß übertrieben deutlich: »Sie sind noch das süßeste, lieblichste, holdseligste, beste Geschöpf unter der Sonne, ganz Güte und Großmut, ganz Unschuld und Freude!« (V,9) Und darauf folgt die wichtige Einschränkung: »Dann und wann ein kleiner Mutwille; hier und da ein wenig Eigensinn – Desto besser! [. . .] Minna wäre sonst ein Engel, den ich mit Schaudern verehren müßte, den ich nicht lieben könnte.« (Ebd.) Ein im 18. Jahrhundert neu bestimmtes Individualitätsbewußtsein drückt sich hierdurch aus, wobei freilich die Grenzen kaum merklich mitformuliert sind. Der Mutwille soll »ein kleiner« nur sein, und vom Eigensinn genügt noch »ein wenig« angesichts der großen Begriffe der Liebe, Ehe, Familie und Freundschaft.

Alle weiteren sozialen Einbindungen werden jedoch einer kritischen Sicht unterworfen. Dies kann wiederum auch Lessings Umgang mit dem Handlungsort zeigen. Der beschriebene Raum der Handlung erhält seine Brisanz in der gleichzeitigen Bewertung. Der Gattung entsprechend, gibt es keinen wertenden, von vornherein fixierten Standpunkt, die wertenden Aussagen der agierenden Personen müssen vielmehr zunächst für sich gesehen werden. Für Just ist der Gasthof »das verdammte Haus« (III,2), Tellheim mag ihn zu Beginn des Stücks auch nicht mehr. Für Franziska gehört die Stadt zu den »verzweifelt großen Städten«, in denen man keine Ruhe findet (II,1). Das alte Thema der Stadtkritik klingt in dieser Klage an, Lessing greift es aber in einer neuen kritischen Weise auf. Der Wirt zeigt neben seiner rollentypischen Neugierde, daß der Ort des Gasthofs auch einer der staatlichen Neugierde und Überwachung ist.[25] Werner hält es nach dem Krieg selbst im »verwünschten Dorf« (I,12) nicht mehr, aber auch die Stadt ist ihm nur Zwischenstation; er will weiter als Soldat kämpfen, am liebsten gegen die Franzosen; da das aber jetzt nicht mehr möglich ist, würde er auch nach Persien gehen. Das wirkt phantastisch, und ist doch zugleich Zeichen für die Unbehaustheit nach dem Krieg. Und auch Tellheim hält es nicht am Handlungsort. »Ich darf fort, ich will fort«, hört man ihn ausrufen (V,1). Schließlich ist auch dieses Fortwollen sein sehnlichster Wunsch Minna gegenüber: »Nein, nichts soll mich hier länger halten. Von diesem Augenblicke an will ich dem Unrechte, das mir hier widerfährt, nichts als Verachtung entgegensetzen. Ist dieses Land die Welt?« (V,5) Das zweimalige »hier« zu Hotel, preußischer Hauptstadt und preußischem Staat enthält einen Großteil von Tellheims Problemen.

Im Gasthof als Handlungsort scheint damit auch ein gewisser Verweischarakter auf. Hier ist allein der Wirt zu Hause, für alle übrigen ist dieser Ort bloßer Zwischenaufenthalt, und wie wenig gesichert dieser ist, hat am deutlichsten Tellheim bei seiner Umquartierung erfahren. Der Spielort Hotel verweist damit im 18. Jahrhundert bereits auf das Transitorische der modernen Existenz.

Wohin gehen? Das ist zunächst die einfache Frage fürs Abtreten jeder Figur von der Bühne, von dem sichtbaren Handlungsort. Lessings theatralische Meisterschaft zeigt sich in diesem fürs Drama so wichtigen Gestaltungsmoment. Wie da in der zweiten Szene Just weg will, der Wirt ihn jedoch zurückhält, um ihn mit dem edlen Schnaps zu bestechen; wie dann Tellheim den Wirt wegschickt, um mit Just allein spre-

25 Ausführlich dazu Dyck (Anm. 17); auch Dieter Hildebrandt, *Lessing. Biographie einer Emanzipation*, München 1979, S. 251 ff.

chen zu können, das sind theatralisch gekonnt gemachte Szenen. Es zeigt aber auch, daß im gesamten Stück dauernd jemand stört, daß dauernd jemand fortgeschickt wird oder weg muß. Genauso effektvoll lassen Franziska und der Wirt in der achten Szene des zweiten Aufzugs Minna und Tellheim allein; am Ende der darauffolgenden Szene reißt sich Tellheim gar von Minna los. Und sie fragt pointiert: »Wo wollen Sie hin?« Der theaterpraktische Abgang von der Bühne wird so aufs engste verbunden mit der Frage eines viel weiter reichenden ›Wohin‹.

Dies zeigt zunächst erneut Lessings persönliches Dauerproblem. Auch er zieht fast sein ganzes Leben lang unruhig umher, mal getrieben von widrigen Umständen, mal angelockt von besseren Aussichten. Vom oben zitierten Schülerbrief an bezeugen dies viele Äußerungen. Und wegen der Abhängigkeiten ist es häufig auch nicht ganz einfach fortzugehen. Soziale Bindungen durch Herrschaft und Familie und Geldnöte erschweren die Freizügigkeit. Auf der Bühne findet dieses Grundproblem des Autors eine Art von Analogie. Zu den gezeigten Orten der Handlung werden Gegenorte und Sehnsuchtsräume in der Rede der Figuren entworfen. Werners Persien gehört als ein solcher Wunschort dazu. Und Tellheim läßt dem »hier« sein wiederholtes »da« folgen, mit dem er Minnas kritische Frage nach den soldatischen Diensten beantwortet: »Morgen verbinde uns das heiligste Band«, schwärmt er, »und sodann wollen wir um uns sehen und wollen in der ganzen weiten bewohnten Welt den stillsten, heitersten, lachendsten Winkel suchen, dem zum Paradiese nichts fehlt als ein glückliches Paar. Da wollen wir wohnen; da soll jeder unserer Tage –« (V,9). Dem »hier« der »großen Welt«, der Welt der »Ehre«, wird nun ein »da« entgegengesetzt, das sich aus idyllischen Vorstellungen, den Idealen Rousseaus und zum Utopischen tendierenden paradiesischen Einsamkeitsvorstellungen konstituiert, wie sie sich im 18. Jahrhundert aus dem Pietismus entwickelt haben. Das überschwenglich formulierte Ziel des idyllischen, gesellschaftsfernen und frommen Orts bleibt aber nicht das letzte Wort. Minna ist mit ihrem Täuschungsspiel noch nicht am Ende. Sie ist zwar nun, wie es die Regieanweisung andeutet, von Tellheims Zuneigung gerührt, sie unterbricht aber mit ihrem Mienenspiel Tellheims Wünsche. Auch erscheint ja noch der Graf von Bruchsall als Repräsentant des familiär begrenzten Gesellschaftsbezugs. Und schließlich folgt im Spiel vom Soldatenglück noch einmal eine ironische Pointe. Tellheim wird zurückgeholt aus dem Überschwang seiner idyllischen Sehnsucht, doch aus dem Mund des Wachtmeisters hören wir noch immer den phantastisch-exotischen Wunsch, nach Persien gehen zu wollen.

Ein Spiel zu Berlin, 1763 und Friedrich II.

Durchaus nicht in die Augen fällt, daß in der Handlungsführung des Lustspiels die Angaben zur Zeit, dem Ort und den mitagierenden Personen jeweils ein wichtiges Moment unterdrücken, das heißt, daß sie unvollständig sind. Die Jahreszahl 1763 erscheint nicht im Dramentext, sondern nur auf dem Titelblatt – und dort lediglich als halb vorgetäuschte Entstehungsangabe! Auch der Name des preußischen Königs wird nicht ausgesprochen; Friedrich II. kann oder muß erschlossen werden aus den verschiedensten Einzelheiten der im Text wiedergegebenen Situationen. Schließlich fehlt auch der Ortsname Berlin.

Man könnte zunächst annehmen, Lessing wollte nicht alles bis ins letzte Detail aussprechen, was sich ja für die Zeitgenossen von selbst verstand. Eine weitere Begründung aber führt zum Kern des Theatralischen und zum Zentrum des Lustspielablaufs. Mit der ausdrücklichen Nennung von Jahr und Namen hätte das Lustspiel seine Fiktionalität verloren, es hätte die Zeitereignisse lediglich reproduziert. Aber Lessings Theater stellt nicht in erster Linie Historisches, sondern das Allgemeine dar, wenn dazu auch Historisches benutzt wird.

In einem wichtigen Bezug zur Zeit, zum Ort und zu einer so bedeutsamen Hintergrundsfigur bleibt also die Frage nach der historischen Analogie in gewissem Sinn offen. Und diese wohl bewußte Offenheit hängt mit der Beantwortung der Frage zusammen: War Friedrich in der Nachkriegszeit wirklich einem abgedankten Offizier, der in Geldsachen die königlichen Befehle im Krieg nicht ganz im königlichen Sinne ausführte, ein »wohlaffektionierter König«, der befahl, daß eine Forderung »niedergeschlagen werde«? (V,9) Mit der Beantwortung dieser Frage hängt die Interpretation der *Minna von Barnhelm* im Kern zusammen. In der damit angesprochenen Deutung des königlichen Briefes unterscheiden sich dann auch die Interpretationsrichtungen vom 19. Jahrhundert bis zur Gegenwart.

Zunächst muß klargestellt werden, daß das im Stück verlesene königliche Handschreiben bereits vor der Spielzeit der Bühnenhandlung ausgefertigt war.[26] Tellheims Ausquartierung allein ist der Grund für die um vierundzwanzig Stunden der Bühnenzeit verspätete Ankunft des Feldjägers (V,6). Die Verspätung und nicht die Tatsache des Schreibens hatte also Konsequenzen, die das Stück erst ermöglichen. Es folgen die um vierundzwanzig Stunden verlängerte Distanzierung Tellheims von Minna, es folgt also auch der Verkauf des Rings, es folgt die anfängliche Weigerung, Minna zu heiraten und so weiter. Auch Riccauts Auftreten und die übrigen Auseinandersetzungen basieren auf dieser Konstruktion. Die Tatsache des königlichen Briefes wird für das Spiel vorausgesetzt, bewirkt aber zunächst weniger als der Zufall der Ausquartierung.

Angesichts dieses Sachverhalts könnte man meinen, die Frage nach der Wahrscheinlichkeit der generösen königlichen Ent-

26 Darauf hat mehrfach Horst Steinmetz hingewiesen, z. B. in »›Minna von Barnhelm‹ oder die Schwierigkeit, ein Lustspiel zu verstehen«, in: *Wissen aus Erfahrungen, Festschrift für Herman Meyer*, hrsg. von Alexander von Bormann, Tübingen 1976, S. 135–153. Diese und weitere Arbeiten Steinmetz' habe ich dankbar in die vorliegende Deutung einbezogen.

scheidung, wie sie im Brief erscheint, sei unwichtig. Dies entspricht in gewisser Weise Minnas Ansicht, die im Spiel primär den Sinn sieht, den *ganzen* Tellheim, sein *ganzes* Herz, kennengelernt zu haben (V,12). Diese Deutung geht aber aus von der Kenntnis der gesamten Vorgeschichte, die im vierten Aufzug gleichsam nachgeholt und mit den Worten des Feldjägers im fünften Aufzug erst im Hinblick auf die Verspätung deutlich wird. »Viel Lärm um nichts« also, abgesehen von Minnas Aufklärungen und Spaß? Dies ist nur die Ebene des Haupttitels »Minna von Barnhelm«. Die Frage nach dem privaten Glück löst das Problem der gesellschaftlich begründeten Ehre des Soldaten nicht. Tellheims Glück hat eine öffentliche, soziale Dimension obendrein. In der Spielhandlung tut er so, als ob er am Ende darüber hinweggehen könnte angesichts von Minnas scheinbarer Armut. Er wäre bereit, den königlichen Brief zu zerreißen, wobei die nicht gerade unkritischen Worte über die Dienste für die Großen auffallen. Diese kritische Freiheit hat Tellheim jedoch erst, seit er annimmt, Minna sei enterbt – er also ein entlassener preußischer Offizier, sie eine von der adeligen Familie Verstoßene! Die jeweiligen sozialen Abhängigkeiten sind damit angesprochen und scheinbar aufgehoben. Tellheims Freiheit kommt aber nur durch die List Minnas zustande; Minna wiederum irrt in ihrer Annahme, Tellheims Veränderung resultiere allein aus dem königlichen Brief. Für Minna also hat der Brief im Stück dieselbe Täuschungsfunktion wie für Tellheim Minnas scheinbare familiäre Bestrafung. Ein uraltes Komödienschema der wechselseitigen Verwirrungen und des Scheins also, hier erneut verknüpft mit der ernsten Frage einer Liebesverbindung in einer spezifischen historischen Situation an einem bestimmten Ort. Und daraus geht die entscheidende Frage hervor: wie wahrscheinlich ist dieses glückliche Lustspielende in der bestimmten historischen Situation? Ist bzw. war dies möglich? Scheinhaftes, aber immerhin Mögliches läßt Handlungen entstehen. Schein und Möglichkeit gehören hier zwei verschiedenen Spielebenen an. Minnas Spiel basiert auf ihrer Spielfreude, die sie Riccaut zugegeben hat. Sie glaubt und weiß, daß ihr Spaß, Scherz oder Spiel oder Streich gut ausgehen wird. Und den Wirkungsgesetzen der Komödie entsprechend erreicht sie dieses mögliche Ziel auch tatsächlich, freilich nicht ohne einen gelinden Schreck, denn bald »wäre der Spaß auch zu weit gegangen –« (V,5). Dieses Spiel Minnas ist Spiel im Spiel, Spiel innerhalb der gesamten Fiktion des Bühnenstücks. Es bewirkt das für die Liebe glückliche Ende.[27] Mit Hilfe der vorgetäuschten Enterbung hat dieses Spiel aus einem Schein die reale Möglichkeit einer glücklichen Liebe geschaffen.

Die zweite Spielebene stellt die gesamte Konfliktentstehung und die Schlußlösung insgesamt dar. Daß das Glück auf der Ebene Werners und Franziskas etwas Schwankendes hat, bezeugt die Schlußalternative von »Generalin oder Witwe«, abgesehen davon, daß Werner Tellheims Kritik am Soldatsein für die Zukunft nicht sonderlich zu beherzigen gedenkt. Doch auch hier mag sich in einer weiteren Deutungsschicht zusätzlich ein theatralischer Schlußeffekt verbergen. Schließlich kennen sich Franziska und Werner – anders als Tellheim und Minna – erst seit einem Tag, und so folgt den rührenden Liebes- und Freundschaftsbezeugungen der Protagonisten eine sich an der älteren Komödientradition ausrichtende antithetische Pointe der ironisch-witzigen Dienersprache.

Sollte aber Tellheims Glück mit Minna von dem königlichen Handschreiben abhängen? Einen gewissen Einfluß zumindest hat der königliche Brief auch auf Minna, spätestens seit Riccauts Ankündigung. Dieser Geschehensstrang und die Tatsache der vierundzwanzigstündigen Verspätung, also die äußerliche Basis der gesamten Komödie, stellt nun die zweite Problematisierung von Schein und Möglichkeit vor. Einerseits weiß Minna relativ früh von dem Schreiben, andererseits täuscht sie sich angesichts seiner Wirkung auf Tellheim, als sie

27 Die Spielsymbolik und die mit ihr zusammenhängende Doppeldeutigkeit der Komödiensprache habe ich an anderer Stelle ausgeführt: vgl. Helmut Göbel, *Bild und Sprache bei Lessing*, München 1971, S. 199 ff.

ihm ihre Not vorspielt. Diese Doppelfunktion des königlichen Handschreibens spiegelt auch das Verhältnis von Komödie zur Wirklichkeit in den sechziger Jahren des achtzehnten Jahrhunderts: die königliche Entscheidung ist möglich und irreal zugleich. Im Verweis auf die Wirklichkeit heißt das: sie wäre immerhin möglich zum Vorteil lebender Menschen. Ist sie aber so oder ähnlich wahrscheinlich? Immerhin könnte der König ja tatsächlich so handeln. Wenn er es aber nicht tut, zeigt die Komödie für ihre öffentlich-gesellschaftliche Seite ein bloßes Spiel des Scheins. Die Zeit auf der Bühne ist gar nicht die Zeit von 1763, der Ort da oben ist nicht das Berlin der Nachkriegszeit, der angesprochene König schließlich ist auch nicht Friedrich II. Denn das Spiel auf der Bühne hat zwar das Material aus seiner Zeit geborgt, die Zusammenstellung auf das Handlungsende hin aber zeigt nur eine Möglichkeit auf, an der sich die realen Verhaltensweisen der Menschen erst einmal messen lassen müssen. Es erscheint also im Lustspiel von 1767 sehr viel von der Problematik der historischen Situation von 1763, es bleibt aber natürlich, gerade von der vorgeführten Lösungsmöglichkeit her, vorläufig nur ein Spiel. Vom Stück her deutet alles darauf hin, daß Lessing sich 1763 den realen preußischen König nach dem von ihm im Stück entworfenen Bild eines Königs gewünscht hätte.

Die nicht vollständig vorgeführten historischen Angaben, die fehlenden Schlußsteine im Gewölbebogen des historischen Lustspiels, verweisen den Zuschauer auf seine kritische Phantasie. Nichts als Spiel war zu sehen und zu hören, auch Spiel im Spiel! Und für den Zuschauer soll nun der Vergleich einsetzen zwischen der Bühnenfiktion und der ihn umgebenden historischen Wirklichkeit. Auch er kann sich die durchgängige Frage Lessings stellen: Wohin gehen? Müssen wir fort? Freilich muß jeder Zuschauer fort, und zwar zunächst aus dem Theater. Er verläßt das Spiel und kehrt zurück in die Realität, und diese Bewegung nutzt Lessing in einem Aufklärungsoptimismus, der wohl wenigstens mit der Hoffnung rechnet, die Zuschauer und auch die Leser mögen für sich

Ansätze dieses Vergleichs bedenken. Die Anteile der älteren Komödientradition mögen ihn unterhalten und amüsiert entlassen, der individuelle und ernst-historische Anteil mag ihn gerührt und nachdenklich stimmen. Eine Lösung, wo es aber hingeht, gibt Lessing nicht. Dies könnte schließlich auch bedeuten: Hier geblieben und kritisch reflektiert auf die Situation, die dieses Hier bedeutet!

Schließlich werden die angesprochenen fehlenden historischen Schlußsteine noch zur relativ großen Wirkung von Lessings berühmter Komödie bis heute beigetragen haben. Auch im zwanzigsten Jahrhundert ermöglicht das Stück analoge Zuschauer- und Leserwirkungen, weil ihm zugunsten einer besseren Handlung der Mächtigen die letzte historische Eindeutigkeit fehlt. Und Nachkriegszeiten gab es ja leider bis heute genug, in der die Liebe viel, aber eben nicht alles schaffte und schafft.

Literaturhinweise

Im folgenden seien einige Arbeiten aufgeführt, die ich in die vorliegende Deutung einbezogen und noch nicht bereits in den Anmerkungen genannt habe. Auf die bekannten größeren Lessing-Biographien, auf die Kommentare der Lessing-Ausgaben sowie auf Programmhefte von Aufführungen sei pauschal verwiesen.

Alewyn, Richard: Tellheims Erziehung. In: R. A.: Probleme und Gestalten. Essays. Frankfurt a. M. 1974. S. 247–250.

Aufklärung in Deutschland. Hrsg. von P. Raabe und W. Schmidt-Biggemann. Bonn 1979. [Mit Beiträgen von J. Améry, W. Barner u. a.]

Böckmann, Paul: Lessings Begründung der klassischen Symbolform. In: Zeitschrift für Deutschkunde [= Zeitschrift für den deutschen Unterricht 50] (1936) S. 413–428.

Göbel, Helmut: Bemerkungen zu Lessings materieller Situation in Wolfenbüttel (1770–81). In: »Lessing 79«. Mitteilungen aus dem Lessingjahr 1979. H. 2. Wolfenbüttel 1979. S. 25 f.

Kaiser, Gerhard: Aufklärung, Empfindsamkeit, Sturm und Drang. 3., überarb. Aufl., München 1979. (Geschichte der deutschen Literatur. Hrsg. von G. K. Bd. 3.)

Martini, Fritz: Riccaut, die Sprache und das Spiel in Lessings Lustspiel »Minna von Barnhelm«. In: Formenwandel. Festschrift für Paul Böckmann. Hamburg 1964. S. 193–235.

Maurer-Schmoock, Sybille: Lessing und die Bühne seiner Zeit. Weinheim 1980.

Michelsen, Peter: Die Verbergung der Kunst. Über die Exposition in Lessings »Minna von Barnhelm«. In: Jahrbuch der Deutschen Schillergesellschaft 17 (1973) S. 192–252.

Schlaffer, Heinz: Der Bürger als Held. Sozialgeschichtliche Auflösung literarischer Widersprüche. Frankfurt a. M. 1973. (Edition Suhrkamp. 624.) S. 86–125.

Schwan, Werner: Justs Streit mit dem Wirt. Zur Frage des Lustspielbeginns und der Exposition in Lessings »Minna von Barnhelm«. In: Jahrbuch der Deutschen Schillergesellschaft 12 (1968) S. 170 bis 193.

Stadelmaier, Gerhard: Lessing auf der Bühne. Ein Klassiker im Theaterralltag (1968–1974). Tübingen 1980. (Medien in Forschung + Unterricht. Serie A. Bd. 2.)

Staiger, Emil: »Minna von Barnhelm«. In: E. St.: Die Kunst der

Interpretation. 2., unveränd. Aufl. Zürich / Freiburg i. Br. 1957. S. 75–96.

Steinmetz, Horst: Die Komödie der Aufklärung. 2., durchges. und [. . .] erg. Aufl. Stuttgart 1971. (Realienbücher für Germanisten. Sammlung Metzler. 47.)

– Gotthold Ephraim Lessings »Minna von Barnhelm«. Dokumente zur Rezeptions- und Interpretationsgeschichte. Königstein 1979. (Athenäum Taschenbücher Literaturwissenschaft. 2142.)

Strohschneider-Kohrs, Ingrid: Die überwundene Komödiantin in Lessings Lustspiel. In: Wolfenbütteler Studien zur Aufklärung. Bd. 2. Wolfenbüttel 1975. S. 182–199.

Werner, Hans-Georg: Komödie der Rationalität. Zu Lessings »Minna von Barnhelm«. In: Lessing-Konferenz. Tl. 1. Hrsg. von H.-G. W. Halle a. d. S. 1980. S. 129–154.

HORST STEINMETZ

Emilia Galotti

I

Die Frage »Warum stirbt Emilia Galotti?« ist nicht nur zum Titel literaturwissenschaftlicher Interpretationen von Lessings Drama geworden,[1] sie spiegelt nicht nur den Tenor eines Teils der zeitgenössischen Rezeption, sondern trifft auch heute noch das Zentrum der Interpretationsprobleme, die das Drama aufwirft.

Untergang und Tod des Protagonisten gehören zum üblichen, wenn nicht notwendigen Strukturrepertoire der Tragödie. Daß die Begründung, die Ursache, der Anlaß seines Untergangs und Todes in Interpretationen weitläufig untersucht und analysiert werden, gehört zum normalen Verfahren der Interpretationsarbeit. Doch daß über zweihundert Jahre nach der Erstaufführung von Lessings Drama noch immer und stets aufs neue nach schlüssigen Begründungen für den Tod seiner Titelheldin gesucht wird, gehört gewiß nicht zum Normalfall der Literaturgeschichte.

Die Schwierigkeiten entstehen dabei keineswegs in erster Linie aus dem Abstand, der zwischen den Erwartungen eines modernen Lesers und dem Handeln einer Bühnenfigur im letzten Drittel des 18. Jahrhunderts überwunden werden muß. Gewiß ist nicht zu leugnen, daß aus heutiger Sicht die Bewahrung jungfräulicher Unschuld um den Preis des Lebens auf Unglauben und Skepsis stößt. Darum ist auch die von hier aus sich als verführerisch anbietende Möglichkeit, Emilias Tötung durch ihren Vater mit Hilfe einer avancierten Psychologie als Folge einer Panikreaktion von Vater und Tochter zu deuten, kein Ausweg. Denn was dem modernen

1 Vgl. die Titel der Arbeiten von Weigand, Zerniel und Wierlacher.

Zeitgenossen als akzeptable Lösung erscheinen mag, ist mit dem möglichen Aussagegehalt, der sich im Handeln einer Tragödienheldin der Lessingzeit bekundet, nicht zu vereinigen. Es geht vielmehr darum, Emilias Tod und die Bedeutung ihres Todes aus der Dramenhandlung und aus dem Erfahrungs- und Literaturhorizont der Zeit Lessings abzuleiten.

Die Antworten, die die Interpretationen auf die Frage »Warum stirbt Emilia Galotti?« bislang gegeben haben, sind zahlreich und verschiedenartig. Weil sie so zahlreich und verschiedenartig sind, sind diese Antworten immer doch auch Fragen geblieben, allenfalls tentative Ansätze von Antworten. Darum können diese Antworten auch als Fragen wiederholt und formuliert werden. Erleidet Emilia einen Sühnetod? Büßt sie durch ihn – wie in der Tragödie des 18. Jahrhunderts üblich – eine Schuld? Und worin liegt dann diese Schuld? Darin, daß sie ihre Begegnung mit dem Prinzen in der Kirche gegenüber Appiani verschweigt? Darin, daß sie – wie unter anderen Goethe suggeriert hat[2] – den Prinzen heimlich liebt? Oder muß sie sterben, weil sie das Opfer eines übertrieben, beinahe krankhaft tugendstrengen Vaters wird? Von ihm so einseitig erzogen, daß sie ihrem Tod zustimmt, ihn wünscht? Oder ist ihr Tod wie der des Grafen Appiani letztlich nur das mehr zufällige Ergebnis fürstlich-willkürlichen Handelns, zu verstehen als Effekt herrscherlicher Leichtsinnigkeit? Und wie steht es mit Emilias eigener Begründung, sie wolle ster-

2 »Das *proton pseudos* in diesem Stück sei, daß es nirgends ausgesprochen ist, daß das Mädchen den Prinzen liebe, sondern nur subintelligiert wird. Wenn jenes wäre, so wüßte man, warum der Vater das Mädchen umbringt. Die Liebe ist zwar angedeutet, erstlich in der Art, wie sie den Prinzen anhört, wie sie nachher ins Zimmer stürzt: denn wenn sie ihn nicht liebte, so hätte sie ihn ablaufen lassen; zuletzt sogar ausgesprochen, aber ungeschickt, in ihrer Furcht vor des Kanzlers Hause: denn entweder sei sie eine *Gans*, sich davor zu fürchten, oder ein *Luderchen*« (zit. nach: *Lessing – ein unpoetischer Dichter. Dokumente aus drei Jahrhunderten zur Wirkungsgeschichte Lessings in Deutschland*, hrsg. von Horst Steinmetz, Frankfurt a. M. / Bonn 1969, S. 230). Daß Emilia den Prinzen lieben könne, hatte vor Goethe schon Johann Jakob Engel angedeutet (ebd., S. 103 f.).

ben, weil sie die Verführung fürchte, weil sie »so jugendliches, so warmes Blut als eine« habe? (V,7)[3] Gerade diese Berufung auf die Gefahren der Sinnlichkeit durch eine tugendhafte Heldin nimmt sich im Kontext des 18. Jahrhunderts als abweichendes Verhalten aus. Drama und Roman des 18. Jahrhunderts kennen zahllose verführte Mädchen, darunter nicht wenige, die ihren »Fehltritt« mit dem Tode bezahlen müssen.[4] Eines von ihnen ist Sara Sampson, die Titelgestalt einer früheren Tragödie Lessings, das berühmteste in der deutschen Literatur Goethes Gretchen. Aber Sara Sampson und all ihre Schwestern werden verführt, weil sie ihre Verführer lieben. Keine von ihnen erliegt dem Verführer aus bloßer Sinnlichkeit.

Und wenn schon der innerdramatische Kausalzusammenhang, der zum Tod Emilias führt, so viele Fragen und Antworten aufruft, in welchem Sinne ist dieser bewußt erlittene Tod zu verstehen? Bedeutet er – in fast Schillerschem Sinne – den Gewinn der Freiheit, die Rettung der Tugend, die Überwindung irdisch-pragmatischer Zwänge im Triumph humaner Selbstbestimmung? Ist er ein Sieg? Oder ist er im Gegenteil Zeichen des Zusammenbruchs, Beweis der Schwäche, Zeugnis des Untergangs humaner Autonomie im Geflecht irdischer Verstrickungen? Artikuliert sich in ihm Kritik oder Verteidigung der von außen und innen bedrohten Tugend? Ist dieser Tod die Verklärung der Ideale des Bürgertums, das sich in ihm ein Denkmal der Treue und Konsequenz geschaffen hat? Oder ist er das resignative Eingeständnis der Unlebbarkeit dieses Ideals im Alltag des Wirklichen?

Die Implikate dieser Frage-Antworten vergrößern und komplizieren sich noch, wenn man erkennt, daß die Galottis im

3 Der Dramentext wird zitiert nach: *Emilia Galotti. Ein Trauerspiel in fünf Aufzügen*, Stuttgart 1985 (Reclams Universal-Bibliothek, Nr. 45). Nachweise mit Angabe von Aufzug und Auftritt in Klammern unmittelbar hinter dem Text.

4 Vgl. hierzu Helmuth Petriconi, *Die verführte Unschuld*, Hamburg 1953 (Hamburger romanische Studien, 38).

Drama keinen Gegenspielern konfrontiert sind, die ihnen in antagonistischer Konfliktsituation gegenüberstünden, die ihnen Böses wollten, ihnen Schaden oder gar Untergang wünschten. Es gibt in dem Drama keine gesellschaftlich, politisch, weltanschaulich oder sonstwie begründbare Notwendigkeit, aus der der Tragödienausgang hervorgehen müßte. Sieht man von Marinelli ab, der bloßes Werkzeug und Vollstrecker eigener Wünsche und falsch oder halb verstandener Befehle seines Herrn ist und von dem sich dieser Herr am Ende ausdrücklich distanziert, sind auch diejenigen, die die Repräsentanten einer den Galottis feindlich gesinnten Gegenwelt sein müßten, ihnen eher wohlgesonnen, auf keinen Fall auf ihren Tod und Untergang aus. Der Prinz von Guastalla gibt vor, Emilia zu lieben, schätzt ihren Vater Odoardo, wenn auch das Verhältnis zwischen den beiden Männern ein sehr kühles ist. Dem Prinzen graust vor dem tragischen Geschehen ähnlich wie dem Zuschauer.[5] Und die Gräfin Orsina ergreift expressis verbis die Partei der Galottis, sei es auch vornehmlich aus Gefühlen persönlich erfahrener Kränkung. Genau besehen fehlt dieser Tragödie der Konflikt, der das Geschehen in eine Richtung lenkte, die keine andere als eine tragische Lösung zuließe.

Was für eine Tragödie ist dieses Drama also? Kommt sein verhängnisvoller Schluß nur durch Zufälle zustande? Als das Resultat von Handlungen und Reaktionen, die niemand will? Oder ist das Ende gar das Ergebnis einer von den Galottis selbst heraufbeschworenen Konstellation, Symptom einer Gefährdung von innen her, die letztlich nur zufälliger äußerer Anstöße bedarf, um in die Katastrophe zu führen?

5 Vgl. u. a. die Regiebemerkung: »Der Prinz (nach einigem Stillschweigen, unter welchem er den Körper mit Entsetzen und Verzweiflung betrachtet [...]« (V,8).

II

Daß die Fragen nach dem Warum und nach der Bedeutung des Todes in *Emilia Galotti* auch gegen Ende des 20. Jahrhunderts noch immer keine Antworten gefunden haben, die als allseitig akzeptierte Grundlage der Interpretation des Dramas dienen könnten, erstaunt um so mehr, als der Autor Lessing in seinen dramaturgischen Schriften wiederholt und nachdrücklich fordert, der Zuschauer eines Theaterstücks dürfe über die Leitkräfte der dramatischen Handlung sowie über die Motivation der Personen in keiner Hinsicht im ungewissen bleiben. »Für den Zuschauer muß alles klar sein. Er ist der Vertraute einer jeden Person; er weiß alles was vorgeht, alles was vorgegangen ist«, so zitiert er im 48. Stück der *Hamburgischen Dramaturgie* Diderot als Autorität der Dramentheorie und -praxis. Die geforderte Klarheit gilt für die Entwicklung der Charaktere, die keine »Überraschung« enthalten dürfe, sie gilt insbesondere aber auch für den Geschehnisablauf, der einem »natürlichen Gang« gleichkommen, der sich in »Ketten von Ursachen und Wirkungen« verdichten müsse.[6] Aus allen Schriften Lessings über das Drama spricht seine radikale Gegnerschaft zu allen dramaturgischen oder poetologischen Verfahren, die zu Offenheit, Vagheit, Geheimnis im Inneren oder Äußeren eines literarischen Werkes führen könnten. Und die Energie seiner polemischen Angriffe richtet sich nicht selten gerade gegen Nachlässigkeit, Ungenauigkeit, aber auch bewußt geplante Verhüllung, denen er mit an Pedanterie grenzenden Klarstellungen und Korrekturen begegnet.

Prüft man die Handlungsstruktur der *Emilia Galotti* an diesen dramaturgischen Postulaten, dann erscheint das Drama in der Tat als deren vollkommene Verwirklichung. Eine lückenlose Kausalität profiliert die Handlung. Jede ihrer Phasen ist

6 G. E. Lessing, *Werke*, hrsg. von Herbert G. Göpfert, 8 Bde. München 1970–79 (im folgenden zitiert als: *Werke*), Bd. 4, S. 368.

aus sie begründenden Ursachen herleitbar, so wie die Motivation der Personen keinen Moment verborgen bleibt. Innerlich wie äußerlich ist das Stück ein Bild perfekter Kausalität, deren Verknüpfung so angelegt ist, daß nur in großen Ausnahmen Ausgriffe auf Vorgeschichte oder nicht direkt aus dem Vorangehenden Ableitbares notwendig sind. Beispielhaft ist die Exposition der ersten zwei Akte, die ohne lange, erzählende Monologe, ohne weitläufige Vergegenwärtigung von Vorausliegendem auskommt, die die Voraussetzungen für alle folgenden Geschehnisse vielmehr aus den ersten Szenen des Dramas selbst entwickelt. Die Zeitgenossen priesen diese vollkommene dramaturgische Konstruktion in beredten Worten; wenngleich auch schon früh Einschränkungen hinsichtlich dieser »ausgeklügelten« Dramaturgie, des nur »Gedachten« laut wurden,[7] die wenig später in Friedrich Schlegels Wort vom »großen Exempel der dramatischen Algebra«[8] ihre kritische Zusammenfassung und Zuspitzung erfuhren.

Lessings Kunst der Motivation und Kausalverknüpfung prägt nicht nur den allgemeinen und zielgerichteten Gang der Handlung, sondern offenbart sich insbesondere in der Offenlegung der Entscheidungsprozesse, die Verhalten und Handeln der Gestalten bestimmen. Der Zuschauer wird nirgends mit bereits vollzogenen Entscheidungen konfrontiert, sondern wird so gut wie überall zum unmittelbaren Zeugen ihrer Genese. Er gewinnt daher bis ins Detail Einsicht in die jeweils individuellen Entscheidungsvorgänge, die zusammen die Ereignisfolgen konstituieren, deren Unentrinnbarkeit auf

7 Vgl. dazu Gunter Grimm, »Die zeitgenössische Rezeption von Lessings ›Emilia Galotti‹. (Mißverständnisse um einen Text)«, in: G. G., *Rezeptionsgeschichte*, München 1977, S. 170 f. Vgl. auch Goethe: »›Emilia Galotti‹ ist auch nur gedacht, und nicht einmal Zufall und Caprice spinnen irgend drein. Mit halbweg Menschenverstand kann man das Warum von jeder Szene, von jedem Wort, mögt ich sagen, auffinden. Drum bin ich dem Stück nicht gut, so ein Meisterwerk es sonst ist ...« (Lessing – ein unpoetischer Dichter [Anm. 2] S. 78).

8 Vgl. Lessing – ein unpoetischer Dichter [Anm. 2] S. 182.

diese Weise gewissermaßen organisch entsteht. So wird der Zuschauer zum Beispiel in den ersten Szenen des Dramas zum Beobachter des psychischen Prozesses, in dessen Verlauf der Prinz sich von seiner Mätresse Orsina ab- und Emilia zuwendet, eines Prozesses, in dessen Verlauf er sich in Auseinandersetzung mit den Bildern der zwei Frauen in seine Leidenschaft für Emilia hineinsteigert, in dessen Verlauf seine Ungeduld stets größer wird, seine zunehmend stärker werdende Fixierung auf das eine Ziel ihn den folgenschweren Beschluß fassen läßt, Emilia in der Kirche aufzusuchen. Auf ähnliche Weise wird etwa der Entscheidungsprozeß Odoardos im 5. Akt mit Hilfe der Monologe und der Gespräche mit Orsina in allen Einzelphasen enthüllt.
Für die auffällige Durchsichtigkeit wie für den Eindruck der konsequenten Folgerichtigkeit des Handlungsablaufs im ganzen, aber auch seiner einzelnen Etappen, des stringenten Kausalnexus, in den das Geschehen gebettet ist, sind vor allem die Prinzipien der Lessingschen Sprach- und Dialogführung verantwortlich.[9] Ihre eigentliche Überzeugungskraft gewinnt die Kausalität des Dramas erst aufgrund dieser Sprach- und Gesprächsgestaltung. Im dramatischen Dialog findet die rhetorische Grundstruktur Lessingschen Denkens und Schreibens, die selbst dialogischer Natur ist, ihre besonders adäquate Verwirklichung. Diese Grundstruktur ist gekennzeichnet durch das Infragestellen oder Zurückweisen vorgegebener Sicherheiten, feststehender Überzeugungen oder Wahrheiten. Diese müssen vielmehr immer erst in der Bewegung des Sprechens und Denkens gefunden, man ist versucht zu sagen, erarbeitet werden. Darum gibt es auch in *Emilia Galotti* zahllose Stellen, an denen die charakteristischen Verlaufsstrukturen von Lessings Sprach- und Sprech-

9 Zum folgenden vgl. Klaus Bohnen, Geist und Buchstabe. Zum Prinzip des kritischen Verfahrens in Lessings literatur-ästhetischen und theologischen Schriften, Köln/Wien 1974 (Kölner Germanistische Studien, 10), bes. S. 130 ff., und Jürgen Schröder, *Gotthold Ephraim Lessing. Sprache und Drama*, München 1972, bes. S. 189 ff.

stil erscheinen, die die inneren Denk- und Gefühlsbewegungen genuin spiegeln. Da gibt es die den Gegenstand einkreisenden Ketten von Fragen und Behauptungen, die sich gegenseitig relativieren, denen neue Fragen, neue probeweise Behauptungen folgen, denen sich wiederum Präzisierungen, Schlußfolgerungen, Zweifel, Annahmen und immer wieder neue Fragen, fragende Wiederholungen der schon erörterten Sichtweisen anschließen. Die Texte sind durchsetzt von Frage- und Ausrufungszeichen, von Gedankenstrichen, kennen einen extensiven Gebrauch von Modalverben. Es ist, als prüften die Sprecher die Gültigkeit ihrer Denkinhalte in ihren Formulierungen, als wagten sie erst dann eine Entscheidung zu treffen, wenn sie alle Pros und Contras, alle Möglichkeiten im Dialog entweder mit einem anderen Sprecher oder mit sich selbst in sprachlicher Realisierung ausprobiert haben. Alle Gestalten sind skeptisch gegenüber dem, was ihnen in der Form des Ausformulierten entgegentritt, zugleich halten sie sich selbst vor jeder möglichen vorschnellen Übernahme des Formulierten zurück, wiederholen es mindestens als Frage oder mit anderem Akzent. Häufig scheint es, als würde der sprachliche Fortgang arretiert, als sollte durch ein auf der Stelle Verharren die Vielfalt der Bedeutungsnuancen einer Formulierung, eines Wortes expliziert werden. Ganze Folgen wörtlicher Wiederholungen, meist in Frageform, entstehen auf diese Weise. So etwa, wenn Orsina auf die Mitteilung Marinellis, der Prinz habe ihren Brief zwar erhalten, »aber nicht gelesen«, antwortet:

> ORSINA *(heftig).* Nicht gelesen? – *(Minder heftig.)* Nicht gelesen? – *(Wehmütig, und eine Träne aus dem Auge wischend.)* Nicht einmal gelesen? (IV,3)

Jeder Entschluß, jede Tat wird so sprachlich ausführlich vorbereitet, mit einer sprachlichen Vor- und Entstehungsgeschichte versehen. Das schließlich erreichte Resultat wird aufgrund dieser Vorbereitung zu einem scheinbar logischen und notwendigen, das durch kein anderes ersetzt werden

kann. Alles, was geschieht, erhält dadurch den Charakter des Notwendigen, mindestens aber den des Schlüssigen und Richtigen.
Die Kraft dieses Denk-, Sprach- und Stilduktus ist so groß, daß sich die Dialoge beinahe selbständig zu entwickeln scheinen, daß so etwas wie ein autonomer sprachlicher Prozeß entsteht. Die Texte scheinen ihren eigenen Kommentar zu produzieren, der wiederum für die Art ihrer Fortsetzung sorgt. Die Gestalten werden förmlich zu Gefangenen ihrer eigenen Sprache. Genau hier liegt denn auch die Gefahr ihrer großen Sprachmächtigkeit für sie selbst. Was einerseits ihre große Stärke ist, nämlich die kritische Reflexion des Gegebenen und des zu Entscheidenden im Medium der Sprache, ist gleichzeitig ihre Schwäche. Sie werden zu Opfern ihres sensiblen Sprachbewußtseins, vermögen die zur kritischen Analyse aufgerufenen und sich verselbständigenden Argumentationsfolgen nicht zu durchbrechen. Mit Recht hat man deshalb von der »hilflosen dialogischen Abhängigkeit«[10] der Lessingschen Dramenfiguren gesprochen. Das illustrativste Beispiel für diese Sprach- und Dialogautonomie, die die Personen in ungewollte Abhängigkeit manövriert, bildet die Tötungsszene im 5. Akt, in der die Tat des Vaters durch das Wortspiel um »Dolch« und »Haarnadel« vorbereitet wird. Dieses Wortspiel zeigt allerdings auch die Grenzen des sonst so fruchtbaren linguistischen Verfahrens. Hier gerinnt die amplifizierende Sprachsouveränität zu mechanischer Virtuosität, die dem Inhalt, dem sie gilt, nicht mehr entspricht. Das Gezwungene und Gekünstelte wird daher schon bei den Zeitgenossen Anlaß zu Kritik und hat während der Aufführungen sogar wiederholt Lachen bei den Zuschauern hervorgerufen.[11]

10 Schröder (Anm. 9) S. 206.

11 So schreibt Eva König z. B. 1772 über eine Wiener Aufführung an Lessing, daß sie »in keiner Tragödie so viel habe lachen hören« (G. E. Lessing, *Sämtliche Schriften*, hrsg. von Karl Lachmann, 3. Aufl. bes. durch Franz Muncker, 23 Bde., Stuttgart 1886–1924 [im folgenden zit. als: *Sämtliche Schriften*], Bd. 20, S. 187).

Die Macht der sprachlichen Suggestion beweist sich jedoch nicht nur in dieser Schlüsselszene. Viele andere wären zu nennen, in denen die Gestalten gleichsam über die Folgen sprachlicher Dialektik, ja Kasuistik, zur Revision zunächst spontan eingenommener Standpunkte gelangen. Man überwindet im Fortgang sprachlicher Formulierungen gleichsam den eigenen Widerstand gegen einen anfänglich zurückgewiesenen Entschluß, beruhigt sich über die Serie der sich auseinander ergebenden Argumente, um schließlich mit der glücklichen Schlußformel den neuen Standpunkt zu verteidigen. Exemplarisch zeigt das die Szene, in der Emilia ihrer Mutter von der Begegnung mit dem Prinzen berichtet und, halb von der Mutter gedrängt, halb aus eigener Überzeugung, den Entschluß faßt, Appiani die Begegnung zu verschweigen. Zunächst ist es für sie keine Frage, daß sie Appiani informieren müsse:

> »Aber, nicht, meine Mutter? Der Graf muß das wissen. Ihm muß ich es sagen« (II,6).

Unter dem Einfluß der Mutter jedoch gibt sie diese Position langsam auf, um schließlich mit ebenso nachdrücklicher Eindeutigkeit den entgegengesetzten Standpunkt zu vertreten. Dieser Prozeß des Umschlags ist in Emilias Worten und Sätzen genau zu verfolgen: die Umkehrung der anfänglich positiven Behauptung über Fragen, Zweifel, Ausrufe, Selbstkritik, Selbstbeschwichtigungen, Gegenargumente in die gegenteilige, doch ebenso positiv formulierte Behauptung:

> »Sie wissen, meine Mutter, wie gern ich Ihren bessern Einsichten mich in allem unterwerfe. – Aber, wenn er es von einem andern erführe, daß der Prinz mich heute gesprochen? Würde mein Verschweigen nicht, früh oder spät, seine Unruhe vermehren? – Ich dächte doch, ich behielte lieber vor ihm nichts auf dem Herzen.
> [. . .]
> Nun ja, meine Mutter! Ich habe keinen Willen gegen den Ihrigen. – Aha! *(Mit einem tiefen Atemzuge.)* Auch wird

> mir wieder ganz leicht – Was für ein albernes, furchtsames Ding ich bin! – Nicht, meine Mutter? – Ich hätte mich noch wohl anders dabei nehmen können und würde mir ebensowenig vergeben haben.
> [...]
> O meine Mutter! – so müßte ich mir mit meiner Furcht vollends lächerlich vorkommen! – Nun soll er gewiß nichts davon erfahren, mein guter Appiani! Er könnte mich leicht für mehr eitel als tugendhaft halten« (II,6).

Doch auch wenn es sich so verhält, daß Sprache und Dialog die Dramengestalten in hohem Grade beherrschen und ihr Wollen und Handeln stärker als von ihnen selbst gewollt beeinflussen, dem inneren und äußeren Motivations- und Kausalzusammenhang des Werkes tut das keinen Abbruch, läßt vielmehr die »verborgene Organisation«[12] des Dramas leichter erkennen und trägt sogar zu deren Vollendung bei. Insofern ist *Emilia Galotti* ein kaum zu übertreffendes Beispiel der in ein poetisches Werk umgesetzten dramaturgischen Forderungen Lessings. Es ist ein »Ganzes . . ., das völlig sich rundet, wo eines aus dem andern sich völlig erkläret«.[13]

Um so dringender aber stellt sich erneut die Frage, auf welche Weise diese »unnachahmliche Ökonomie«, wie Johann Joachim Eschenburg 1772 die dramaturgische Anlage bezeichnet hat,[14] die Bedeutung, den Sinn, die »Aussage« des Werkes als Tragödie begründet. Oder, wiederum aus Lessings Perspektive gesprochen, wie der tragische Ausgang dieses »Ganzen« etwa mit der »Weisheit und Güte« im »ewigen unendlichen Zusammenhang aller Dinge« zu verbinden ist, wie dieses Ganze eines »sterblichen Schöpfers [. . .] ein Schattenriß von dem Ganzen des ewigen Schöpfers« sein kann,[15] in dem auch die Tragik des Dramas ihren angemessenen Platz

12 *Werke* IV,378.
13 *Werke* IV,598.
14 *Lessing – ein unpoetischer Dichter* (Anm. 2) S. 79.
15 *Werke* IV,598.

findet. Könnte es sein, daß die im Stück erscheinende, ausschließlich irdisch-pragmatische Kausalität als solche bereits zum Spiegel eines göttlichen Vernunftplanes wird; daß, was sich im Drama als zwar verhängnisvolle, aber bruchlose Kette manifestiert, zu begreifen sein müsse als Abglanz eines in sich sinnvollen Systems? Daß dieser Reflex des Überirdischen bereits genügt, dem Drama Wert und Aussagekraft zu verleihen? Daß schließlich Odoardos Hinweis auf den »Richter unser aller« (V,8) am Schluß nurmehr als eine zusätzliche Verbindung zwischen Irdischem und Ewigen aufgefaßt werden muß, die im Prinzip jedoch in der Konstruktion der Handlung an jeder Stelle expliziert wird, weil alle Szenen durch das Gesetz einer makellosen Verknüpfung miteinander verbunden sind? Auch Emilias Tod würde von hier aus zu einem Sinn evozierenden Ereignis, weil er als Krönung und Abschluß einer in sich mustergültigen Ordnung erschiene. Denn mit dem freiwilligen Erleiden dieses Todes, der sich aus dem perfekten ursächlichen Gewebe des Geschehens ergibt, vollendet sich das Ordnungssystem nach seinen eigenen Gesetzen.

Obwohl die Vorstellung einer vollendeten Ordnung im göttlichen wie im irdischen Bereich im 18. Jahrhundert Leben und Literatur grundlegend geprägt hat – worauf später noch zurückzukommen sein wird –, sie unverkennbar auch in *Emilia Galotti* ihren Niederschlag gefunden hat, darf man doch zweifeln, daß Lessings Drama in einer derartig formalen, ja abstrakten Ordnungsideologie seinen eigentlichen Sinn gefunden haben soll.

III

In Lessings Vergleich zwischen dem poetischen Ganzen eines Schriftstellers und dem Ganzen des »ewigen Schöpfers« artikuliert sich eine Auffassung, die im Denken der Aufklärung fest verankert ist. Im Anschluß an die Leibniz-Wolffsche Philosophie des Rationalismus hatte die Überzeugung stets mehr Anhänger gefunden, nach der die Welt vernünftig eingerichtet sei. Auch die diesseitige Wirklichkeit sei entsprechend der »besten aller möglichen Welten« angelegt. Ihre Mängel und Unvollkommenheiten seien im wesentlichen auf menschliche Fehler und Nachlässigkeiten zurückzuführen. Deren Korrektur und Überwindung gilt darum ein Großteil der »aufklärerischen« Anstrengungen, die sich bis in konkrete gesellschaftspolitische Ideale und Bemühungen erstrecken.

Aufklärung in dieser Bedeutung liegt auch den meisten poetologischen Konzepten der Zeit zugrunde. Dichtung und Literatur werden letztlich in den Dienst einer weltanschaulichen Lehre genommen, indem sie zur Verbreitung und Festigung der Vernunft und der Einsicht in eine vernünftige Weltordnung beitragen sollen. Das poetologische Generalpostulat aller Literatur: »Nachahmung der Natur« findet hierin eine seiner wichtigsten Begründungen. Johann Christoph Gottsched hatte diese poetologischen Grundprinzipien 1730 in seiner *Critischen Dichtkunst* als erster ausführlich formuliert:

> »Die Schönheit eines künstlichen Werkes beruht nicht auf einem leeren Dünkel, sondern sie hat ihren festen und notwendigen Grund in der Natur der Dinge. GOtt hat alles nach Zahl, Maß und Gewicht geschaffen. Die natürlichen Dinge sind schön; und wenn also die Kunst auch was Schönes hervorbringen will, muß sie dem Muster der Natur nachahmen.«[16]

Diese Grundprinzipien haben für Jahrzehnte ihre Geltung behalten. Obwohl er sich in vielem gerade gegen Gottsched gekehrt hat, ist auch Lessing noch Anhänger dieser Lehre, wie unter anderem sein Wort von der »Weisheit und Güte« des unendlichen Weltzusammenhangs bezeugt, die im Werk des Dichters und Dramatikers ihren Widerklang finden müßten.

16 Johann Christoph Gottsched, *Schriften zur Literatur*, hrsg. von Horst Steinmetz, Stuttgart 1972 (Reclams Universal-Bibliothek, Nr. 9361 [5]), S. 70.

Die Konsequenzen dieses poetologischen Konzepts sind insbesondere für die Gattung der Tragödie folgenreich.[17] Denn trotz ihres unglücklichen Ausgangs, trotz Tod und Untergang des Helden muß auch sie die Botschaft eines positiven Weltbildes vermitteln, darf der tragische Konflikt nicht auf unauflösbare Gegensätze rückschließen lassen, die nur durch den Tod überwunden werden könnten. Das tragische Gehaltspotential ist deshalb begrenzt und muß im Versagen der handelnden Dramengestalten fundiert sein. Die tragischen Konflikte entstehen darum aus menschlichen Fehlhandlungen, aus voreiligen, »unvernünftigen« Entscheidungen, die grundsätzlich vermieden werden könnten. Tragik im modernen Sinne kann darum nicht auftreten. Der Tragödientod trifft immer den, der einen »Fehler« begangen hat, und »Fehler« liegen auch Denken, Verhalten und Handeln des Bösewichts zugrunde. Tragik trifft den, der eine Schuld büßen muß, die in letzter Instanz immer eine Schuld gegenüber Vernunft und positiver Weltordnung ist. Auch das bürgerliche Trauerspiel übernimmt diese Konzeption des Tragischen, obwohl es sich in anderer Hinsicht von der Tradition der historischen und heroischen Tragödie prinzipiell absetzt. Auch die tragischen Helden des bürgerlichen Trauerspiels sind Fehlerhafte und Verführte, die ihre Verfehlungen mit dem Leben büßen müssen. Das gilt für das erste bürgerliche Trauerspiel, George Lillos *The London Merchant*, ebenso wie für Lessings *Miß Sara Sampson*. Konsequent ist es andererseits allerdings, daß eine Reihe deutscher bürgerlicher Trauerspiele trotz ihrer Gattungsbezeichnung einen untragischen Ausgang kennt.[18]

Lessings Äußerungen über Drama und Tragödie machen ihn unzweifelhaft zum Vertreter der Theorie des untragischen Tragödienmodells der Aufklärung. Es liegt darum nahe, eine

17 Zum folgenden vgl. Horst Steinmetz, »Aufklärung und Tragödie. Lessings Tragödien vor dem Hintergrund des Trauerspielmodells der Aufklärung«, in: *Amsterdamer Beiträge zur neueren Germanistik* 1 (1972) S. 3–41.

18 Z. B. Johann Jacob Dusch, *Der Bankerot* (1763).

Lösung der Interpretationsprobleme der *Emilia Galotti* im Kontext dieses Modells zumindest zu versuchen. Ein solcher gattungsspezifischer Interpretationsansatz würde verlangen, daß Emilias Tod, obwohl Ergebnis der innerdramatischen Kausalität, nicht ausschließlich als unausweichliche Notwendigkeit, sondern ebenso nachdrücklich im Zusammenhang mit Schuld, Sühne, menschlichem Versagen und Fehlverhalten gedeutet werden müßte. Ein solcher Ansatz verlangt darüber hinaus, daß das Handeln der Dramengestalten in wesentlichen Elementen korrigierbar sein müßte, daß es in Fehlschlüssen, falschen oder unvollständigen Entscheidungen, in Unterlassungen oder Versehen fundiert wäre. Die konsequente Kausalität des Geschehens erschiene dann als eine überwiegend negative, als eine Kette sich gegenseitig bedingender, einander erzeugender negativer Ursachen und Wirkungen.

Nun läßt sich der Handlungsablauf des Dramas ohne große Mühe als eine einzige große Aufeinanderfolge von Mißverständnissen, Fehlentscheidungen und -handlungen analysieren.[19] Sie gehen miteinander Verbindungen ein, in denen die eine Mißkalkulation die folgende auslöst und alle zusammen ein sich potenzierendes Handlungsgefälle formen, an dessen Endpunkt die Katastrophe steht. Sieht man genau hin, kennt fast jede Szene ihre Fehlentscheidung, handeln fast alle Personen fortwährend unter falschen Annahmen und Konklusionen.

Im ersten Akt ist es vor allem der Prinz, der Fehlkalkulationen entwirft. Als verhängnisvoll wird sich sein Entschluß erweisen, Emilia in der Kirche aufzusuchen; denn dies durchkreuzt nicht nur Marinellis Pläne, sondern wirkt noch im

19 Zum folgenden vgl. Karl Eibl, »Identitätskrise und Diskurs. Zur thematischen Kontinuität von Lessings Dramatik«, in: *Jahrbuch der Deutschen Schillergesellschaft* 21 (1977) S. 138–191, bes. S. 154 ff. Vgl. auch Hans Helmut Hiebel, »Mißverstehen und Sprachlosigkeit im Bürgerlichen Trauerspiel. Zum historischen Wandel dramatischer Motivationsformen«, in: *Jahrbuch der Deutschen Schillergesellschaft* 27 (1983) S. 124–153, bes. S. 135 ff.

5. Akt nach; falsch ist es, Orsinas Brief nicht zu beantworten, sie wird deswegen später im entscheidenden Augenblick im Lustschloß erscheinen; falsch ist es, Marinelli freie Hand zu gewähren, um ihn dafür sorgen zu lassen, daß Emilias Hochzeit verschoben wird; falsch ist seine Zustimmung zu Marinellis Vorschlag, Appiani als Hochzeitsgesandten nach Massa zu schicken. – Im zweiten Akt werden die Fehlentscheidungen der höfischen Partei durch die der bürgerlichen Seite ergänzt; beide verästeln sich in den folgenden Akten zu einem mitreißenden Strom, dessen Sog niemand entrinnen kann. Am gravierendsten ist natürlich Emilias Entschluß, Appiani die Begegnung mit dem Prinzen zu verschweigen, darin unterstützt von der Mutter, die auf diese Weise den in ihren Augen unnötigen Unwillen ihres Mannes vermeiden will, zugleich aber auch die Begegnung selbst bagatellisiert. Auch Appianis entschiedene Ablehnung des fürstlichen Auftrags sowie sein brüskes und schroffes Verhalten Marinelli gegenüber – so berechtigt in jedem Sinne – sind mitverantwortlich für den späteren Verlauf des Geschehens.

Die berühmte Exposition der *Emilia Galotti* ist also nicht nur eine Exposition, in der die Ausgangssituation der folgenden Handlung konstituiert wird, sondern es ist darüber hinaus eine Exposition, die aus nichts anderem als einer Addition und Kombination von Fehlkalkulationen, falschen Berechnungen, teilweise wider besseres Wissen übernommenen unrichtigen Entschlüssen und ihr Ziel verfehlenden Taten besteht. Alle diese Fehlhandlungen ergänzen und komplettieren sich, teils unabhängig, teils in direkter Abhängigkeit voneinander, zu einer prospektiven Gesamtkonstellation der Handlung, die den Spielraum aller Beteiligten so festlegt, daß davon unabhängiges Entscheiden und Handeln praktisch unmöglich werden.

Doch enthüllen sich nicht nur die Einzelentscheidungen, die während des sich vollziehenden Bühnenspiels gefällt werden, als verderbliche Trugschlüsse, sondern auch die mehr allgemeinen, auf den ersten Blick positiv erscheinenden Hintergründe, Ausgangspunkte, Überzeugungen, einschließlich der besonderen Charakterdispositionen, offenbaren sich sehr schnell als falsche und untaugliche Handlungsorientierungen oder verkehren sich doch in negative Impulse. So ist zum Beispiel die charakterliche, mentale, ja humane Qualität, die der Prinz sich wegen seiner Liebe zu Emilia zuschreibt, weil er nicht mehr »so leicht, so fröhlich, so ausgelassen« sei wie während seiner Beziehung zu Orsina: »[. . .] ich bin so besser« (I,3), mit ein Grund dafür, daß er seinen Wünschen und Begierden nachgibt. Odoardos kompromißlose Tugendhaltung, deren Berechtigung das Gespräch zwischen Mutter und Tochter vollauf bestätigt, ist dennoch gerade das unüberwindbare Hindernis für ein offenes Gespräch mit ihm. Emilias Folgsamkeit gegenüber ihren Eltern, von diesen als wertvolles Erziehungsideal verwirklicht, trägt dazu bei, Appiani über den Vorfall in der Kirche nicht aufzuklären. Appianis Geradlinigkeit und Rechtschaffenheit, die so positiv gegen Marinellis Verschlagenheit absticht, vergrößert des Höflings Streben, die Hochzeit zu verhindern, und provoziert ihn überdies zu persönlichen Racheplänen. Man kann selbst fragen, ob nicht sogar die Verbindung zwischen Appiani und Emilia eher dem Wunsche und dem Wollen des Vaters entstammt als den Wünschen der Verlobten. Als idealer zukünftiger Ehemann stellt sich der Graf im Gespräch mit Emilia jedenfalls nicht dar. Und ohne die Hochzeit hätte auch das übrige Geschehen nicht stattgefunden.

So ließen sich mehr Umstände, Motive und Handlungen anführen, die sich zu einer im ganzen nur negativ sich auswirkenden Ereignisfolge verdichten. Was nicht schon von vornherein als Fehlhandlung zustande kommt, wendet sich schnell vom Positiven ins Negative. Die Akte drei, vier und fünf setzen die in den ersten zwei eingeschlagene Linie fort. Einerseits, indem sie das hier in Gang Gesetzte zur Verwirklichung bringen, andererseits, indem sie neue Entscheidungen und Vorhaben produzieren, die sich wiederum als Fehlentscheidungen und -vorhaben herausstellen, zum Teil die direkte Folge der früheren sind. Weil der Plan der Gesandtschaft Appianis unausführbar ist, wird die Entführung der Hochzeitsgesellschaft organisiert, welche die Ermordung des Grafen verursacht, was wiederum die Galottis im Schloß des Prinzen Verdacht schöpfen läßt, usw. Der Dolch, den Orsina Odoardo mit der Absicht zusteckt, sich am Prinzen zu rächen, wird zum Instrument des Tochtermordes.

Im Grunde mißlingen alle Vorhaben und Taten aller Gestalten. Und weil sie mißlingen, werden stets neue Pläne entworfen, deren Ausführung wieder mißlingt. Das Ergebnis ist ein sich verknotendes und sich selbst fortzeugendes Geflecht von Handlungsansätzen und -strängen. Alle inneren und äußeren Bewegungen der Personen enden in der Negation des Gewollten oder zwingen zu wollen und zu tun, was man nicht will. Es entsteht eine Art Gefängnis der Kausalität von Fehlhandlungen, aus dem es keinen Ausweg gibt. Emilias Tod wird auf diese Weise zur fast logischen Folge der Fehlkalkulationen aller, er wird zum Fanal der negativen Gesamtentwicklung, so wie Odoardos Ermordung seiner Tochter die Pervertierung alles dessen darstellt, wofür dieser tugendbesessene Familienvater in seinem Leben eingetreten ist.

Emilias Tod braucht jedoch aus dieser Perspektive der Fehlentwicklungen nicht nur negativ gedeutet zu werden. Er kann auch als das Ereignis gesehen werden, das das Gefängnis der Kausalität aufbricht und menschliche Würde und Unabhängigkeit wiederherstellt. Wie ausweglos und erniedrigend, aber auch wie vollkommen der Kreis der deterministischen Verstrickung in diesem Drama ausgearbeitet ist, aus dem am Ende nur ein radikaler Akt der Befreiung Entrinnen gewähren kann, zeigt Emilias Geständnis, daß sie verführbar sei und die sie bedrängende Gefahr der Verführung höher einschätze als alle Gewalt. Mit diesem Bekenntnis der Wehrlosigkeit gegenüber sensualistischer Bedrohung gerät sie in unmittelbare Nähe zum sensualistisch-triebhaften Prinzen. Die tugendsame Bürgerstochter ist dadurch zur möglichen Komplizin des höfischen Verführers geworden. Der hier sich ankündigenden Gefahr endgültiger Entwürdigung aber wissen Vater und Tochter mit dem Selbstopfer des Lebens zu begegnen. Über den frei gewählten Tod gewinnen sie Freiheit, Tugend und Würde zurück, auch dann noch, wenn dieses ihr Opfer ausschließlich in der Annahme und im Vollzug der zerstörerischen Kräfte gelingt, die sie in diese Situation gebracht haben.

Sieht man im Handlungsverlauf der *Emilia Galotti* ein sich aus menschlichen Fehlleistungen im weitesten Sinne erzeugendes Kausalgeflecht, dann steht am Ende in dialektischer Verschränkung der menschlich-unmenschliche Vollzug des fortwuchernden Ursachenzusammenhangs neben der humanen Befreiungstat des Todes, der ein halber Freitod ist. Die irdische Kausalität, die irreversibel, die zu einem perfekten System zu werden scheint, wird als menschliches Fehlen dargestellt und zugleich als vom Menschen überwindbarer Zwang. Die Vollkommenheit der irdischen Kausalität erscheint am Ende als eine nur scheinbar vollkommene, die durch konsequent moralisches Handeln entlarvt werden kann. Die göttlich-vernünftige Ordnung wird auf diese Weise wenigstens indirekt sichtbar. Insofern wäre es richtig, auch in *Emilia Galotti* ein illustrierendes Beispiel für die Macht der Weltanschauung und des Tragödienmodells zu sehen, die Lessing und seine Zeitgenossen so wortreich vertreten haben. Doch muß sogleich hinzugefügt werden, daß in dieser Tragödie der Sieg des Menschen über die ihn mit sich selbst in Widerspruch führende irdische Kausalität so knapp, so teuer erkauft werden muß wie in keinem anderen Trauerspiel der Aufklärung. Wenn auch menschliches Fehlhandeln den Geschehnisgang in fast jeder Phase begründet, es bleibt am Schluß das Verhältnis zwischen der Schwere von Vergehen und Schuld auf der einen und der Angemessenheit von Buße und Tod auf der anderen Seite problematisch, weil eine eindeutig-konkrete Schuld, die nur durch den Tod gesühnt werden könnte, auch in dem Konglomerat zahlreicher Fehlhandlungen nicht recht sichtbar wird.

IV

Kennzeichnend für den Kausalnexus der *Emilia Galotti* ist es, daß er innerstrukturell von beispielhafter Stringenz ist, daß er gleichzeitig jedoch nur zustandekommen kann, weil das Drama eine große Anzahl von Zufällen und zufallartigen Ereignissen kennt. Sie ermöglichen den Kausalzusammenhang nicht nur, sondern sorgen auch dafür, daß er perpetuiert wird. Dem Prinzen wird zufällig an dem Tage das Bild Emilias gebracht, an dem – zufällig – die Hochzeit stattfinden soll; zufällig trifft die Gräfin Orsina zum gleichen Zeitpunkt ein wie ihr Bild; zufällig ist Odoardo in der Stadt, als Emilia aus der Kirche zurückkehrt; zufällig stehen Appiani und Marinelli in einem feindlichen Verhältnis zueinander; zufällig haben die Bedienten Marinellis und Odoardos, Angelo und Pirro, eine gemeinsame kriminelle Vergangenheit; zufällig führt der Weg der Hochzeitsgesellschaft am Lustschloß des Prinzen vorüber.

Eine ähnliche Funktion wie diese Zufälle im engeren Sinne üben die zahllosen Mißverständnisse unter den Personen aus, beziehungsweise die Unkenntnis oder mangelhafte Kenntnis eines jeden von Vorhaben und Handlungen der anderen.[20] Das ist unter anderem die Folge der ständig scheiternden ursprünglich gefaßten Pläne und Absichten und damit zunächst nur ein sekundäres Phänomen, das durch eine primäre dramaturgische Anlage verursacht wird. Doch ist es das nicht allein. Die Tatsache, daß die Handelnden zu spät, oft jedenfalls erst im nachhinein über die Absichten anderer und über Ereignisse informiert werden, tritt so häufig auf, daß sie zum Basisrepertoire des dramaturgischen Entwurfs gerechnet werden muß. Sie verursacht zusätzliche Zufallsmomente,

20 Vgl. hierzu Fred Otto Nolte, »Lessings ›Emilia Galotti‹ im Lichte seiner ›Hamburgischen Dramaturgie‹«, in: *Gotthold Ephraim Lessing*, hrsg. von Gerhard und Sibylle Bauer, Darmstadt 1968 (Wege der Forschung, 211), S. 231.

die ähnlich großen Einfluß auf den Gang der Handlung haben wie die echten Zufälle.

Von der Vielzahl der eigentlichen Zufälle und den Elementen her gesehen, die eine ihnen gleichartige Funktion besitzen, stellt sich die Kausalität des Dramas in verändertem Licht dar. Zwar bleibt sie eine von innen her schlüssige und stimmige Kausalität, doch sie wird immer aufs neue durch Einwirkungen von außen in Gang gehalten, sie ist für ihre Erhaltung auf Zufälle angewiesen, die zum überwiegenden Teil nicht ihr eigenes Produkt sind. Das heißt nichts anderes, als daß die innere Notwendigkeit der kausalen Entwicklung letztlich doch nur relativ, daß auch ihre auf das tragische Ende gerichtete Finalkraft nur relativ ist. Sie bedarf der Anstöße von außen, um ihre Ausrichtung auf die Katastrophe bewahren zu können. Anders gesagt, fehlte einer der Zufälle, wäre es um die Richtung zur Tragik, ja wäre es um die Tragödie geschehen.

Die die innerkausale Tragkraft des Geschehens relativierenden Zufallskonstellationen bewirken auch eine neuerliche Veränderung der Probleme von Schuld und Fehlverhalten. Diese sind nun noch weniger als vorher als eindeutig menschliches Verschulden zu definieren. Wirkliches Schuldigwerden im Sinne eines nach Sühne und Buße verlangenden Fehlverhaltens, das mit dem läuternden Erleiden des Todes abgegolten werden müßte, war bereits aus der begrenzten Perspektive des dramaturgischen Kausalzusammenhanges nur schwer auszumachen. Am ehesten kommt als solches Verschulden noch Emilias Verschweigen ihrer Begegnung mit dem Prinzen in Frage. Es kann als gewiß angenommen werden, daß das Geschehen eine andere, höchstwahrscheinlich untragische Wendung genommen hätte, wenn Emilia nicht den verhängnisvollen Ratschlägen ihrer Mutter, sondern den eigenen spontanen Eingebungen gefolgt wäre. – Eine andere Schuld Emilias, für die sie büßen müsse, haben manche Interpreten in dem sinnlichen Affiziertwerden durch den Prinzen sehen wollen.[21] Zweifellos gesteht Emilia eine Art Schuld, wenn sie der Mutter bekennt, daß sie durch des Prinzen Zudringlichkeit nicht unbeeindruckt geblieben, daß sie ihm nicht entschieden genug entgegengetreten sei, so daß »fremdes Laster« sie »wider Willen« zu einer »Mitschuldigen« gemacht habe (II,6). Und dieses Eingeständnis der Schwäche wird ergänzt durch die späteren Worte über den »Tumult«, den der Besuch im Hause der Grimaldi in ihrer Seele ausgelöst habe, und die daraus gezogene Folgerung, daß »Verführung [...] die wahre Gewalt« sei (V,7).

Doch selbst wenn man, in Anwendung unversöhnlich kategorischer moralischer Maßstäbe, Emilias Verhalten und Reaktion als Schuld auslegen und diese Schuld als entscheidendes Moment im Rahmen der faktischen Kausalität der Vorgänge betrachten will, stellt sich die Frage, ob eine solche »Schuld« den Tod rechtfertigen kann, ob hier nicht eher ein krasses Mißverhältnis zwischen Schuld und Sühne vorliege. Diese Frage spitzt sich noch zu, sobald man die Probleme von Schuld und Tod im Zusammenhang mit den Impulsen sieht, die für die Handlung von den Zufällen ausgehen. Denn diese lassen die Verantwortung des handelnden Menschen geringer werden, verringern damit auch das Maß, in dem er überhaupt schuldig werden kann.

Will man an einer Schuld Emilias festhalten, einer Schuld, für die sie mit dem Tode sühnen muß – zu einer solchen Deutung geben im übrigen weder ihre eigenen noch Odoardos Worte im 5. Akt direkte Anweisungen –, dann wird die auffällige Unangemessenheit zwischen Vergehen und Strafe durch einen Vergleich mit zeitgenössischen Werken anderer Autoren eher bestätigt als abgeschwächt. Alle tragischen Helden der deutschen Tragödie zwischen 1730 und 1770 sind durch ein tragisches Verschulden charakterisiert, das außer von zweifelsfreier Eindeutigkeit auch von fraglos größerem Ge-

21 Vgl. hierzu vor allem Harry Steinhauer, »The Guilt of Emilia Galotti«, in: *The Journal of English and Germanic Philology* 48 (1949) S. 173–185.

wicht ist. Das gilt auch für die weiblichen Hauptgestalten der bürgerlichen Trauerspiele, die in der Regel den »Fehltritt« einer vorehelichen Sexualbeziehung begehen.
Die weitgehend offene Schuldfrage, die daraus resultierende Forciertheit des tragischen Ausgangs, die durch Zufälle instandgehaltene Kausalität, die Unkenntnis der Gestalten von Wollen und Handeln der anderen, die hieraus entstehenden Irrtümer und Fehlhandlungen, die Abhängigkeit der Personen von den übermächtigen Sprach- und Dialogprozessen – das alles ruft Zweifel hinsichtlich der Tragödienqualität des Dramas auf, sofern es nach der Formel von Schuld und Sühne konstruiert sein soll. Zu dem Trauerspielmodell der Zeit steht es sichtbar in Widerspruch. Zweifel aber bestehen auch über diesen historischen Kontext hinaus. Sie beziehen sich auf die genuine tragische Kraft des Stückes, auf die in ihm gestaltete tragische Notwendigkeit. An ihrer Stelle findet sich das Schicksal primär unschuldiger Menschen, die infolge einer verhängnisvollen Kombination von zufällig eintretenden und zusammentreffenden Umständen, von Charaktereigenschaften, von Entscheidungen und Fehlentscheidungen in eine Situation geraten, aus der kein anderer Ausweg als der über Katastrophe und Tod führt. Dies jedoch, ohne daß die tragische Zuspitzung aus der unüberbrückbaren Gegensätzlichkeit widerstreitender Kräfte hervorginge, ohne daß ein unausgleichbarer Konflikt zwischen Gut und Böse vorausliegt, ohne daß schwerwiegende Schuld entstünde. Es ist, als ob Appiani und die Galottis einem über sie hereinbrechenden Unheil ausgesetzt würden, dem sie hilflos unterliegen müssen. Dabei geht es um einen Mechanismus des Unheils, der trotz seiner sich steigernden Engführung doch jederzeit bei geringfügiger Änderung der ihn bedingenden Umstände eine andere Richtung einschlagen und die Gestalten verschonen könnte. Auch der Prinz ist hiervon in gewissem Maße nicht ausgenommen, ebensowenig, wenngleich mit noch größeren Einschränkungen, Marinelli. Extrem formuliert: das Drama könnte im Prinzip genausogut als Komö-

die geendet sein, wie es jetzt als Tragödie ausgeht. Die tragische Wirkung, so ist man geneigt zu sagen, beruht daher nicht in erster Linie auf menschlichen Verfehlungen und Konflikten, sondern wird eher durch die Willkür, die Zufälligkeit des Schicksals hervorgerufen, das die Galottis ereilt.

Von den vielen Zufällen, die in Lessings Drama vorkommen, spielt wohl derjenige die wichtigste Rolle, der dazu führt, daß sich alle Entscheidungen und Handlungen in kürzester Zeit vollziehen müssen. Die gesamte Handlung ist auf weniger als einen Tag zusammengedrängt. Erst an ihrem Hochzeitstage erfährt der Prinz von Emilias Heirat; das nötigt ihn, schnell zu handeln; darum sein Besuch in der Kirche, darum aber auch die Carte blanche, die er Marinelli gewährt. Weil es Emilias Hochzeitstag ist, begibt sie sich in die Kirche, ist aber auch ihr Vater bei ihrer Rückkehr zu einer Besorgung in der Stadt. Die Geschehnisse nehmen ihren folgenschweren Lauf nicht zuletzt, weil die verschiedensten Ereignisse, die großenteils unabhängig voneinander sind, durch ihre Gleichzeitigkeit oder ihre zeitliche Nähe miteinander verknüpft werden und aufeinander einwirken. Diese Konzentration der Handlungsvorgänge in den Zeitraum von weniger als einem Tag ist nicht nur als Anwendung der traditionellen und im 18. Jahrhundert durchaus noch anerkannten Regel der dramatischen Einheiten zu verstehen, sondern zweifellos dramaturgisches Mittel, das die gesamte Handlung in besonderer Weise profiliert.[22]

22 Vgl. Hans-Georg Werner und Gotthard Lerchner: »Die zeitliche Begrenzung des dramatischen Geschehens – es erstreckt sich nur über ungefähr einen halben Tag – läßt die räumliche Architektonik noch deutlicher hervortreten und unterstützt die durch sie gegebenen Wirkungsbedingungen des Textes: Alle Faktoren, die sich nur in längeren Zeiträumen ausbilden können – natürliche Prozesse, charakterliche Entwicklungen, weltanschauliche Umorientierungen –, erhalten kaum eine Chance, in der fiktiven Welt der Dichtung wirksam werden zu können«. (H.-G. W. / G. L., »Lessings ›Emilia Galotti‹. Prolegomena zu einer Interpretation«, in: *Zeitschrift für Germanistik* 3, 1982, S. 42).

Das dramaturgische Mittel, die Dramenhandlung auf den Zeitraum eines einzigen Tages zu konzentrieren und ihr dadurch ein spezifisches Profil zu verleihen, hat Lessing schon einmal vor der *Emilia Galotti* benutzt. Dort aber bezeichnenderweise mit dem Ziel, eine Komödie möglich zu machen. Die Handlung der *Minna von Barnhelm* kann überhaupt nur entstehen, weil der Bote mit dem Tellheim entlastenden königlichen Handschreiben den Major einen Tag zu spät erreicht. Genau an diesem Tage aber findet die (zufällige!) Begegnung der Liebenden statt. Was sich aus dieser Begegnung an Spannungen und Problemen, ja an möglicher tragischer Entwicklung entfaltet, hat darum nur vorläufigen, besser: scheinhaften Charakter, da die Lösung ja bereits vorhanden ist, die Figuren davon nur nicht wissen. Und konsequent wird die Handlung dann auch mit Hilfe wirkungsvoller Zufallsfaktoren ihrem guten Ende zugeführt. Friedrichs Bote kehrt nicht etwa unverrichteter Dinge nach Berlin zurück, sondern findet Tellheim genau im rechten Moment, nämlich als eine positive Lösung der Konfliktsituation zwischen Tellheim und Minna nicht mehr wahrscheinlich scheint. Und die endgültige Wendung zum Guten bewirkt die unvermutete, aber auf den richtigen Zeitpunkt fallende Ankunft des Grafen von Bruchsall.

Untersucht man die Rolle genauer, die der Zufall und das auf ihm fundierte dramaturgische Arrangement in *Minna von Barnhelm* und in *Emilia Galotti* spielen, dann stellt sich heraus, daß sie es sind, über die die Entscheidung fällt, ob sich das Geschehen zur Komödie oder Tragödie entwickelt. Vergleichbare Umstände lassen das eine Werk eine Komödie, das andere eine Tragödie werden. Nicht was die dramatischen Figuren tun oder unterlassen zu tun, gibt den Ausschlag über einen tragischen oder untragischen Ausgang, sondern vom Handeln der Personen unbeeinflußbare Umstände, die aus der Sicht der Personen zufällig sind. Tellheim kann seine Probleme ohne das königliche Schreiben nicht lösen, Emilia gerät in eine ausweglose Lage, weil der zufällige Lauf der Dinge sie dorthin bringt. Den dramatischen Gestalten bleibt nichts anderes übrig, als den ihnen vorgezeichneten Weg zu gehen, der aber keineswegs ein Weg ist, der einer als unveränderbar vorgegebenen Richtung konsequent folgen müßte. Aus solchen den Menschen bedrängenden Bedingungsverhältnissen ergeben sich daher auch seine Konflikte, die von anderer Art und Qualität sind als die vergleichbarer Tragödien der Epoche. In *Emilia Galotti*, bis zu einem gewissen Grade auch in *Minna von Barnhelm*, geht es darum, ob der Mensch sich mit seinen Überzeugungen, mit seinen Werten, ob er sich als moralischer Charakter in prekären Situationen bewähren kann, ohne mit sich selbst in Widerspruch zu geraten.

Der innere Indeterminismus der Dramenhandlung hat in der Interpretationsgeschichte der *Emilia Galotti* darin seinen Niederschlag gefunden, daß man in dieser Tragödie nicht nur Relikte, Strukturelemente und andere Züge der Komödie entdeckt, sondern nachgewiesen hat, daß ihr das »Formmuster« der Komödie, im besonderen das der Commedia dell'arte, zugrunde liegt, angewandt in Umkehrung seiner ursprünglichen Intention und mit den für die tragische Inversion notwendigen Variationen des Figuren- und Motivrepertoires.[23] Eine ähnliche Strukturübereinstimmung hat man zwischen *Miß Sara Sampson* und Lessings Jugendlustspielen erkannt.[24]

Vermutlich aber entschärfte man den tragischen Gehalt der Tragödie allzusehr, sähe man sie vor allem als variierte Komödie, selbst wenn auf diese Weise die Widersprüche der Tragik begreiflicher würden. Und auch die Tatsache, daß eben das bürgerliche Trauerspiel seine Entstehung vor allem Entwicklungen in der Komödie verdankt, sollte den tragi-

23 Vgl. Klaus-Detlef Müller, »Das Erbe der Komödie im bürgerlichen Trauerspiel. Lessings ›Emilia Galotti‹ und die commedia dell'arte«, in: *Deutsche Vierteljahrsschrift für Literaturwissenschaft und Geistesgeschichte* 46 (1972) S. 28–60.

24 Vgl. Hans Rempel, *Tragödie und Komödie im dramatischen Schaffen Lessings*, Berlin 1935 (Neue Forschung, 36), reprogr. Neudr. Darmstadt 1967, S. 37 ff.

schen Appell, der *Emilia Galotti* kennzeichnet, nicht verringern. Schließlich auch sollte man der Verführung, in dieser Tragödie eine verdeckte und inverse Komödie zu sehen, nicht deshalb nachgeben, weil das Werk über den Dramentheoretiker Lessing mit dem aufklärerischen Trauerspielmodell einer untragischen Tragödie verbunden ist. Komödie und Trauerspielmodell entsprechen generell der optimistischen Weltanschauung der Aufklärung besser als die Tragödie. Gegenüber dem allem gilt es jedoch festzuhalten, daß sich *Emilia Galotti* von den übrigen Tragödien ihrer Zeit aufgrund ihrer zwiespältigen Struktur hinsichtlich des Zusammenhangs zwischen Schuld und Tod auffällig unterscheidet.

Weil in Lessings Dramen die Entwicklung der Handlung zum Tragischen oder Untragischen nicht oder nicht primär von dem Verhalten der Personen abhängt, ebensowenig jedoch von einer prinzipiell zum Guten oder Bösen determinierten Ereignisstruktur, der der Mensch ausgeliefert ist, sollte man besser nicht von einem Primat der Komödie in dieser Dramatik ausgehen. Das um so weniger, als es sich auch bei der Komödie nicht um eine innere, eine konzeptionelle Notwendigkeit handelt, die ihren versöhnlichen Schluß verursacht. Es ist ja nicht zufällig, daß man bei *Minna von Barnhelm* von der »vermiedenen Tragödie«[25] gesprochen hat, der Tragödie, die nur durch einen Deus-ex-machina-Schluß umgangen werden könne.[26] Was in solcher Parallelität von Komödie und Tragödie bei Lessing zum Ausdruck kommt, ist eine prinzipielle Offenheit und Unentschiedenheit des Gegebenen, auf jeden Fall des im Drama verarbeiteten Stoffes, und, schließt man von den literarischen Werken auf die in ihnen erscheinende nichtliterarische Realität, der Wirklichkeit. Dies impliziert, daß in Lessings Werken eine mindestens partiell andere Einstellung gegenüber Welt und Wirklichkeit sichtbar wird als

25 Heinz Schlaffer, »Tragödie und Komödie. Ehre und Geld. Lessings »Minna von Barnhelm«, in: H. Sch., *Der Bürger als Held. Sozialgeschichtliche Auflösungen literarischer Widersprüche*, Stuttgart 1973 (ed. suhrkamp, 624), S. 95.

26 Z. B. Otto Mann, *Lessing. Sein und Leistung*, Hamburg ²1961, S. 211.

in den Worten des Theoretikers Lessing über die Einrichtung der Welt, in der sich, analog der Struktur des Universums des ewigen Schöpfers, »alles zum Besten auflöse«.[27]
In der Vermischung von Kausalität und Zufall als Basis der Handlungskonstruktion wird eine mindestens in der Praxis sich durchsetzende Relativierung der vernünftig-teleologischen Ordnung der Welt sichtbar. Bezeichnenderweise wird genau das hierdurch entstehende Problem im Drama selbst thematisiert. Die Gräfin Orsina, selbst Opfer des Zusammenwirkens von Kausalität und Zufall, versucht, die Macht des Zufalls mit dem Hinweis auf die »allgültige Vorsicht« zu entkräften:

> »Zufall? Ein Zufall wär' es, daß der Prinz nicht daran gedacht, mich hier zu sprechen, und mich doch hier sprechen muß? Ein Zufall? – Glauben Sie mir, Marinelli: das Wort Zufall ist Gotteslästerung. Nichts unter der Sonne ist Zufall – am wenigsten das, wovon die Absicht so klar in die Augen leuchtet. – Allmächtige, allgütige Vorsicht, vergib mir, daß ich mit diesem albernen Sünder einen Zufall genennet habe, was so offenbar dein Werk, wohl gar dein unmittelbares Werk ist!« (IV,3)

Im Kontext des Dramas jedoch verlieren diese, für die Aufklärung programmatischen Worte ihre überzeugende Eindeutigkeit. Sie werden gesprochen aus der Situation der Defensive, in der das Unakzeptable, das Unerträgliche mit Hilfe der Berufung auf die »Vorsicht« akzeptabel und erträglich gemacht werden soll. Die verstandesmäßige, die scharfsinnige Argumentation kann angesichts dessen, was sich an Geschehen tatsächlich ereignet, nur als, wenn auch ungewollte, zynische Ironie wirken. Das darin sich kundgebende Aufbäumen gegen die Allmacht des Zufalls ist zu vergleichen mit der Unterlegenheit, die auch der Kausalität in letzter Instanz gegenüber dem Zufälligen eignet.

27 *Werke* IV,598.

Für die Interpretation der *Emilia Galotti* bedeutet dies alles, daß die Lösungen für die Aporien des Schlusses nicht mittels der gängigen Perspektiven der Korrespondenz zwischen Schuld und Sühnetod allein gesucht werden dürfen. Unter der Bedingung einer sich weitgehend unabhängig vom Menschen vollendenden Ereigniskette entsteht Schuld nicht durch ein Handeln, das bestimmte Geschehnisse auslöst; Schuld entsteht, wenn überhaupt, vielmehr durch die Art und Weise, wie man auf Situationen und Umstände reagiert. Völlig zutreffend ist deshalb auch konstatiert worden, daß Emilias und Odoardos Handeln »Re-Aktionen auf das sind, was der Prinz und Marinelli gegen sie unternommen haben und weiterhin planen«.[28] Schuld kann darum allenfalls durch eine inadäquate Antwort auf die Situation entstehen, der man konfrontiert ist.

Obwohl das Schuldproblem, vor allem wenn man die Sicht der aufklärerischen Weltanschauung und der damit eng verbundenen Tragödientheorie berücksichtigt, nicht aus dem Auge verloren werden darf, für das Verständnis von Lessings *Emilia Galotti* ist es ebenso fruchtbar, wenn nicht aufschlußreicher, diese Tragödie – ausgehend von der Diskrepanz zwischen ihr und der zeitgenössischen Trauerspielkonzeption wie den Werken der Zeitgenossen – in ihrem möglichen Aussagegehalt hinsichtlich des Verhältnisses von menschlichem Handeln und ihm begegnender Wirklichkeit näher zu betrachten. Denn die zwiespältige Rolle, die die Realität als eine den Menschen umstellende Kraft in diesem Stück spielt, versieht die optimistische Welteinstellung mit unübersehbaren Fragezeichen. Sie betreffen auch und insbesondere den Status des bürgerlichen Trauerspiels, als welches man das Werk von Anfang an verstanden hat, obwohl Lessing ihm diesen Gattungstitel nie gegeben hat.

28 Gerd Labroisse, »Emilia Galottis Wollen und Sollen«, in: *Neophilologus* 56 (1972) S. 311.

V

Fast ebenso intensiv wie mit der Begründung und der Bedeutung des tragischen Ausgangs hat sich die literaturwissenschaftliche Deutung mit der Frage beschäftigt, ob mit dem Drama gesellschaftskritische oder gar politische Intentionen verbunden werden dürften. Der Text selbst verweist beinahe unverhüllt auf die von Livius erzählte Tat des Virginius, der seine Tochter vor den Ansprüchen des Appius Claudius rettete, indem er sie in Gegenwart des Dezemvirn mit einem Messer tötete, eine Tat, die zum Ausbruch einer Revolution führte. Lessing selbst spricht im Zusammenhang mit seiner Tragödie von einer »bürgerlichen Virginia«, deren Schicksal nicht den »Umsturz der ganzen Staatsverfassung« zur Folge habe,[29] von einer »modernisirten, von allem Staatsinteresse befreyeten Virginia«.[30] Diese Worte sind von zahlreichen Interpreten so verstanden worden, daß dem Drama keine politisch-gesellschaftlichen Absichten zugeschrieben werden dürften. Doch sind solche Folgerungen einseitig und vorschnell. Daß Odoardos Tat keine Revolution auslöst, daß mit der Dramenhandlung kein »Staatsinteresse« verbunden ist, besagt ja keineswegs, daß politisch-gesellschaftliche Bedeutungen des Stücks damit grundsätzlich und von vornherein ausgeschlossen sind. Auch das »nur« private Schicksal der »bürgerlichen Virginia« Emilia Galotti kann ja durchaus eine, wenn auch eine andere als die der »revolutionären« in der römischen Geschichte, politische und sozialkritische Wirkung im Kontext der Zeit um 1770 haben, vielleicht sogar gerade weil kein (direktes) Staatsinteresse daran gekoppelt ist.

Auffällig ist es allerdings, daß in den zeitgenössischen Reaktionen auf das Drama politische Deutungen fast gänzlich fehlen.[31] 1781 sieht Anton von Klein in dem Stück eine »bei-

29 *Sämtliche Schriften* XVII,133.
30 *Sämtliche Schriften* XVIII,22.
31 Vgl. Grimm (Anm. 7) S. 173 ff.

ßende Satire auf die Großen«;[32] ähnlich hatte schon Friedrich Nicolai 1772 eine Satire auf den »Charakter schlechter Prinzen« erkannt.[33] Das sind jedoch dermaßen allgemeine und unscharfe Äußerungen, daß sie von wenig Signifikanz sind. Erst nach der Französischen Revolution von 1789 wandelt sich die beinahe ausschließlich ästhetisch orientierte Rezeption des Dramas zu einer auch politisch-sozial inspirierten.

Für die Zurückhaltung der Zeitgenossen hinsichtlich möglicher aktueller politischer Implikate gibt es eine Reihe von Gründen. Zu ihnen ist allerdings wohl nicht die Tatsache zu rechnen, daß Lessing den Schauplatz der Handlung nach Italien und in die Vergangenheit gelegt hat, obwohl dies häufig als Erklärung angeführt worden ist. Eher schon kann das Faktum eine Rolle gespielt haben, daß das negative Bild des willkürlichen Machtmißbrauchs so eindeutig erscheint, daß die darin erkennbare Kritik am Absolutismus kaum noch der verbalen Bestätigung durch die Rezensenten bedurfte. Wichtiger aber als solche Elemente ist für die Beurteilungskriterien vermutlich die allgemeine Diskussion, die zur Jahrhundertmitte über die Gattung des Dramas und der Tragödie geführt wird und aus der heraus auch die Rezensionen neu erscheinender Werke erfolgen. Hier stehen durchaus dramaturgische Probleme im Zentrum des Interesses. Die Anlage der Charaktere, der Bau der dramatischen Fabel, die Erregung bestimmter Affekte durch die Handlung, die kausale und psychologische Glaubwürdigkeit der Geschehnisse – das sind nicht nur von Lessing in der *Hamburgischen Dramaturgie*, sondern auch von seinen Zeitgenossen in zahllosen Schriften weitläufig diskutierte und als Hauptaspekte definierte Themen der Tragödie. Sie bilden denn auch den Hauptbestandteil der in den Rezensionen von Lessings Werk erörterten Probleme. – Entscheidend jedoch für die Abwesenheit expliziter

32 *Über Lessings Meinung vom heroischen Trauerspiel und über »Emilia Galotti«*; vgl. *Lessing – ein unpoetischer Dichter* (Anm. 2) S. 119.

33 Brief an Lessing vom 7. 4. 1772 (*Sämtliche Schriften* XX,158).

gesellschaftspolitischer Resonanz kann durchaus etwas anderes gewesen sein, nämlich die durch Lessings Werk enttäuschten, gewiß aber irritierten und verunsicherten Erwartungshaltungen, wie sie durch die Darstellung bürgerlicher Ideale in vorangehenden bürgerlichen Dramen genährt worden waren. Die Art und Weise der Darbietung dieser Ideale in Lessings Werk, insbesondere auch die Begründung der tragischen Katastrophe, muß in hohem Maße befremden. Es ist sogar nicht auszuschließen, daß die ausführliche Diskussion der poetologisch-psychologischen Aspekte in den Kritiken eine Konsequenz, beinahe eine Art Kompensation der bürgerlich-ideologischen Verunsicherung ist, die sich eben in der ästhetisch-psychologischen Reflexion einen Ausweg sucht.

Lessings *Emilia Galotti* bricht in mehrfacher Hinsicht mit den in der kurzen Tradition des bürgerlichen Trauerspiels entwickelten Formen und Inhalten. In ihr tritt zum erstenmal die Hofwelt direkt auf (was sie rein formal der heroischen Tragödie wieder annähert)[34] und erscheint nicht lediglich als aufgerufener Hintergrund, vor dem sich die bürgerliche Lebenswelt in ausschließlich indirekter Konfrontation positiv profilieren kann. Primär ist darum nicht mehr das Thema der Selbstvergewisserung der bürgerlichen Wertwelt wie in den früheren Werken der Gattung. Lessings Drama zeigt die bürgerliche Lebenswelt in konfliktuöser Auseinandersetzung mit der Hofwelt, wodurch überdies die sonst auf die häusliche Privatsphäre der Familie konzentrierte Handlung in einer wenigstens halb öffentlichen Sphäre angesiedelt wird. Mit den gängigen Erwartungen schwer vereinbar erweist sich auch die Darstellung des Hauptvertreters der Hofwelt, der nicht als skrupelloser Bösewicht erscheint, sondern vielmehr

34 Eine Ausnahme bildet Christian Leberecht Martinis *Rhynsolt und Sapphira* (1755), vielfach als erstes deutsches bürgerliches Trauerspiel bezeichnet. Von einem eigentlich »bürgerlichen« Gehalt dieses Dramas kann jedoch kaum gesprochen werden; vgl. Karl S. Guthke, *Das deutsche bürgerliche Trauerspiel*, Stuttgart [3]1980 (Sammlung Metzler, M 116), S. 23 f.

Züge und Empfindungen zeigt, die direkt aus der bürgerlichen Denk- und Emotionsethik stammen und die bis dahin ausschließlich gegen die Höfe und die in ihrem Umkreis sich bekundenden Überzeugungen ausgespielt wurden. Ähnliche Durchbrechungen und Aufweichungen gefestigter Positionen und Erwartungen sind hinsichtlich des bürgerlichen Lagers zu beobachten. Die Tat Odoardos als Folge der potentiellen Verführbarkeit Emilias untergräbt in gewissem Sinne die Unantastbarkeit des Tugendideals und der daran geknüpften Humanitätsidee; gerade als private, als nichtpolitische Tat impliziert sie die Tendenz, das Vertrauen in die Lebenskraft bürgerlicher Grundüberzeugungen mindestens partiell in Frage zu stellen.

All dies mußte wohl zur Irritation der Zeitgenossen führen und sie in ihren geläufigen Erwartungen erschüttern. Und die Befremdung, die in den Reaktionen neben allem Lob anklingt, das dem dramaturgischen Meisterwerk gezollt wird, hat vermutlich hier einen ihrer Hauptgründe.

Insbesondere die Tatsache, daß weder die durch den Prinzen repräsentierte Welt als die nur unsympathische, noch die durch die Galottis repräsentierte Gegenwelt als die ungebrochen positive dargestellt werden, verstößt gründlich gegen die üblichen Kodifizierungen der zwei Lebens- und Gesellschaftssphären, die bis dahin im bürgerlichen Trauerspiel, aber auch in der weinerlichen Komödie, säuberlich voneinander getrennt und in ein Gegensatzverhältnis gerückt worden waren. Der Prinz beruft sich ausdrücklich auf sein »Herz« als der authentischen Quelle seiner Liebe zu Emilia und seines Menschseins (I,4).[35] Er präsentiert sich dadurch als ein Herrscher, der sein Handeln nach einer der zentralen Maximen bürgerlicher Humanitätsüberzeugungen ausrichtet. Er wird, so scheint es, zu einem

35 Vgl. hierzu Jochen Schulte-Sasse, *Literarische Struktur und historisch-sozialer Kontext. Zum Beispiel Lessings »Emilia Galotti«*, Paderborn 1975, bes. S. 53 ff.

»bürgerlichen Charakter«.[36] Diese positive Konstitution eines bürgerlichen Charakters in der Gestalt des Vertreters der höfischen Macht wird zwar im Laufe des Dramas vorsätzlich dementiert und zu Fall gebracht – von der 7. Szene des 1. Aktes an handelt der Prinz wieder in Übereinstimmung mit den Prinzipien des Willkürherrschers –, die zeitgenössischen Rezensenten aber werden durch diese auf den ersten Blick widersprüchliche Charakterkonzeption in Verwirrung gebracht. Entsprechend wirkt die Widersprüchlichkeit, die auf seiten der bürgerlichen Gestalten erkennbar ist: Odoardo und Emilia als konsequente Vertreter bürgerlicher Werte und Ideale, die dennoch, dazu aus lückenlos folgerichtiger psychologischer und kausaler Motivierung, zu einer Tat geführt werden, die all diesen Werten und Idealen Hohn spricht.

Genau diese Widersprüche und scheinbaren Ungereimtheiten sind es jedoch, in denen ein deutlich politisch-gesellschaftskritischer Standort des Dramas sichtbar wird. Zweifel darüber können eigentlich nur dann entstehen, wenn man einen einseitig gerichteten sozialkritischen Gehalt erwartet. Denn auch jetzt wieder wird der zu vermittelnde Aussagegehalt mittels Relativierungen und Komplizierungen gängiger Erwartungen und in den vorangehenden Werken eingenommener und verteidigter Positionen entfaltet. Auch nun gelangt wieder – wie bei der allgemeinen dramaturgischen Anlage, in der Kausalität und Zufall sich verkehren – ein Konstruktions- und Gestaltungsprinzip zur Anwendung, das durch Zuspitzung und Extremisierung in schneller Folge relativiert und wieder abbaut, was gerade erst aufgebaut wurde. Wenn der Prinz in den ersten Szenen als eine Art Vertreter bürgerlich-empfindsamer Moral und Ethik auftritt, dann scheint sich darin wenigstens zum Teil das Streben emanzipatorisch-reformistischer Gesellschaftsentwürfe bür-

36 Vgl. hierzu Klaus Scherpe, »Historische Wahrheit auf Lessings Theater, besonders im Trauerspiel ›Emilia Galotti‹«, in: *Lessing in heutiger Sicht*, hrsg. von Edward P. Harris und Richard E. Schade, Bremen/Wolfenbüttel 1977, S. 268 ff.

gerlicher Provenienz erfüllt zu haben. Denn diese Entwürfe gipfeln in der Überzeugung, daß sich auch die Herrscher und Mächtigen dem Appell an eine humane, auf Mitmenschlichkeit und Vernunft gegründete Gesinnung auf die Dauer nicht entziehen könnten, daß die im Privaten geübte Moral auch den Bereich des Öffentlichen durchdringen und die Gesellschaft auf diese Weise positiv verändern müßte. Wenn der Prinz wenig später jedoch wie ein von bürgerlicher Emotionsethik unberührter Herrscher handelt, dann wird diese erhoffte Erfüllung der emanzipatorischen Wünsche als Illusion demaskiert. Es liegt nahe, aus diesem Sachverhalt den Schluß zu ziehen, daß mit ihm das Erziehungsideal des Bürgertums kritisiert wird, auf jeden Fall suggeriert wird, daß dieses Ideal als einziges Ziel wirkungslos bleiben muß, sofern andere es nicht ergänzen. Die Erziehung des Fürsten zum »Bürger« erweist sich so lange als trügerisch, als mit der Veränderung der Emotionsqualität nicht eine Änderung der praktischen Machtverhältnisse einhergeht. Man kann sogar feststellen, daß das Zugänglichsein des Prinzen für bürgerliche Empfindung die Handlung in ihrer für die Galottis fatalen Qualität eher noch stärkt als schwächt. Denn seine bürgerlich anmutende Empfindsamkeit ist es, die ihn über das Instrument Marinelli seine ihm zur Verfügung stehende Macht voll ausnutzen läßt, ihn zu einem Handeln disponiert, das mit den Prinzipien des Herzens und der Empfindung in unausgleichbarem Kontrast steht. Lessings Drama veranschaulicht unmißverständlich, daß die bloße Übernahme bürgerlicher Humanitätsideale durch diejenigen, die gesellschaftliche Macht besitzen, nicht ausreicht, um die gewünschten und erhofften sozialen Reformen möglich zu machen. Damit wird nicht die grundsätzliche Richtigkeit dieser Ideale in Frage gestellt, aber doch kein Zweifel darüber gelassen, daß sie allein nicht genügen.

Die Schlußszene illustriert die Ambivalenz des »menschlichen« Willkürherrschers exemplarisch, dabei zugleich die Gültigkeit bürgerlicher Vernunftethik unterstreichend. Im letzten Satz des Prinzen, der auch der letzte Satz des Dramas ist, will der Prinz sich selbst entlasten, indem er sich als »Menschen« zum Opfer der sich in »Teufel« verstellenden Freunde stilisiert (V,8). Dieser Versuch einer Schuldbefreiung umfaßt charakteristischerweise keine Distanzierung vom System der absoluten Regierung, die die eigentliche Ursache aller Tragik ist. Die »menschliche« Gebärde des subjektiv erschütterten Fürsten bleibt auf halbem Wege stehen, wird letztlich zur beschönigenden Lüge. Gleichzeitig aber wird durch die Worte des Prinzen das Geschehen gewissermaßen rekapituliert, nochmals expressis verbis moralischen Kategorien unterworfen und vor den »Richterstuhl der bürgerlichen Vernunft«[37] zitiert. In verwickelten dialektischen Bewegungen wird die höfische Regierungsform auch dann in ihrer Unmenschlichkeit gekennzeichnet, wenn sie sich scheinbar fortschrittlich-bürgerlichen Idealen geöffnet hat. Ihre antihumane Ausrichtung erscheint allerdings nicht nur in den daraus hervorgehenden Effekten, sondern bereits in ihrer Selbstdarstellung, die andererseits die Richtigkeit der bürgerlichen Beurteilungskriterien akzentuiert, wenngleich deren bloße »Ideologie« als unzureichendes Mittel erscheint.

Vergleichbare dialektische Verschränkungen prägen die Vorgänge, die sich in der Gruppe der Bürger vollziehen. Sie sind für die zeithistorische Bedeutung dieses »bürgerlichen Trauerspiels« von vielleicht noch größerem Gewicht. Zum erstenmal in einem bürgerlichen Drama werden die bürgerlichen Ideale in gleichsam offenem Schlagabtausch mit feindlichen Gegenkräften auf die Probe gestellt. Sie werden nicht mehr wie bis dahin in der geschlossenen (Familien-)Gesellschaft prinzipiell Gleichgesinnter der Prüfung unterworfen, in der der geltende Humanitätskonsensus durch Angehörige ebendieser Gesellschaft zeitweilig zerstört wird, um sich nach Austragung des eingetretenen Konflikts wiederherzustellen, sei es auch – wie im Trauerspiel – nur über die in einer tragi-

37 Vgl. Werner/Lerchner (Anm. 22) S. 53.

schen Lösung sich einstellende Versöhnung. In *Emilia Galotti* müssen sich die bürgerlich-ethischen Werte in der Konfrontation mit von außen auf sie eindringenden Bedrohungen bewähren. Und wie man das Drama auch im einzelnen interpretieren mag, am Ende gehen sie alles andere als unbeschädigt aus dieser Konfrontation hervor. Auch wenn man den Entschluß Emilias zum Tode und diesen Tod selbst als einen Sieg der Tugend versteht, der Tugend, die sich auf diese Weise vor den Nachstellungen durch das Verbrechen zu bewahren weiß, der Tugend, die in erhabener Geste über den Wert des Lebens erhoben wird, es ist eher ein Tod, der aus Notwehr, aus Unausweichlichkeit denn aus gewählter Entscheidung geboren wird. In *Emilia Galotti* bleibt aus, was zum Schluß aller früheren bürgerlichen Trauerspiele gehört: die sich auch im tragischen Tod vollziehende versöhnende Wiederherstellung einer moralisch guten Welt. Odoardos Verweis auf den »Richter unser aller« (V,8), vor dem sich auch der Prinz – jetzt der Richter Odoardos – verantworten müsse, kann die ausbleibende Versöhnung nicht ersetzen, sondern höchstens mildern. Der Verweis auf die himmlische Gerechtigkeit firmiert gewissermaßen die irdische Ungerechtigkeit, die ausgehalten werden muß und nur durch die Zuversicht, im Jenseits werde sie überwunden, erträglicher gemacht wird.

Man kann Lessings Drama lesen und interpretieren als einen Testfall bürgerlicher Standhaftigkeit und Treue. Und rein formal gesehen bestehen Emilia und ihr Vater diese Probe. Denn sie geben ihre Überzeugungen und Ideale zu keinem Augenblick und unter keiner Bedingung auf, versuchen auch nie anderes, als ihre eigene Integrität zu bewahren. Nur einen Moment lang kommt Odoardo der Gedanke, er könnte den Prinzen töten. Und auch dann, wenn diesen Vertretern der Tugend Gefahr von ihnen selbst zu drohen scheint – wie etwa durch die Verführbarkeit Emilias –, bleiben sie ihren Überzeugungen und Idealen kompromißlos treu. Insofern ist das tragische Ende ein Triumph bürgerlicher Gesinnung, die eher den Tod wählt als zum Verrat ihrer Grundsätze bereit ist. – Doch bleibt es ein in erster Linie formaler Triumph. Denn er gelingt nur dadurch, daß man das Leben aufgibt, vor allem aber dadurch, daß man, um die verteidigten Grundsätze einhalten zu können, gegen sie verstoßen muß. –

Es gehört zum bezeichnenden Verhaltens- und Handlungskodex der Bürger in dieser Tragödie, daß man aus einer Situation der Abkehr vom öffentlichen Leben in die Ereignisfolgen hineingezogen wird. Odoardo hat sich vom Hofleben soweit wie möglich zurückgezogen, ist kaum bereit, zur Hochzeit seiner Tochter in die Stadt zu kommen; Appiani will sich mit seiner jungen Frau sofort nach der Heirat in seine »väterlichen Täler« zurückziehen, um dort »sich selbst zu leben« (II,4). Zufrieden, aber auch sicher fühlt man sich offensichtlich nur in der Abgeschiedenheit des Privaten. Gegenüber allem, was nicht zu dieser Sphäre gehört, befindet man sich von vornherein in einer Haltung der Defensive, traut überdies der Kraft der eigenen in der Begegnung mit fremden Lebensprinzipien offenbar nur wenig zu. Daher Odoardos nervöse und nie ermüdende Furcht, die geringste Berührung mit der Hofwelt könne die eigene Lebenswelt zum Einsturz bringen. Zur besonderen Tragik dieses aufrechten, im Grunde aber keinerlei Gegnerschaft gewachsenen Mannes gehört es, daß er im 5. Akt eben der Situation ausgesetzt wird, die er systematisch und ängstlich zu vermeiden getrachtet hat, der Konfrontation mit der Hofwelt und ihren Intrigen.[38] Es ist nur folgerichtig, daß er sich in dieser Lage verwirrt und hilflos fühlt. Seine erste, spontane Reaktion ist charakteristischerweise denn auch die, daß er Emilia vom Leben abschirmen will: »Entfernung aus der Welt – ein Kloster – sobald als möglich.« (V,5) Zu anderen Reaktionen, zu anderem Handeln verhilft ihm erst die Entschlossenheit seiner Tochter. Doch auch dann sind Verwirrung und Hilflosig-

38 E. O. McInnes, »›Eine bürgerliche Virginia‹? Lessing's ›Emilia Galotti‹ and the Development of the Bürgerliches Trauerspiel«, in: *Orbis Litterarum* 39 (1984) S. 317.

keit noch nicht endgültig überwunden, denn die Tat, zu der er sich entschließt, steht im Widerspruch zu all seinen Überzeugungen.

Die gesellschaftlich-politische Kritik der *Emilia Galotti* gilt keinesfalls nur der durch den prinzlichen Hof repräsentierten absolutistischen Staatsform. Sie gilt auch dem der Öffentlichkeit abgekehrten bürgerlichen Ideal der Privatheit, das vor den verhängnisvollen Einbrüchen des Lebens nicht schützt, ja ihm gegenüber eher wehrlos macht. Überblickt man die Geschichte des deutschen Dramas, wie sie sich seit Gottscheds nachhaltigem Eintreten für ein öffentlich-soziales Engagement in den dreißiger Jahren gerade in der Entwicklung des bürgerlichen Trauerspiels bis in die siebziger Jahre vollzogen hat, dann fällt auf, wie in dieser Geschichte eine beinahe konsequent zu nennende Akzentuierung des Rückzugs ins Private zum beherrschenden Ideologem wird. Was auch immer und mit Recht gegen Gottscheds poetische Entwürfe eingewandt werden kann, seine Abneigung gegen die weinerliche Komödie und das bürgerliche Trauerspiel sind verständlich vor dem Hintergrund der von ihm geforderten öffentlichen Rolle von Drama und Theater, die er in den neuen Formen aufgegeben sieht. Auch Lessings eigene Werke kennen diesen Zug zur Abwendung vom Öffentlichen. *Miß Sara Sampson* bleibt auf den Familienkreis beschränkt; Tellheim wünscht nach seinen mißlichen Erfahrungen im öffentlichen Leben nichts lieber, als sich auf seine Güter zurückzuziehen; und der gute König Aridäus in *Philotas* gibt am Ende sein Herrscheramt auf, weil er glaubt, Humanität und Freiheit seien nur im Verzicht auf aktive Teilnahme am politisch-realen Leben zu verwirklichen. Die Folge ist jedoch, daß die Welt den Inhumanen überlassen wird, daß die Humanität sich isoliert und sich nur noch im selbstgewählten und abgeschirmten, letztlich ungesellschaftlichen Reservat der Abgeschiedenheit ausbilden und konsolidieren kann.

Es macht jedoch eine der besonderen Qualitäten des Autors Lessing aus, daß er derartige, den eigentlichen aufkläreri-

schen Zielen gefährlich werdende Entwicklungen erkennt und sie in seinem dichterischen Werk kritisch thematisiert.[39]
Es kann kein Zweifel darüber bestehen, daß *Emilia Galotti* die Sympathien des Zuschauers auf die Galottis lenken will, auf die im Prinzip Unschuldigen, die durch amoralische Machenschaften dazu gezwungen werden, in der Verteidigung des fortschrittlichen Tugendsystems mit diesem in Widerspruch zu geraten, die zum Verbrechen des Tochtermordes gezwungen werden, um der untugendhaften Gewalt entgehen zu können. Zugleich wird jedoch angedeutet, daß die Konditionen, die den Zwang seine unausweichliche Macht gewinnen lassen, nicht ohne Zutun der Galottis entstehen können. Darum auch können sie sich selbst und ihre Tugend nur im Akt eines angestrengten Heroismus bewahren, eines Heroismus, der eigentlich nicht mehr zeitgemäß ist.

Dieser Heroismus geht in eine Gebärde des Stoizismus über, die mit dem Ethos des bürgerlichen Dramas nur schwer in Einklang zu bringen ist. Er hat aber darüber hinaus – und das ist entscheidend – eine seiner Hauptursachen in einer Weltfluchtidee, die das soziale Leben zu negieren droht. Es ist kaum genau abzuschätzen, wie weit Lessings Kritik an der Weltflucht im einzelnen reicht. Denn diese hat ihre Ursachen nicht allein in bestimmten sozialen Normen, sondern vor allem auch in religiösen. Emilias Entschluß zum Tode wird ihr ja zum überwiegenden Teil durch ihre Frömmigkeit eingegeben.[40] Und mit dieser Frömmigkeit sind Vorstellungen und Gebote verbunden, die bereits die einfache Teilnahme am weltlichen Leben einschränken, wenn nicht gar verurteilen. Wenn das Haus der Grimaldi, in dem Emilia der Gefahr der Verführung nicht widerstehen zu können meint, als das

39 Schon 1751 hatte Lessing in einer Rezension konstatiert: »Schwachheiten und Laster zu fliehen, muß man nicht den Hof sondern das Leben verlassen« (*Werke* III,68).

40 Vgl. hierzu vor allem Alois Wierlacher, »Das Haus der Freude oder Warum stirbt Emilia Galotti?«, in: *Lessing Yearbook* 5 (1973) S. 147–162.

»Haus der Freude« bezeichnet wird (V,7), so ist mit dieser Bezeichnung nicht etwa eine »Art von Salonbordell« gemeint, sondern ein Ort weltlicher Lebenszugewandtheit.[41] »Haus der Freude« spielt konkret auf Bibelstellen an, in denen die Mißbilligung weltlichen Verhaltens formuliert wird, sofern dieses nicht durch Abstinenz von allen Vergnügen und Freuden geprägt ist.

Neben die soziale Lebensabgeschiedenheit, die in bürgerlichen Tugendvorstellungen begründet ist, tritt die einer religiös begründeten. Die Kombination beider wirkt sich wiederum nicht zum Vor-, sondern zum Nachteil der Widerstandskraft der bürgerlichen Tugend aus. Daß diese nicht der Gewalt, sondern der Verführung erliegen könnte, wird letztlich zwar religiös-biblisch motiviert – unter anderem in Anspielung auf das Wort des Alten Testaments: »Wer sich in Gefahr begibt, kommt darin um«[42] –, in Hinsicht auf den sozialpolitischen Anspruch, mit dem bürgerliche Tugendideale auftreten, kann diese Reduktion von Gewalt zu Verführung als der nicht zu widerstehenden Kraft kaum anders denn als eine von innen her sich einstellende Schwächung dieser Ideale verstanden werden.

In diesem Zusammenhang ist es daher äußerst vielsagend, daß Emilia, die Vertreterin moderner bürgerlicher Menschlichkeit, zur Begründung ihres Todeswunsches das Vorbild mittelalterlicher christlicher Heiliger und Märtyrer zitiert: »Nichts Schlimmers zu vermeiden, sprangen Tausende in die Fluten und sind Heilige!« (V,7)[43] Anders als bei Sara Samp-

41 Wierlacher (Anm. 40) S. 147.

42 Sir. 3,27.

43 G. vom Hofe hat als erster ermitteln können, daß diese Worte ein Zitat aus Augustinus' *De civitate Dei* sein könnten: »Doch haben sich, sagt man, einige heilige Frauen in Verfolgungszeiten, um ihre Unschuld vor Angriffen zu retten, in die reißende Strömung der Flüsse geworfen und so ihren Tod gefunden, und doch wird ihr Märtyrertum in der katholischen Kirche verehrungsvoll gefeiert«; vgl. Gerhard vom Hofe, »Die ›heiligen Charaktere‹ im bürgerlichen Trauerspiel. Zum Problem der poetischen Theodizee bei Lessing«, in: *Euphorion* 77 (1983) S. 393 f.

son, deren Tod zur Erfahrung von Gottes Gnade und Barmherzigkeit führt, entspringt Emilias Tod einem intellektuellen und physischen Gewaltakt, mit dessen Hilfe sie sich unter Berufung auf geschichtlich-mythische Vorbilder der Erhaltung eines reinen, eines nicht gelebten Lebens versichern will. Nicht nur die Ermordung Emilias durch ihren Vater verkehrt das Ideal, in dessen Namen sie erfolgt, auch die innere Begründung, der Appell an Heiligen- und Märtyrerlegenden, unterminiert seinen Wert und seinen Gehalt. Emilia und ihr Vater rücken dadurch in eine Tradition, der das moderne, auch das religiös inspirierte moderne bürgerliche Drama den Rücken gekehrt hatte. –

Die Antagonismen dieser bürgerlichen Tragödie sind zahlreich. Sie summieren, durchdringen, relativieren und ergänzen einander in so vielfältiger Weise, daß es nicht überrascht, wenn mehr als ein Rezipient eine eindeutige Wirkungsrichtung des Werkes vermißt hat.

Gerade in diesem schwer zu entwirrenden Beziehungsgeflecht aus politischen, sozialen, ethischen, religiösen und charakterlichen Elementen aber offenbart sich die gesellschaftliche, auch gesellschaftskritische Bedeutung. Gewiß ist es richtig, daß die alte Virginia-Fabel bei Lessing ihres eigentlichen Herzstücks, des eine Revolution auslösenden Tochtermordes, beraubt ist. Doch die Transformation des revolutionären Stoffes in einen bürgerlichen hat keineswegs zur Eliminierung gesellschaftlich-politischer Dimensionen geführt. Man könnte im Gegenteil sogar behaupten, daß Lessings gesellschaftskritische Kunst gerade darin besteht, die Abwandlung der Staatsszene in die staatsabgewandte Szene als Mittel einer sozialkritischen Aussage zu benutzen. Eine Revolution ist unter den in dieser Tragödie geschilderten Bedingungen grundsätzlich undenkbar, selbst dann, wenn Odoardo nicht seine Tochter, sondern den Prinzen ermordet hätte. Und das ist an sich bereits eine gesellschaftlich-politische Aussage. Darüber hinaus sind die sich in der öffentlichen Privatheit dieses Stücks abspielenden Vorgänge mit einer so großen

Anzahl politisch-gesellschaftlicher Implikate versetzt, daß das Werk geradezu als kritisch-enthüllender Kommentar zur Zeitsituation gelesen werden kann; als ein Kommentar allerdings, der durch die zeithistorischen Realitäten und Widersprüche selbst mit geformt ist und sich darum nicht auf nur eine Sichtweise festlegen läßt.

VI

Auf die Frage »Warum stirbt Emilia Galotti?« gibt es nicht nur eine und schon gar keine eindeutige Antwort. Die verschiedenen möglichen Antworten ergänzen sich überdies nicht zu einer Gesamtantwort. Die hierin sich manifestierende Mehrdeutigkeit ist zum überwiegenden Teil nicht die Folge eines sich in sukzessiven Interpretationsschritten entfaltenden und mit sich selbst identischen Sinnpotentials des Dramas. Die Mehrdeutigkeit der *Emilia Galotti* beruht vielmehr auf der Verbindung mehrerer, zum Teil gegensätzlicher, sich überlagernder und durchkreuzender Handlungs- und Gehaltskonzepte. Ihr sich ständig verschiebendes gegenseitiges Verhältnis bildet gewissermaßen das Muster der Vorgänge in ihrer tiefsten Schicht. Der Kern dieser Konzepte läßt sich in jedem Einzelfall aus den historischen, den weltanschaulich-philosophischen und den dramentheoretischen Positionen des 18. Jahrhunderts herleiten. Die Konsequenz jedoch, mit der sie in diesem Drama zum Fundament der Geschehnisse gemacht werden, führt dazu, daß sie ihre außerliterarische Positivität und Fraglosigkeit einbüßen. Ihr gemeinsamer Nenner liegt darum am Ende in einem Negativum: ihre eigene, innere Logik, ihr eigener kompromißloser Wahrheitsanspruch führt sie ins Extrem und darum ins Relative und Fragwürdige.

Letztlich beraubt das Drama als Ganzes aufklärerische Gewißheit ihrer Selbstverständlichkeit und Eindeutigkeit. Und das, obwohl das Werk nichts anderes als die exemplarische Realisierung weltanschaulicher und dramaturgischer Prinzipien seiner Epoche ist. Aus dieser Konstruktion, die sich gegen sich selbst richtet, erklärt sich die gemischte Rezeption durch die Zeitgenossen, die dieser Tragödie gegenüber bei aller Bewunderung reserviert bleiben. *Emilia Galotti* läßt keine Identifikation zu, wie sie von der Dramaturgie der Zeit und von den vorangehenden bürgerlichen Dramen vorgezeichnet war. Die Identifikation wird eben dadurch verhindert, daß bekannte und bewährte ideologisch-bürgerliche Prinzipien als Ausgangspunkte der Handlung ohne Mühe erkennbar sind, im Laufe der Handlung jedoch entstellt und in ein Licht gerückt werden, das ihre Geltung untergräbt. Lessings Tragödie appelliert daher weniger an das Gefühl als an den Verstand, sie verlangt vom Zuschauer eine rationale Revision seiner emotionalen Erwartungen. Die Tugend siegt; aber ihr Pyrrhus-Sieg bietet kaum die Möglichkeit zur mitleidigen Sympathie, die in sozialem Handeln fruchtbar werden könnte. Gerade auch Lessing hatte – im Briefwechsel mit Nicolai und Mendelssohn in den Jahren 1756 und 1757 und in der *Hamburgischen Dramaturgie* – das Mitleid als die bedeutendste und eigentliche Wirkung der Tragödie propagiert, unter anderem, weil sich über das Mitleid die Gemeinnützigkeit des Trauerspiels bewiese: »*Der mitleidigste Mensch ist der beste Mensch*, zu allen gesellschaftlichen Tugenden, zu allen Arten der Großmuth der aufgelegteste«.[44] Nach diesen Grundsätzen soll die auf der Bühne im Leiden sich bewährende Menschlichkeit über die Partizipation des Zuschauers an diesem Leiden dessen soziale Disposition anregen und verstärken.[45]

Zweifellos erregt auch das Schicksal der Galottis Mitleid. Doch fragt es sich, ob es das von Lessing und seinen Mitstreitern geforderte sozial aktivierende Mitleid ist. Ist es nicht eher ein Mitleid, das hilflosen und ohnmächtigen Opfern gilt, ein

44 *Sämtliche Schriften* XVII,66.

45 Vgl. Hans-Jürgen Schings, *Der mitleidigste Mensch ist der beste Mensch. Poetik des Mitleids von Lessing bis Büchner*, München 1980.

Mitleid, das lähmt statt aktiviert? Es ist ein Mitleid, wie Lessing selbst es angesichts der grauenerregenden Vorgänge in Gerstenbergs *Ugolino* erfährt: »[...] mein Mitleid hörte auf Mitleid zu seyn, und ward zu einer gänzlich schmerzhaften Empfindung«.[46] Das Gefühl quälender Erschütterung wird auch durch den befreienden Akt des Todes nicht gemildert. Denn der Tod der Protagonistin versöhnt nicht durch in ihm sich artikulierende Sühne; er ist eher forcierte Notlösung in auswegloser Situation. Er ist zudem keine Reaktion auf Geschehenes, sondern bezogen auf eine mögliche spätere Fehlhandlung, mit ihm wird allenfalls die »Bedingung der Möglichkeit künftiger Schwäche«[47] gesühnt. Dazu muß dieser Tod als gerade eben vermiedener Selbstmord den Zeitgenossen problematisch werden.[48] Denn der Selbstmord ist im 18. Jahrhundert nur als Sühnetod akzeptabel; sofern aus ihm jedoch Zweifel an der guten Weltordnung gelesen werden können, weil er aus nicht ausgleichbarer Konfliktsituation entsteht, ist er im Zeitalter des Optimismus eine im Leben wie auf dem Theater verwerfliche Tat. Emilias Tod jedoch kommt einem solchen Selbstmord sehr nahe, einem Freitod, der anklagt, weil sich in ihm der einzige Ausweg für die unschuldigen, tugendhaften Menschen zeigt. Welche Mühe auch der Autor Lessing hiermit hatte, illustriert die Berufung auf die mittelalterlichen Heiligen, die in die Fluten sprangen. Denn eine Legitimierung des Freitodes ist diese Anspielung auf Augustinus ja auch.

Insbesondere als Tragödie muß *Emilia Galotti* bei den Zeitgenossen Fragen aufwerfen und Unbehagen hinterlassen. Denn als Tragödie gelingt diesem Werk die geforderte und von Lessing immer wieder verteidigte Theodizee nur mit äußerster

46 *Sämtliche Schriften* XVII,246.

47 Peter Horst Neumann, *Der Preis der Mündigkeit. Über Lessings Dramen*, Stuttgart 1977, S. 45.

48 Zum Problem des Selbstmordes im 18. Jh. vgl. Klaus Oettinger, »›Eine Krankheit zum Tode‹. Zum Skandal um Werthers Selbstmord«, in: *Der Deutschunterricht* 28 (1976) H. 2, S. 55–74.

Anstrengung. Es ginge zu weit zu behaupten, die Theodizee sei in diesem Werk überhaupt aufgegeben. Aber Lessings entschiedenes Wort in der *Hamburgischen Dramaturgie* über die in der Tragödie abzubildende »Welt, in welcher Ursachen und Wirkungen [. . .] zu eben der allgemeinen Wirkung des Guten abzwecken«,[49] findet in *Emilia Galotti* nur eine partielle Entsprechung. Der stoizistische Gewalttod der jungfräulichen Heroine kann das Vertrauen in die »allgemeine Wirkung des Guten« kaum unterbauen. Das Los der Galottis ähnelt eher dem der Menschen, »die ohne alle ihr Verschulden unglücklich sind«, ein in Lessings Sicht »gräßlicher« Gedanke, weil »Religion und Vernunft« davon überzeugt hätten, »daß er eben so unrichtig als gotteslästerlich ist«.[50]

Die gleichsam gegen die immanente Tendenz des Dramas durch den gewaltsamen Akt des »Opfers der Tugend«[51] erreichte Theodizee muß für die Zeitgenossen eine abstrakte Theodizee bleiben, weil sie nicht durch das Schuld-Sühne-Gesetz ausreichend begründet ist. Darum das Suchen nach einer Schuld Emilias, die entweder nicht zu finden oder zu geringfügig ist, um den Tod zu rechtfertigen. Eine zu verantwortende Schuld der Galottis könnte man am ehesten noch in ihrem allgemeinen Verhalten erkennen. Die Wehrlosigkeit gegenüber den Intrigen des Hofes, die Unterlegenheit gegenüber den untugendhaften Kräften der Gesellschaft sind ableitbar aus dem Ideal der Weltabgeschiedenheit und aus der vor allem von Odoardo in die Tat umgesetzten Erziehung. Beide entwaffnen gegenüber dem »Laster«, sind daher nur im sozialen Abseits als Werte zu verteidigen. Eine so begründete Schuld aber ist für den zeitgenössischen Zuschauer wiederum

49 *Werke* IV,386.

50 *Werke* IV,613.

51 Vgl. Joachim Schmitt-Sasse, *Das Opfer der Tugend. Zu Lessings »Emilia Galotti« und einer Literaturgeschichte der »Vorstellungskomplexe« im 18. Jahrhundert*, Bonn 1983 (Wuppertaler Schriftenreihe Literatur, 22).

das Unerwartete, da sie bis dahin als unantastbar geltende Werte und Überzeugungen in Frage stellt. Hinzu kommt die für die meisten schwer akzeptierbare Gefährdung der Tugend durch die Sinnlichkeit. Prinzipiell kann man in Lessings Aufnahme dieses Motivs in sein Drama ein adäquates Reagieren auf zeitgemäße Entwicklungen sehen. Denn besonders im Roman war die Sensualität als eine den Menschen auszeichnende Qualität seit 1750 aufgewertet worden. Für die Anhänger des bürgerlichen Dramas jedoch muß bereits das Faktum der sinnlichen Affizierung als solches, erst recht aber die davon ausgehende Bedrohung der Tugend, als eine Pervertierung der als Ausweis bürgerlicher Gesinnung geltenden Emotionsqualitäten wirken.

Lessings *Emilia Galotti* kann als ein Werk interpretiert werden, in dem aufklärerische Grundpositionen zwar nicht aufgegeben, aber doch einer kritischen Prüfung mit durchaus zweifelhaftem Ausgang unterzogen werden. Diese Gehaltskonzeption kann ihrerseits wiederum als Ausdruck aufklärerischen Denkens begriffen werden. Lessings gegen Vorurteil und alle Formen von Einseitigkeit gerichtetes kritisches und problematisierendes Verfahren, das ein durch und durch aufklärerisches ist und all seine Werke charakterisiert, macht auch dort nicht halt, wo es sich um Einstellungen und Werte handelt, die ursprünglich das Produkt aufklärerischer Kritik sind.

Es kann kaum überraschen, daß die dialektische Polarität dieser Tragödie den Zeitgenossen interpretatorische Schwierigkeiten bereitet, Schwierigkeiten, die die Interpretation auch nach 200 Jahren noch nicht vollständig überwunden hat. In seiner vorbildlichen dramaturgischen Anlage, in seiner perfekten Kausalität, überhaupt in seiner bis in jede Einzelheit reichenden gefügten Ganzheit spiegelt das Werk Ordnungsvorstellungen, die im Mittelpunkt des Denkens und der Weltauffassung der Zeit stehen. Bei näherem Hinsehen jedoch zeigt es sich, daß die in dieser Tragödie aufleuchtende Ordnung nur (noch) die eines Kunstwerkes ist, die der Wirklichkeit nicht gewachsen ist und die die außerhalb seiner bestehenden analogen Realitätsbilder desavouiert. Und die entscheidende Einsicht, die dieses Werk vermittelt, könnte darin bestehen, daß der ihm immer wieder vorgehaltene Charakter des »Nur-Gedachten« auch das Kennzeichen der zeitgenössischen nichtliterarischen Welterklärungsmodelle sein könnte.

Literaturhinweise

Barner, Wilfried [u. a.]: Lessing. Epoche – Werk – Wirkung. München ^{4}1981. (Arbeitsbücher für den literaturgeschichtlichen Unterricht. Beck'sche Elementarbücher.)

Bohnen, Klaus: Geist und Buchstabe. Zum Prinzip des kritischen Verfahrens in Lessings literaturästhetischen und theologischen Schriften. Köln/Wien 1974. (Kölner Germanistische Studien. 10.)

Durzak, Manfred: Zu Gotthold Ephraim Lessing. Poesie im bürgerlichen Zeitalter. Stuttgart 1984. (Literaturwissenschaft, Gesellschaftswissenschaft. 67: LGW-Interpretationen.)

Dvoretzky, Edward: The Enigma of »Emilia Galotti«. Den Haag 1963.

Eibl, Karl: Identitätskrise und Diskurs. Zur thematischen Kontinuität von Lessings Dramatik. In: Jahrbuch der Deutschen Schillergesellschaft 21 (1977) S. 138–191.

Erläuterungen und Dokumente. Gotthold Ephraim Lessing. Emilia Galotti. Hrsg. von Jan-Dirk Müller. Stuttgart 1971 [u. ö.]. (Reclams Universal-Bibliothek. Nr. 8111 [2].)

Frieß, Ursula: »Verführung ist die wahre Gewalt«. Zur Politisierung eines dramatischen Motivs in Lessings bürgerlichen Trauerspielen. In: Jahrbuch der Jean Paul-Gesellschaft 6 (1971) S. 102–130.

Gottsched, Johann Christoph: Schriften zur Literatur. Hrsg. von Horst Steinmetz. Stuttgart 1972. (Reclams Universal-Bibliothek. Nr. 9361 [5].)

Grimm, Gunter: Die zeitgenössische Rezeption von Lessings »Emilia Galotti«. (Mißverständnisse um einen Text.) In: G. G., Rezeptionsgeschichte. München 1977. (UTB 691.) S. 162–183.

Guthke, Karl S.: Das deutsche bürgerliche Trauerspiel. Stuttgart ^{3}1980. (Sammlung Metzler. M 116.)

Hiebel, Hans Helmut: Mißverstehen und Sprachlosigkeit im Bürgerlichen Trauerspiel. Zum historischen Wandel dramatischer Motivationsformen. In: Jahrbuch der Deutschen Schillergesellschaft 27 (1983) S. 124–153.

Hofe, Gerhard vom: Die »heiligen Charaktere« im bürgerlichen Trauerspiel. Zum Problem der poetischen Theodizee bei Lessing. In: Euphorion 77 (1983) S. 380–394.

Labroisse, Gerd: Emilia Galottis Wollen und Sollen. In: Neophilologus 56 (1972) S. 311–323.

Lessings »Emilia Galotti« in der zeitgenössischen Rezeption. Hrsg. von Hans Henning. Leipzig 1981. (Werk und Wirkung. 2.)

Lessing – ein unpoetischer Dichter. Dokumente aus drei Jahrhunderten zur Wirkungsgeschichte Lessings in Deutschland. Hrsg. von Horst Steinmetz. Frankfurt a. M. / Bonn 1969. (Wirkung der Literatur. 1.)

Mann, Otto: Lessing. Sein und Leistung. Hamburg ²1961.

McInnes, E. O.: »Eine bürgerliche Virginia«? Lessing's »Emilia Galotti« and the Development of the Bürgerliches Trauerspiel. In: Orbis Litterarum 39 (1984) S. 308–323.

Mieth, Günter: Furcht und Mitleid oder Bewunderung. Zum tragischen Ausgang von Lessings »Emilia Galotti«. In: Lessing-Konferenz Halle 1979. Hrsg. von Hans-Georg Werner. Halle (Saale) 1980. Bd. 1. S. 221–225.

Müller, Klaus-Detlef: Das Erbe der Komödie im bürgerlichen Trauerspiel. Lessings »Emilia Galotti« und die commedia dell'arte. In: Deutsche Vierteljahrsschrift für Literaturwissenschaft und Geistesgeschichte 46 (1972) S. 28–60.

Neumann, Peter Horst: Der Preis der Mündigkeit. Über Lessings Dramen. Stuttgart 1977.

Nolte, Fred Otto: Lessings »Emilia Galotti« im Lichte seiner »Hamburgischen Dramaturgie«. In: Gotthold Ephraim Lessing. Hrsg. von Gerhard und Sibylle Bauer. Darmstadt 1968. (Wege der Forschung. 211.) S. 214–244.

Oettinger, Klaus: »Eine Krankheit zum Tode«. Zum Skandal um Werthers Selbstmord. In: Der Deutschunterricht 28 (1976) H. 2. S. 55–74.

Pütz, Peter: Die Leistung der Form. Lessings Dramen. Frankfurt a. M. 1986.

Rempel, Hans: Tragödie und Komödie im dramatischen Schaffen Lessings. Berlin 1935. (Neue Forschung. 36). Reprogr. Neudr. Darmstadt 1967.

Schenkel, Martin: »Wer über gewisse Dinge den Verstand nicht verlieret, der hat keinen zu verlieren«. Zur Dialektik der bürgerlichen Aufklärung in Lessings »Emilia Galotti«. In: Zeitschrift für deutsche Philologie 105 (1986) S. 161–186.

Scherpe, Klaus: Historische Wahrheit auf Lessings Theater, besonders im Trauerspiel »Emilia Galotti«. In: Lessing in heutiger Sicht. Hrsg. von Edward P. Harris und Richard E. Schade. Bremen/Wolfenbüttel 1977. S. 259–277.

Schings, Hans-Jürgen: Der mitleidigste Mensch ist der beste Mensch. Poetik des Mitleids von Lessing bis Büchner. München 1980.

Schlaffer, Heinz: Tragödie und Komödie. Ehre und Geld. Lessings

»Minna von Barnhelm«. In: H. Sch., Der Bürger als Held. Sozialgeschichtliche Auflösungen literarischer Widersprüche. Stuttgart 1973. (ed. suhrkamp. 624.) S. 86–125.

Schmitt-Sasse, Joachim: Das Opfer der Tugend. Zu Lessings »Emilia Galotti« und einer Literaturgeschichte der »Vorstellungskomplexe« im 18. Jahrhundert. Bonn 1983. (Wuppertaler Schriftenreihe Literatur. 22.)

Schröder, Jürgen: Gotthold Ephraim Lessing. Sprache und Drama. München 1972.

Schulte-Sasse, Jochen: Literarische Struktur und historisch-sozialer Kontext. Zum Beispiel Lessings »Emilia Galotti«. Paderborn 1975.

Sørensen, Bengt Algot: Herrschaft und Zärtlichkeit – Der Patriarchalismus und das Drama im 18. Jahrhundert. München 1984.

Steinhauer, Harry: The Guilt of Emilia Galotti. In: The Journal of English and Germanic Philology 48 (1949) S. 173–185.

Steinmetz, Horst: Aufklärung und Tragödie. Lessings Tragödien vor dem Hintergrund des Trauerspielmodells der Aufklärung. In: Amsterdamer Beiträge zur neueren Germanistik 1 (1972) S. 3–41.

Ter-Nedden, Gisbert: Lessings Trauerspiele. Der Ursprung des modernen Dramas aus dem Geist der Kritik. Stuttgart 1986. (Germanistische Abhandlungen. 57.)

Weber, Peter: »Emilia Galotti«. Zur Poetologie eines »unpoetischen« Dichters. In: Lessing-Konferenz Halle 1979. Hrsg. von Hans-Georg Werner. Halle (Saale) 1980. Bd. 1. S. 155–175.

Weigand, Hermann J.: Warum stirbt Emilia Galotti? In: The Journal of English and Germanic Philology 28 (1929) S. 467–481.

Werner, Hans-Georg / Lerchner, Gotthard: Lessings »Emilia Galotti«. Prolegomena zu einer Interpretation. In: Zeitschrift für Germanistik 3 (1982) S. 39–67.

Wells, G. A.: What is wrong with Emilia Galotti? In: German Life & Letters 37 (1983/84) S. 163–173.

Wierlacher, Alois: Das Haus der Freude oder Warum stirbt Emilia Galotti? In: Lessing Yearbook 5 (1973) S. 147–162.

Zernial, U.: Warum erleidet Emilia Galotti den Tod? In: Zeitschrift für den deutschen Unterricht 15 (1901) S. 703–719.

THOMAS KOEBNER

Nathan der Weise. Ein polemisches Stück?

Der Streit mit dem Hamburger Pastor Johann Melchior Goeze über den Antagonismus zwischen Vernunft- und Glaubenswahrheit – wobei Lessing gegen Goezes orthodoxe Ansichten das Prinzip und das Recht der Vernunft, der vernünftigen Prüfung verteidigte – erregte 1778 so viele Staathalter des machtgeschützten Protestantismus, daß sich der regierende Fürst von Braunschweig den Argumenten von Lessings Gegnern anschloß, die von allzu heftiger Kritik an der geoffenbarten Religion fatale Folgen für das staatliche Gemeinwesen befürchteten. Der Herzog Karl verbot Lessing mit Datum vom 3. August 1778, seine theologischen Sachen künftig ohne Zensur drucken zu lassen. Durch diesen erheblichen Eingriff in die Freiheit eines Schriftstellers und Publizisten an der Fortführung des Disputs behindert, beschloß Lessing einen, wie er in einem Brief an seinen Bruder Karl Lessing vom 7. November 1778 bekennt, drei Jahre alten Plan eines Stücks auszuführen. An Elise Reimarus, seine Hamburger Freundin und die Tochter des Hermann Samuel Reimarus, aus dessen Schriften Lessing unter dem Titel *Fragmente eines Ungenannten* nach dessen Tod anonym einige, Theologen ärgerliche antidogmatische Ansichten zur christlichen Offenbarung publiziert hatte, an diese Vertraute schrieb er am 6. September 1778, er erwarte, daß man ihn auf seiner »alten Kanzel, auf dem Theater wenigstens, noch ungestört will predigen lassen«.[1] Den Verdacht, der Autor werde seine Polemik nur aufs dramatische Terrain verlagern, hegten auch seine Freunde. So bedeutete Lessing sechs Wochen später, am 20. Oktober 1778, seinem Bruder Karl, der Schwiegersohn

1 Zit. nach: *Erläuterungen und Dokumente. Gotthold Ephraim Lessing. Nathan der Weise*, hrsg. von Peter Düffel, Stuttgart 1972 [u. ö.] (Reclams Universal-Bibliothek, Nr. 8118 [2]) S. 101 f.

des Berliner Verlegers Voß geworden war (der das Werk dann auch herausbrachte), daß sein Drama alles andere als ein »satirisches Stück« werde, daß es nicht seine Absicht sei, »den Kampfplatz mit Hohngelächter zu verlassen«. Ihm komme es vielmehr darauf an, ein »rührendes« Stück zu verfassen.[2] Es mag sein, daß auch taktische Rücksichten ihn dazu bewegen, den Empfänger wiederholt zu besänftigen, so, wenn er am 7. November 1778 erklärt: »Die Theologen aller geoffenbarten Religionen werden freilich innerlich darauf schimpfen; doch dawider sich öffentlich zu erklären, werden sie wohl bleiben lassen.«[3] Auch die weiteren Briefe enthalten Anzeichen, daß sich für Lessing offensichtlich der Akzent beim Nathan-Projekt verlagert hat. Im Entstehungsprozeß ist die polemische Absicht Verbindungen mit anderen Komponenten eingegangen. Es wäre also schon nach der Lektüre der Selbstzeugnisse verfehlt, *Nathan den Weisen* nur als Debattenstück zu lesen, in dem die verschiedenen Positionen beim Austausch der Argumente abgewogen werden, um auf dem Theater sozusagen der eigenen Sache einen Sieg zu gewähren, der in der Realität verwehrt gewesen ist.

Für die poetische Vielschichtigkeit des *Nathan* spricht der Umstand, daß bereits die ersten Leser ein recht unterschiedliches Verständnis von diesem Drama gewonnen haben, wenn auch fast durchgehend dessen anti-heroische, ›pazifistische‹ Tendenz als substantiell gesehen wird: Friedrich Schlegel kommt in seinem bedeutenden Essay über Lessing (1797) immer wieder darauf zu sprechen, daß es sich bei dem *Nathan* doch um ein »dramatisiertes Elementarbuch des höheren Zynismus«[4] handle, wobei er mit Zynismus eine Haltung im Sinn hat, die herkömmliche Wertordnungen aufs empfindlichste erschüttert, moralische und gesellschaftliche Autoritäten in Zweifel zieht, heldenhafte Posen und pathetische For-

2 Ebd., S. 102.
3 Ebd., S. 103.
4 Ebd., S. 130.

meln als Lügen demontiert. Auch für Schiller überwog das Räsonnierende das Pathetische in diesem Stück[5] – eine Anlage, die bei geringen Veränderungen aus dem Drama eine gute Komödie hätte entstehen lassen. Noch Hugo von Hofmannsthal[6] plädierte dafür, den *Nathan* als Lustspiel aufzuführen. Aber Schiller konnte sich mit der »frostigen Natur des Stoffs« nicht anfreunden, der seiner Auffassung nach das ganze Kunstwerk »erkältet« habe.[7] Für Goethe blieb die »heitere Naivetät« das vordringlichste Merkmal des Stücks.[8] Friedrich Theodor Vischer schien diese Naivität mit Realitätsverkennung erkauft zu sein. Er ging in seiner Studie *Ästhetik oder Wissenschaft vom Schönen* (1857) mit der scheinbar schnell und heiter gefundenen Konfliktlösung ins Gericht: »In seinem Nathan vergißt Lessing, welchen schweren Conflikt zwischen dem Fanatismus des Christenthums und der reinen Humanität er angelegt hat, und schließt die Handelung schlecht im Sinne des bürgerlichen Familienstücks. Der Patriarch müßte zum Äußersten schreiten, der Templer in einem spannenden Momente furchtbarer Gefahr als Retter Nathan's auftreten und dadurch seine Erhebung aus dem Dunkel des Vorurtheils vollenden; dann möchte dieses Drama immer glücklich schließen [. . .].« Vischer, der wie Schiller, wenn auch in einem anderen Sinne, dem Stück einen veränderten Ablauf und stärkere Leidenschaftlichkeit wünschte, sah das positive Ende vor allen Dingen durch den »freien, klaren, harmonischen Charakter des Nathan« gefordert.[9] Diese Auffassung teilte David Friedrich Strauß in seinem Vortrag »Lessings Nathan der Weise« (1861). Er äußerte sie sogar auffällig lautstark, in einer Art Trompetenton, wenn er dem Stück als Grundstimmung »die Selbst- und Sieges-

5 In einer Anmerkung zur Abhandlung *Über naive und sentimentalische Dichtung* (1795) kommt er darauf zu sprechen (Reclams Universal-Bibliothek, Nr. 7756 [2], S. 42).

6 »Gotthold Ephraim Lessing« (1929).

7 Zit. nach: *Erläuterungen und Dokumente* (Anm. 1) S. 125.

8 Vgl. *Dichtung und Wahrheit,* Buch 7 (1812).

9 Vgl. *Erläuterungen und Dokumente* (Anm. 1) S. 137.

gewißheit der Vernunft« zumißt und im *Nathan* den »Triumphgesang der Vernunft über den Wahn, des Lichtes über die Finsternis« angestimmt hört.[10] Daß Nathan, für viele Interpreten Leit- und Vorbild toleranter Humanität, ein Jude ist, stellte im 19. und 20. Jahrhundert vor allem für säbelrasselnde Nationalisten und Antisemiten ein Ärgernis dar (übrigens hatte nach Johann Georg Hamanns Zeugnis bereits Kant seine Vorbehalte gegen einen Helden »aus diesem Volk« gehabt).[11] Im gleichen Maße ist er im zweiten Kaiserreich oft zur Orientierungsfigur des großbürgerlichen Liberalismus gewählt worden. Im Dritten Reich war das Alterswerk Lessings vom Spielplan verbannt – wegen der Zugehörigkeit Nathans zum Judentum, wegen der Friedensbereitschaft und Versöhnung demonstrierenden Handlung des Werks. Aus der Sicht des intellektuellen Exils 1933–45, der Anti-Nazi-Germanistik im Ausland und zionistischer Autoren wurde mit Blick auf das Hitler-Reich wieder Friedrich Theodor Vischers Frage aufgeworfen, ob Lessing die ›Härte der Gegensätze‹ angemessen berücksichtigt oder sie vielleicht allzu sehr heruntergespielt und eingeebnet habe. Eine Kontroverse zwischen Harold Lenz und Meno Spann über die Realitätstüchtigkeit von Nathans ›Weisheit‹ in der Zeitschrift *German Quarterly* 1941 war dafür bezeichnend. Nach dem Krieg eröffneten einige deutsche Theater ihre Spielzeit mit *Nathan*, um ein Zeichen zu setzen. Die Bühnentradition hat seitdem – beinahe kompensatorisch? – vor allem das Edelmütige und Jüdische der Hauptfigur hervorgehoben, ihre geistreich-menschenkluge Weisheit und Herzenswärme, wie sie etwa in der Verkörperung durch den während der Naziherrschaft emigrierten Schauspieler Ernst Deutsch Gestalt gewonnen haben. Der polemische Charakter des Dramas und die Tiefendimension der Konflikte sind immer weiter aus dem Blickfeld gerückt, je mehr – so scheint

10 Vgl. ebd., S. 138.
11 Vgl. ebd., S. 115.

es – das Interesse dem Musterhaften seiner moralischen ›Botschaft‹ gegolten hat, je mehr es als Inszenierung ›frommer‹ Thesen verstanden worden ist.

Die Vorgeschichten

Lessing kann das Bühnengeschehen dadurch beruhigen, daß er die teilweise aufregenden Ereignisse in der Vorgeschichte stattfinden läßt. Doch sind die Auswirkungen dieser von Leidenschaft ausgelösten oder katastrophischen Vorgänge immer noch in den Aktionen und Reaktionen spürbar, die für die Zuschauer oder den Leser hörbar und sichtbar werden. Gleich zu Beginn wird dies deutlich: Der wohlhabende jüdische Kaufmann Nathan kehrt von einer langen Reise zurück und erfährt, daß in der Zwischenzeit fast sein Haus abgebrannt wäre. Dieser Unfall scheint ihn wenig zu beunruhigen. Als er jedoch vermutet, daß seine Tochter Recha in den Flammen umgekommen sei – fast will er an ihre Rettung nicht glauben –, weicht seine souveräne Gelassenheit dem Ausdruck tiefen Schreckens. Die Nachricht von ihrem Tod würde, so läßt seine lakonisch-pathetische Rede vermuten, auch seinen Tod bedeuten können. Bereits in der ersten Szene werden wir Zeugen eines Gefühlsumschlags von größtem Ausmaß, der bald danach wieder aufgefangen wird durch die tröstende Nachricht, daß Recha nun doch gerettet sei – mehr noch durch die mißbilligenden Einwände von Daja, der im Hause des Juden sich aufhaltenden langjährigen Gesellschafterin der Tochter, die Nathan offenbar das Recht abspricht, Recha seine Tochter zu nennen. Noch in den Beteuerungen Nathans, daß er diese Tochter seiner Tugend zu verdanken habe, bebt seine Gefühlserschütterung nach. Gleich zu Beginn des Dramas werden also verschiedene Spannungen erkennbar, die erst später, zum Teil jedoch gar nicht aufgelöst werden. Erstens: mit Recha ist ein Geheimnis verbunden, das Nathan hütet, von dem Daja zum Teil wohl weiß – das für den Zuschauer, aber mit einer Ausnahme nicht für das Dramenpersonal, erst im IV. Aufzug aufgeklärt wird. Zweitens: die starke Erregung, die Nathan überfällt, wird sehr schnell im fortschreitenden Dialog kanalisiert. Dies kann davon ablenken (sollte es aber nicht), daß Nathan als Vater und vielleicht auch in anderer Weise sehr verletzlich, treffbar ist – und vielleicht in seinem Inneren noch manch andere Ängste birgt. Drittens: Nathan sieht sich einer Person gegenüber, die weder imstande noch bereit ist, sich auf seine Empfindung einzustimmen, sondern nur ihr Interesse im Auge hat – deswegen auch recht takt- und gedankenlos reagiert. Nathan wäre schlecht beraten, sich Daja und Charakteren ihres Schlages zu offenbaren oder anzuvertrauen. Mehr noch: Daja, die seit der Kindheit Rechas im Hause Nathans ist, erkennt zwar hier und im folgenden seine Güte an, sie läßt sich sogar durch Geschenke beruhigen (vielleicht ist der Ausdruck »bestechen« für Nathans Handlungsweise nicht einmal zu stark), doch ist sie nicht bereit, von ihrer fixen Idee zu lassen, daß Recha, die eine getaufte Christin sei, unbedingt auch als Christin erzogen werden müsse. Sie ist dafür bereit, die Trennung von Vater und Tochter in Kauf zu nehmen. Nathan erscheint ihr zwar als die »Großmut selber« (I,1),[12] was sie nicht daran hindert, ihn am Ende zu verraten. Es bleibt zu fragen, weshalb sich Nathan die Beschwerlichkeit antut, eine Christin im Hause zu halten, die sich zu einer ihm gemäßen Toleranz nicht durchringt. Auch in Nathans nächster Umgebung gibt es Menschen, auf die nichts von seinem Ethos überspringt und die ihm daher gefährlich werden. Nach dem Grund seiner Duldsamkeit, seiner anscheinend unermüdlichen Anstrengung, Menschen für sich zu gewinnen, wäre zu forschen. Erst die Vorgeschichten werfen ein helleres Licht auf das Verhalten der Personen im Bühnengeschehen; sie sind

12 Der Dramentext wird zitiert nach: *Nathan der Weise. Ein dramatisches Gedicht in fünf Aufzügen*, Stuttgart 1986 (Reclams Universal-Bibliothek, Nr. 3). Nachweis mit Angabe von Aufzug und Auftritt in Klammern unmittelbar hinter dem Zitat.

deswegen keineswegs als gleichgültige Erfindungen zu betrachten, auch wenn sie auf den ersten Blick kompliziert und undurchsichtig wirken. Insgesamt sind vier Vorgeschichten zu unterscheiden, die hier chronologisch aufgeführt werden:

1. Ein jüngerer Bruder des Sultans Saladin, Assad, verläßt eines Tages die Seinen und kehrt nicht wieder. Er wird – so weiß dann die andere, die christliche Seite zu berichten – zum Ehemann einer Christin, wechselt vermutlich auch die Religion und nicht nur das Lager. Unter dem Namen Wolf von Filnek zeugt er mit seiner jungen Frau zwei Kinder, den späteren Tempelherrn und dessen jüngere Schwester, der wir dann als Recha begegnen. Für kurze Zeit hält er sich in Europa auf, danach wieder in Palästina. Dort fällt er und wird, wie sein ehemaliger Reitknecht berichtet, bei Askalon verscharrt: offenbar als christlicher Ritter. In der Zeit, in der er sich im Vorderen Orient aufhält, befreundet er sich mit Nathan und schützt diesen vor den Übergriffen der christlichen Glaubenseiferer. Ort ihrer Begegnung ist vielleicht Jerusalem – allerdings wäre dies seltsam, denn auch der Sultan, Assads Bruder, residiert in Jerusalem, und es wäre dem Bruder des Fürsten wohl schwergefallen, unter diesen Umständen sein Inkognito zu wahren. Über die näheren Verhältnisse dieser außerordentlich romantischen Geschichte eines Wanderers zwischen beiden Welten und seiner Liebe zu einer Christin gibt das Drama keine Auskunft.

2. Nach dem Tod der Mutter und des Vaters wird der Sohn dieser Ehe zwischen dem muselmanischen Fürsten und der christlichen Adligen aus dem fernen Deutschland vom Bruder der Mutter aufgezogen. Das Adoptivkind übernimmt den Namen seines Adoptivvaters und nennt sich selber, als er ein Tempelherr geworden ist und als »plumper Schwab« in Jerusalem herumstapft, Curd von Stauffen. Die Tochter des Ehepaars mit dem Taufnamen Blanda wird vom Reitknecht zum Freund des Vaters, nämlich zu Nathan gebracht. Der zieht sie auf an Kindes Statt und nennt das Mädchen Recha. Der Reit-

knecht, der ihm das kleine Kind überbracht hat, wandelt sich zum christlichen Einsiedler und später – aus seiner Eremitage verjagt – zum Bruder Bonafides, den der Patriarch irrigerweise für einen fähigen Spion in seinen Diensten hält.

3. Nathans Familie – seine Frau und sieben Söhne – fallen einem christlichen Pogrom zum Opfer, sie verbrennen im Haus seines Bruders, wohin Nathan sie gebracht hatte, weil er sie dort halbwegs sicher wähnte. Nach der Ermordung seiner Familie hadert er mit seinem Gott. Da wird ihm ein getauftes Mädchen zur Obhut übergeben, und er – der Verfolgte eines blutrünstigen christlichen Fanatismus – schenkt ihm seine Liebe. Dies ist achtzehn Jahre her.

4. Es sind mehr als zwanzig Jahre seit dem plötzlichen Verschwinden Assads vom Hof Saladins vergangen. Der Sultan läßt etliche Tempelritter köpfen, die in seine Gewalt geraten sind. Da entdeckt er auf dem Gesicht eines jungen Mannes eine gewisse Ähnlichkeit mit dem verschollenen Bruder Assad. Er läßt diesen Tempelherrn als einzigen frei. Der wird, beim Umherwandeln in Jerusalem, Zeuge eines Brandes: Nathans Haus steht in Flammen, und in ihm schreit Recha. Der Tempelherr rettet die junge Frau. Dann erfährt er, daß sie Jüdin ist, und wendet sich brüsk ab – immer noch engstirnigen Vorurteilen verhaftet. Das Mädchen Recha selbst hat er wohl kaum aufmerksamer betrachtet, denn als er ihr zum zweiten Mal begegnet, erkennt er sie kaum wieder. Da der Tempelherr zwar nicht mehr die Verfolgung seiner Gegner fürchten muß, aber auch nichts zum Essen hat, verdingt er sich als Führer auf der Halbinsel Sinai. Nach ungefähr sechs Wochen (so verrät der Entwurf des Dramas) kehrt er wieder, kurz nachdem auch Nathan in Jerusalem angekommen ist – und die Bühnenhandlung beginnt.

Die vier Vorgeschichten werden in umgekehrter Reihenfolge aufgedeckt, d. h. also: die letzten Ereignisse werden als erste berichtet, nämlich die Rettungen (die Rechas durch den Tempelherrn und die vorausgegangene des Tempelherrn durch Saladin); erst später erfahren wir von den länger zurückliegenden Ereignissen: von Liebe (zwischen Muselmann und Christin), von Glück und Tod der Liebenden, von den Greueln der Religionskriege und von erneuter Liebe (Nathans zu seiner Adoptivtochter Recha, wie vermutlich auch des Onkels und deutschen Ritters zu seinem Adoptivsohn, dem nachmaligen Tempelherrn). Die Vorgeschichten ergeben den dunklen Untergrund für die Ereignisse auf der Bühne. Denn die Periode der Handlung ist eine Zwischenkriegszeit: kurz zuvor hat noch der Krieg zwischen Kreuzrittern und Mohammedanern getobt, hat Saladin seine Feinde exekutieren lassen; und sehr bald, so fürchten Saladin und auch Nathan, werden die Kämpfe wieder ausbrechen. Es ist eine kurze Phase des Innehaltens und der relativen Ruhe, in der das Versöhnungsspiel von *Nathan dem Weisen* abläuft. Im Horizont von Krieg, Mord und Totschlag, von Verfolgung und ›Menschenopfer‹, im Dunstkreis des Massakers finden hier Personen zusammen, die nominell jedenfalls die miteinander im Streit liegenden Parteien vertreten. Die dramatische Handlung ist in ein tragisches Umfeld eingebettet, ebenso wie die Vorgeschichten eher dem heroisch-pathetischen Sujet zuzugehören scheinen. Lessing wollte es offenbar nicht vermeiden, daß es wiederholt in seinem Stück wetterleuchtet – die Turbulenzen von einst und von außerhalb doch bei den handelnden Personen immer wieder für Augenblicke zumindest Schauer erregen. Nicht von ungefähr deutet der letzte Satz des Stücks diese weitgehend ausgesparte und ausgeblendete andere Realität an, wenn Saladin zum Tempelherrn, seinem wiedergefundenen Neffen, dem Abbild seines Bruders Assad, sagt (wenn auch ironisch vorwurfsvoll): Er konnte mich beinahe »zu seinem Mörder machen wollen«! Der normale Gang der Dinge wird so in Erinnerung gerufen: da findet keine Rettung in letzter Minute statt, da entdeckt der Henker nicht auf dem Gesicht des Opfers die Ähnlichkeit mit seinesgleichen; da kommt nicht rechtzeitig ein just begnadigter Tempelherr vorbei, um ein Mädchen aus den Flammen zu retten; da heißt der Sultan nicht Saladin und der Jude nicht Nathan.

Nathan der Bescheidene

Das Wunderbare der Zufälle wird im ersten Aufzug ausführlich zwischen Nathan, Daja und Recha erörtert – der Zufälle, die zur Rettung Rechas geführt haben. Es ist zweifellos nicht die Regel, daß in höchster Not plötzlich Hilfe kommt. Aber Lessing bringt hier in Fortführung seiner Anti-Goeze-Polemik Einwände gegen den Wunderglauben der geoffenbarten Religionen vor. Nathan, der die heilsame Fügung kennengelernt hat, allerdings im Schatten der schrecklichsten Erfahrung, ist nicht bereit, an die Manifestation außerirdischer Wesen zu glauben. Er hält solche Phantasiebildungen für das Ergebnis mangelhafter Realitätswahrnehmung und erklärt die weißen Fittiche, die Recha ihrem Retterengel zulegt, für ein ›Versehen‹; tatsächlich habe es sich wohl um den weißen vorgespreizten Mantel des Tempelherrn gehandelt. Zudem meint er, im Wunderglauben verrate sich eitle Selbstüberschätzung: »Der Topf / Von Eisen will mit einer silbern Zange / Gern aus der Glut gehoben sein, um selbst / Ein Topf von Silber sich zu dünken.« (I,2). Indem Nathan Recha dazu bringt, sich vorzustellen, daß ihr Retter ein durchaus lebendiger Mensch sei, dem es gerade jetzt besonders schlecht gehe, ohne daß er Hilfe erwarten könne (da die Gerettete ihn ja für ein Wesen anderer Art halte), zwingt er sie dazu, ›aufzuwachen‹ und anstelle phantastischer reale Möglichkeiten anzunehmen: er befreit sie aus einer trägen Verzückung, ihrer selbstgefälligen Einbildung und stellt ihr mit dem Gebot, handlungsfähig zu bleiben, implizit auch das Gebot vor Augen, sich nicht zu überheben. Mitleid, das wird ihr klar, wird nur entstehen können, wenn man tatsächlich mit anderen mitleidet, sie also in ihrer greifbaren Existenz akzeptiert. Der »süße Wahn« des Engel- und Wunderglaubens enthüllt sich als realitätsblind und anmaßend. Der Mangel an Vorstellungskraft für das Geschick der Mitmenschen hat, scheint's, viel mit Auserwähltheitsbewußtsein und Exklusivitätsideen zu tun.

Nathan drängt durch analytische Vernunft und ausgeübte ›Sympathie‹ (was wohl Miterleiden heißt) die Schwärmerei zurück, die bei Recha fast den Zustand einer geistigen Krankheit hervorgerufen hat. Er präsentiert sich also bald als Gegenspieler bornierter und dogmatischer Gläubigkeit. Es ist bezeichnend, daß Nathan den Begriff Gottes in so eigentümlicher Brechung verwendet, daß sein spezifisches Verhältnis zu der Instanz, die er Gott nennt, schwer zu erkennen bleibt. In seinem Begriffsgebrauch nennt auch er die Rettung Rechas ein Wunder – ist sie ihm doch aus den Flammen gerettet worden, die einst seine Familie verzehrt haben. Nathans Erschütterung wird erst im Rückblick (vom IV. Aufzug aus) ganz begreiflich, handelt es sich doch um einen spiegelbildlichen Vorgang. Christen haben seine Frau und seine Söhne im Brand umkommen lassen, ein Christ rettet nun seine Tochter aus dem Feuer. Das Wunder dieser Rettung schreibt er »dem« zu, »der die strengsten / Entschlüsse, die unbändigsten Entwürfe / Der Könige, sein Spiel – wenn nicht sein Spott – / Gern an den schwächsten Fäden lenkt« (I,2). Soll man Nathan die Vorstellung von einem wankelmütigen Gott unterstellen, der als unberechenbare Größe über das Geschick der Menschen nach seiner Willkür zu walten scheint? Eher ist daran zu denken, daß im Erfahrungshorizont des 18. Jahrhunderts wohl nur einer bestimmten Gruppe Menschen längerfristige Planung zugetraut und zugemessen worden ist: eben den Fürsten, die einen Entscheidungsspielraum ihr eigen nannten, der unvergleichlich viel größer war als jener der von ihnen regierten Subjekte. Ein Gott, der mit den Plänen der Könige Spott zu treiben fähig ist, stellt eine den Fürsten weit überlegene Macht dar. Sein Abstand zu den Menschen ist zu groß, als daß diese sich erfrechen sollten, ihn durch Lob oder Werke zwingen oder herabziehen zu wollen.

Nathan betont die Kleinheit der Menschen und spiegelt in diesen Gedanken eine im Buch Hiob des Alten Testaments vorgeprägte Gottesauffassung. Die Geschichte des Pogroms und der Klage nach der Vernichtung der Familie gemahnt in vielen Punkten an die Passion dieses Gottesknechts: Auch der verzweifelte Nathan rechtet mit seinem Gott und empört sich gegen ihn und seinen Ratschluß. Drei Tage und Nächte habe er nach dem Verlust seiner Frau und seiner Kinder in Asche und Staub vor Gott gelegen und geweint. »Geweint? Beiher mit Gott auch wohl gerechtet, / Gezürnt, getobt, mich und die Welt verwünscht« (IV,7). Vernunft habe ihn dann mit sanfter Stimme dazu gebracht, auch dies Verhängnis als Gottes Ratschluß anzunehmen: »Ich stand! und rief zu Gott: ich will! / Willst du nur, daß ich will!« (IV,7) Nathans ›Herr‹ kann nach der schlimmsten wieder eine glückliche Wendung des Schicksals zulassen – wenn er will. Man mag Hiob als Präfiguration jüdischen Leidens ansehen. Genauso sinnvoll erscheint es, ihn als Hauptfigur einer Passionsgeschichte zu sehen, bei der die Leiden nicht auf die Dauer Haß und Bitterkeit bewirken, eher ein Vertrauen darauf, daß ihm die Kraft zu leben und leben zu wollen von dem Gott wieder zukomme, den er als Inbegriff der überlegenen Macht feiert. Dieses Gottesverständnis setzt die demütige Bescheidenheit des gottergebenen Menschen gegen die Unbescheidenheit einer propagierten Heilszuversicht, auch gegen heroisches Auftrumpfen. Zu seiner Weisheit zählt Nathans Gefühl der ›Kleinheit‹, das aus dem Wissen um den plötzlichen Zerfall von Glück und Hoffnungen resultiert. Der Geist der Duldsamkeit, der in Nathan wirksam ist, scheint sich mit Duldertum und Geduld zu verbinden, von dort sogar herzuleiten. Der Begriff Resignation ist für die Beschreibung dieser Haltung sicherlich nicht geeignet, denn er meint eher das Nachlassen einer Anstrengung, das Umschlagen eines Willens in Erschöpfung. Nathan, der in den drei Tagen seiner großen Verzweiflung der Christenheit unauslöschlichen Haß zugeschworen hat, ist willens, als er sich aus dem Staube aufrichtet oder aus dem Staube aufgerichtet wird – die Mischung aus Aktivität und Passivität, die Uneindeutigkeit in bezug auf Selbst- oder Fremdverantwortung charakterisiert seine Be-

scheidenheit –, ein Christenkind aufzuziehen (IV,7). Er überhebt sich schließlich nicht, auch nicht im Leid, das ihn etwa dazu verführen könnte, sich wie ein Enttäuschter, wie ein Menschenfeind zu gebärden.
Nathans Weisheit ist geprägt von der lebensgeschichtlichen Erfahrung des Verlusts – sie ist daher auch nicht ohne weiteres übertragbar, kann nicht weitergegeben werden wie eine Münze. Auch handelt es sich bei dieser Weisheit nicht um eine, gegen alle Fährnisse gewappnete, für immer beruhigte Gemütslage. Die Angst vor dem Verlust Rechas bestimmt Nathan für die Dauer der Bühnenhandlung und läßt ihn einmal vor Sorge gleichsam zittern, als er im IV. Aufzug erfährt, daß Recha zur Schwester des Sultans kommen soll und er die Machenschaften des Patriarchen, des Judenhetzers, dahinter vermutet. Er wird auch Recha am Ende an ihre wiederentdeckte Familie ›abgeben‹ müssen, er weiß es und willigt in diesen Gang der Ereignisse ein. Nathan stellt sich nicht quer gegen den Verlauf des Unabänderlichen.

Taktik und Konfession in der Ring-Parabel

Nathan gerät bei seinem ersten Auftritt am Hofe in eine Prüfungssituation. Die Zuschauer und Leser wissen, daß Sittah und Saladin ihn dazu bewegen wollen, dem Sultan Geld zu leihen, der in diesem Punkt schier ewig bedürftig ist. Nathan, den Sittah ohne weiteres der Gruppe der Schwachen zurechnet, soll zu dieser Hilfeleistung notfalls gepreßt werden, was im Umfeld der allseitigen Verfolgung möglich und üblich zu sein scheint – falls er den ›Kredit‹ nicht von sich aus anbietet. In einer Art Examen soll der auch als weise bekannte reiche Jude bekennen müssen, (a) welche der Religionen die wahre sei, und (b) warum er selbst bei seiner Religion geblieben sei, also den Zufall der Geburt nicht durch Einsichten und Gründe korrigiert habe. Diese doppelte Frage bewegt Nathan in seinem Grübelmonolog dazu, dem Sultan ein Märchen zu erzählen. Der Sultan will Wahrheit wie eine Münze haben – als etwas Fertiges, was man nur einzustreichen brauche. Der Mächtige erklärt herablassend, geringschätzig, er habe keine Zeit gehabt, lange über die Wahrheit nachzugrübeln; deswegen glaubt er sie wie eine Art Abgabe bei einem Spezialisten unter seinen Untertanen eintreiben zu können. Nathan verkennt den Ernst der Lage nicht und ahnt, daß ihm eine Falle gestellt worden ist. Er hält zwar eine solche Unternehmung für niedrig – aber was, so meint er zu wissen, sei für einen Großen schon zu klein. Also will Nathan behutsam vorgehen und überlegt sein Erscheinungsbild. Weder kann er als Stockjude noch als Nicht-Jude auftreten, denn in beiden Fällen würde er als unglaubwürdig gelten müssen. Saladin war es in der vorangegangenen Szene aufgefallen, daß Nathan sich sehr bescheiden gibt: er wich den Fragen des Sultans aus, die nur oberflächliche und vorgefertigte Antworten erlaubten, so daß der Herrscher gereizt reagierte. Saladin weiß nicht, woran er mit diesem Partner ist, der die Worte so genau wählt und setzt und sich sanft dagegen sperrt, in die üblichen Kategorien des reichen oder weisen Mannes eingeordnet zu werden. Die Aura relativer Unbestimmbarkeit umgibt Nathan auch als Erzähler der Ring-Parabel.

Lessing hat den Torso seiner Geschichte einer Erzählung aus Giovanni Boccaccios *Decamerone* entnommen, ergänzt die Ring-Parabel aber um eine denkwürdige Fortsetzung. Gleich zu Beginn verkündet Nathan, daß alle Welt seiner Rede zuhören könne und möge: nicht nur eine Betonung ihrer Bedeutung (bezeichnend genug ist sie in die Mitte des Dramas gesetzt), sondern auch eine Versicherung seiner Unbefangenheit und Unbescholtenheit. Dramaturgisch bedeutet dies eine Wendung zum Publikum, ein geringfügiges Heraustreten aus der Rolle. Zugleich aber läßt diese Eingangsformel erschließen, daß sich das bescheidene Individuum Nathan gleichsam durch seine Erzählung verhüllen will. Diese Zweideutigkeit der Absichten macht sich in der Gestaltung der Fabel selbst bemerkbar: In einer ersten Phase der Ring-Erzählung ist von einem Ring die Rede, in den ein kostbarer Edelstein eingelassen sei. Der habe die geheime Kraft gehabt, »vor Gott / Und Menschen angenehm zu machen«. Lessing fügt dieser Erklärung allerdings eine Einschränkung hinzu, die den Glauben an die Magie des so geschilderten Gegenstands sofort wieder aufhebt: solche Kraft komme dem Ring allerdings nur zu, wenn er »in dieser Zuversicht« (vor Gott und Menschen angenehm zu machen) getragen werde (III,7). Von vornherein raubt Lessing dem zentralen Motiv seiner Erzählung den Charakter des Mysteriösen, des heiligen Gegenstands. Eigentlich sind der Ring und der Stein unwesentlich, denn die erwähnte Gnadengabe muß nicht dem Ring, sondern seinem Träger eigen sein. Immerhin bricht die Verleihung des Rings durch den Vater an den jeweils liebsten Sohn mit sonst geltenden Regeln der Herrschaftsvererbung. Ohne Ansehen der Geburtenfolge wird der Empfänger des Rings ausgesucht; es muß sich nicht jedesmal um den ältesten Sohn handeln. Entscheidungen dieser Art haben in einem traditionalistischen Legalismus keinen Platz. Wo denn sonst wird auf diese Weise das Oberhaupt, der »Fürst des Hauses« gewählt? Der Ring hat also allenfalls eine Funktion als ein äußerliches Machtzeichen, wobei diese Macht nicht durch Gewalt über andere Menschen errungen worden ist, sondern im Gegenteil durch einen gleichsam sachten Gewinn ihrer Zuneigung und Liebe. Unter solchen Umständen ist es begreiflich, daß die anderen Söhne (von Töchtern ist nicht die Rede) keinerlei Neid zu empfinden scheinen, wenn sie ihrem Bruder gegenüber zurückgesetzt werden – falls man die Verweigerung des Rings als Zurücksetzung betrachten kann. In jener goldenen Vor-Zeit geben, soll man Lessings Erfindung glauben, die Liebenswürdigkeit, die moralische Lauterkeit, die Gnade Gottes das Maß der Konkurrenz mit anderen ab.

In der zweiten Phase der Ring-Erzählung treten wir aus dem paradiesischen in den historischen Zustand ein. Ein Vater von drei Söhnen, die ihm gleich gehorsam sind, kann sich

nicht »entbrechen«, sie »folglich gleich zu lieben« (III,7). Der komplizierte Satzbau und die negative Ausdrucksweise deuten darauf hin, daß hier eine sozusagen unterirdische Störung kaschiert werden soll: die nur gehorsamen Söhne zeigen offenbar keinerlei Qualität, die die Liebe des Vaters besonders erregt. Er verordnet sich eine Art Gerechtigkeit des Gefühls, die allen drei gleichermaßen zugute kommen soll. Da er jedem einen Ring verspricht – seine »fromme Schwachheit« sei daran schuld –, sieht sich der Vater dazu gezwungen, zwei weitere Ringe anfertigen zu lassen, die dem Original so täuschend ähnlich sind, daß selbst der Vater sie nicht unterscheiden kann. Wir ahnen schon, was nach dem Tod des Vaters eintritt: Zank unter den Söhnen, denn jeder will Fürst sein. Dies beweist, daß keiner von ihnen die Eigenschaften aufweist, die ursprünglich den Empfänger des Rings ausgezeichnet haben: vor Gott und den Menschen angenehm zu sein. Der Ring selbst, der bisher nur ein hinweisendes Zeichen für die von innen her erworbene Autorität gewesen ist, wird nun zum umkämpften Besitztum. Das Zeitalter des Egoismus und des Geltungsstrebens ist angebrochen, in dem die Legitimation des ›Beliebtseins‹ einfach vergessen worden ist, ebenso wie der tiefere Sinn der Ringverleihung.
Der Erzähl-Überlieferung entstammt auch der von Lessing aufgegriffene Vergleich der drei Ringe mit den drei Religionen: wie sich die Ringe nicht mehr genau unterscheiden lassen, so auch nicht die drei Glaubensbekenntnisse. Der Sultan, der dies hört, gebärdet sich zu Recht unwirsch. Erstens hat Nathan unter dem Deckmantel der Ring-Parabel eine Zeitalterlehre vorgetragen, derzufolge durch das Umkippen der alten Wertordnung selbst die Erkenntnis dieser alten Werte abhanden gekommen sei. Zweitens wird das Prinzip des ›Wir-werden-es-nicht-erkennen‹ allzu schnellfertig auf die Erfahrungswelt ausgedehnt. Der Zuhörer muß protestieren – gibt es nicht bei den Religionen Besonderheiten, die in die Augen springen? Nathan versucht, seinen ungnädigen Herrn zunächst dadurch versöhnlich zu stimmen, daß er eine wei-

tere Auslegung hinzufügt: der Vater habe die drei Ringe in eben der Absicht anfertigen lassen, daß man sie nicht unterscheiden könne. Wie aber sind dann die zutage tretenden Differenzen zwischen den Religionen zu erklären? Nathan begreift, daß das Spiel mit Symbolen und Metaphern den Sultan nicht zu überzeugen vermag. Der welterfahrene Mann weigert sich, die Logik des Märchens auf die Wirklichkeit zu übertragen. Also wählt Nathan einen anderen Weg und durchbricht die Sphäre des Parabelhaften. Von seiten ihrer ›Gründe‹ würden sich die Religionen nämlich nicht unterscheiden – sie gründen sich auf Geschichte, genauer gesprochen, auf die Überlieferung einer spezifischen Gruppe. Das Glaubensbekenntnis rückt in die Nähe von Ratschlägen und Lebensregeln, die den Kindern beigebracht werden, und zwar von Eltern, die auch sonst »Proben ihrer Liebe« geben. Der Prozeß der kulturellen Eingewöhnung in bestimmte Normen und Gedanken wird also an die Liebe der Väter zu ihren Kindern gebunden. Nur in diesem Fall – so müssen wir diese Argumentation wohl verstehen – kann auch von »Treu und Glauben« die Rede sein, die den Nachkommenden verbietet, das, was die Väter lehren und leben, in Zweifel zu ziehen. Der aufklärerische Impuls, der Lebenslehren kritischer Prüfung unterziehen will und die Autorität von Dogmen durch neugierige und mutige Nachfragen erschüttert, dieser für Lessing gerade im Streit mit Goeze und anderen konservativen Theologen so wichtige Impuls scheint hier plötzlich aufgehoben. Nathans Einlassung, dem Väterglauben eine Treueerklärung zuzugestehen, erfährt allerdings eine erhebliche Einschränkung dadurch, daß von Liebe und Fürsorge die Rede ist. Fehlen diese Bedingungen, so kann man folgern, ist auch die eigentümliche Gefolgschaft im religiösen Geiste gefährdet. Nathan bemerkt abschließend zu seinem überraschenden Erklärungsversuch: »Kann ich von dir verlangen, daß du deine / Vorfahren Lügen strafst, um meinen nicht / Zu widersprechen?« (III,3) Nathan überträgt Familiensolidarität auch auf Religionsgemeinschaften. Die

Loyalität, durch Liebe und Verdienst um das Wohl des anderen erworben, erhält höhere Weihe zugesprochen als die rationale Analyse des religiösen Credo.

Handelt es sich um einen Verrat an den Grundsätzen der Aufklärung? Ist nur um diesen Preis – den Verzicht auf den uneingeschränkten Herrschaftsanspruch der Vernunft – Toleranz in Glaubenssachen denkbar? Ist die von Nathan vorgetragene und vorgelebte Duldsamkeit gegenüber anderen Konfessionen dadurch möglich, daß der Bereich der Glaubenslehren vom Bereich des Denkens abgegrenzt, also eine Art ›doppelter Buchführung‹ als lebenspraktische Maxime empfohlen wird? Diese Schlußfolgerung hätte eine erhebliche Tragweite: Toleranz erfordert Achtung vor der Gefühlsstruktur und historischen ›Gewordenheit‹ der Gruppen, die andere Glaubensartikel vertreten; sie ist nur durch die Anerkennung der ›Solidarität‹ erreichbar, die bei Lessing (im Sinne des bürgerlichen Dramas) als familiäre Solidarität verstanden wird. Lessings scharfer Blick auf Personen und ihre Ansichten ist zu bewundern: der Jude Nathan schränkt aus Erfahrung und Bescheidenheit den Geltungsbereich der Aufklärung ein. Seine Erfahrung ist die Erfahrung der Verfolgung, der Schwäche, der Ohnmacht – und er ist nicht bereit, mit der Stärke zu paktieren und aus diesem Grund sein ›Volk‹ im Stich zu lassen oder zu verleugnen. Seine Bescheidenheit verbietet ihm, das gläubige Vertrauen, das sich in anderen Gemeinschaften gebildet hat, als Lüge zu bezichtigen – und dadurch im Geiste (und vielleicht auch in der Tat) zu riskieren, selbst zum Verächter und am Ende auch zum Verfolger zu werden. Nathans Weisheit bricht mit den gewalterzeugenden Hierarchien, selbst mit dem tyrannischen Anspruch auf Hegemonie, den die Vernunft erhebt. In der Treue zu einer Leidensgemeinschaft, der man selbst zugehört, zeichnet sich ein neuer Wert ab, der durch gemeinsame Geschichte definiert ist und gleichsam als entsprechenden Unwert den Verrat an dieser gemeinsam erlittenen Geschichte hinzudenken läßt. Nathans im ›Sprechakt‹ der Besänftigung seines Herrschers fast eilig vorgebrachte Argumente reklamieren ein Gleichgewicht der Gruppen und gleichen Schutz für sie. Die Duldung der anderen wird nicht verknüpft mit der Selbstaufgabe der eigenen ›Familie‹.

Die früheren Versionen der Erzählung schließen mit der Fabelmoral, daß für die drei Religionen die nicht zu unterscheidenden drei Ringe stünden. Nathans Wendung der Parabel, jedenfalls am Ende der zweiten Phase, hebt den Wunsch des Vaters hervor, daß die drei Ringe nicht mehr auseinanderzuhalten seien. Der Sultan antwortet nur auf einen Teil dieser Aussage, nämlich darauf, daß die Ringe, sprich: die Religionen, gleich aussähen – und zu Recht bezweifelt er die Gültigkeit dieser Vereinfachung. Nathan muß also, in der dritten und Schlußphase seiner Erzählung, den schon in seiner Entlastungsrede verdeutlichten Akzent auf die Absicht des Vaters verstärken – die Absicht, daß keinerlei Unterschied in der Behandlung der drei Ringe gemacht werde. Die drei Söhne tragen ihren Streit einem Richter vor, der von Nathan ausdrücklich als der bescheidene Richter angesprochen wird. Der Leser und Zuschauer kann nicht vergessen, daß Nathan sich selbst zuvor bei seinem ersten Gespräch mit Saladin wiederholt als bescheidenen Mann hat ansprechen lassen, wobei Saladin mit diesem Begriff vor allem Nathans vorsichtiges Zurückweichen vor überscharfen Urteilen anderer über sich, seine Leistungen und sein Glück charakterisiert hat. Lessings hinzuerfundener Richter zeigt sich zunächst so mürrisch, wie Nathan es untergründig auch gewesen ist, als der Sultan von ihm Auskünfte über die Wahrheit verlangt: »Denkt ihr, daß ich Rätsel / Zu lösen da bin?« (III,7) Dann erinnert sich der Richter daran, daß der Ring eigentlich nur ein äußerliches Anhängsel gewesen ist, dem zugewiesen, der ihn sich durch Haltung und Handeln verdient hat und weiter verdient. Um sich den drei Söhnen verständlich zu machen, erhält er die Fiktion von der Wunderkraft des Rings aufrecht – die habe ja darin bestanden, beliebt zu machen. Da die Söhne sich aber eher durch ihre Streitlust und die Bereitschaft hervortun, sich gegenseitig der Übervorteilung zu verdächtigen, habe offenbar niemand von ihnen den rechten Ring erhalten. Vermutlich seien alle drei Ringe nicht echt; der eine und wahre muß wohl verlorengegangen sein. Und der Vater habe diesen Verlust ersetzen lassen und drei neue anfertigen lassen. Offenbar merkt der Richter, daß er sich den vor ihm versammelten Streithähnen noch deutlicher erklären muß. Er fällt keinen Spruch, sondern gibt ihnen den Rat – und überträgt damit die sinnbildliche Rede in die eigentliche: »Es eifre jeder seiner unbestochenen / Von Vorurteilen freien Liebe nach! / Es strebe von euch jeder um die Wette, / Die Kraft des Steins in seinem Ring an' Tag / Zu legen!« (III,7) Der Richter gemahnt seine Zuhörer daran, den ursprünglichen Sinn des Ringbesitzes nicht wegen eitler Ansprüche auf äußerliche Insignien zu vergessen. Er verinnerlicht die Botschaft der Ring-Erzählung und bringt sie damit auf den Punkt, von dem sie bei Lessing ihren Ausgang genommen hat. Es geht nicht darum, den Ring zu erringen, sondern darum, seiner wert zu sein – und dann braucht es ihn nicht mehr. Um dies plausibel zu machen, muß Nathan seinen Richter eine Vermutung aussprechen lassen: Es sei doch möglich, daß der Vater die »Tyrannei des *einen* Rings nicht länger / In seinem Hause dulden« wollte. Eine ausgesprochen egalitäre Vorstellung, die weder Über- noch Unterordnung gelten lassen will, unterstellt hier der Richter dem Erblasser und gibt gleichsam den ›letzten Willen‹ als geschichtlichen Grund an, damit die Kinder sich gleichberechtigt wissen. Die Tugenden, die die Söhne an den Tag legen sollen, zeugen für friedfertige, anti-hierarchische Gesinnung und opponieren der Konkurrenz von Geltungsbedürfnis und Besitzgier: Liebe, die frei von Vorurteilen ist; Sanftmut und herzliche Verträglichkeit; Wohltun und innigste Ergebenheit in Gott. Es sind Kräfte der Annäherung und Verständigung, die hier aufgeführt werden und den gesellschaftlichen Charakter dieses sanften, die unmäßigen Triebe und Leidenschaften ›sublimierenden‹ Gegenentwurfs zur vorhandenen Welt betonen.

Nathan läßt seinen Richter gleich an der Möglichkeit zweifeln, diese Vorsätze rasch in die Tat umzusetzen. Auch er denkt, daß sich – und spricht damit wieder auf der Ebene des Märchens – »der Steine Kräfte« wohl erst bei den Kindes-Kindeskindern äußern werden: in über tausend Jahren. Der bescheidene Richter, der bescheidene Nathan – sie wissen beide zwischen dem Gedanken der Vollkommenheit und den wirklichen Zuständen scharf zu trennen, obwohl sie doch selbst, das zeigt sich wenigstens bei Nathan, diesem Ideal am nächsten kommen. Nicht von ungefähr ist die Titelfigur des Dramas ein gereifter, ein älterer Mensch, bei dem sich das Ungestüm des Begehrens von mancherlei abgemildert hat. Der Gedanke der Utopie wirkt im Augenblick so überwältigend, daß der nicht viel jüngere Sultan Privilegien und die Arroganz der Macht vergißt. Er erlebt einen Moment der Zerknirschung, in dem ihm die eigene Kleinheit sichtbar wird: »Ich Staub? Ich nichts?« Die Fragezeichen signalisieren, daß er noch nicht ganz dazu bereit ist, sich in dieser Weise wahrzunehmen. Die Majestät, die seine Stellung in der Hierarchie ihm zumißt, fällt jedoch so weit von ihm ab, daß er Nathan bittet, sein Freund zu sein. Wie Saladin durch Reden und Handeln charakterisiert ist, gelingt ihm die Herstellung eines Verhältnisses zwischen Gleichen leichter und häufiger, als es sonst bei Fürsten denkbar scheint. Die Suspendierung der Rangordnung zugunsten der Freundschaft wird dennoch vermutlich nicht lange bestehen bleiben. Denn der Sultan bleibt Sultan und der Jude Nathan bleibt der Jude Nathan: jeder für sich mit seiner Geschichte und Familie.

Nathan der Jude

Nathan hat dem Sultan auf beide Fragen eine Antwort gegeben, sowohl auf die Frage, welche der Religionen wohl die wahre sei, als auch auf die Frage, weshalb er, Nathan, denn bei der Religion ausgeharrt habe, die ihm von Geburt aus mitgegeben sei. Die Einsichten, die Nathan dazu bewogen haben, ein Jude zu bleiben, rechnen aber nicht zur Kategorie der Vernunftgründe, die der Sultan vermutlich erwartet hat – jedenfalls ist seine Frage so formuliert. Nathans Antwort lautet auf der einen Ebene, daß man die Väter nicht Lügen straft, wenn sie einem mit Liebe begegnet sind. Auf der anderen Ebene, dies kann man vermuten, verbietet sich Nathan die Loslösung vom Judentum nach all dem, was er als Jude erfahren hat: ein Pogrom, bei dem seine Familie umkam; eine allgemein verbreitete Verachtung durch Christen und (wenn auch in geringerem Maße) durch Mohammedaner, die jederzeit in Verfolgung umzuschlagen droht. Die Gemeinschaft der schwachen und oft wehrlosen Opfer, die Leidensgemeinschaft der Juden will Nathan nicht verlassen, auch wenn er selbst eine große innere und äußere Distanz zu seinem Volk zeigt. Das Jüdische an Nathan ist auffällig gering ausgeprägt. Auf der Bühne fällt nicht der geringste Hinweis auf die Riten und Regeln orthodoxer jüdischer Lebensführung. Das Erscheinungsbild Nathans, das in der Theatertradition zumeist durch die Kleidung als typisch jüdisch gekennzeichnet ist, läßt eher auf einen Menschen schließen, der seiner Umwelt viele lebenspraktische Zugeständnisse gemacht hat und sich auf den ersten Blick wenig von anderen erfolgreichen Kaufleuten bürgerlicher Herkunft unterscheidet. Nathan selbst versichert dem Tempelherrn, daß die Zugehörigkeit zu irgendeinem Volk (gemeint ist die Religionsgemeinschaft) nun niemanden daran hindern dürfe, auch und vor allen Dingen ein Mensch zu heißen. »Verachtet / Mein Volk so sehr ihr wollt. Wir haben beide / Uns unser Volk nicht auserlesen. Sind / Wir unser Volk? Was heißt denn Volk?« (II,5) Sicherlich spitzt Nathan den Gegensatz zwischen Volk und Mensch in dieser Situation besonders zu, da er sich dem noch in Stereotypen denkenden Tempelherrn verständlich machen will; da braucht es der Übertreibung, um die Unsinnigkeit, genauer: die Unmenschlichkeit einer bedenkenlosen Zuordnung einzelner Personen zu ihren ›Fraktionen‹ klarzumachen.

Tatsache aber ist, daß Nathan dem Vorurteil, das Juden gegenüber herrscht, nicht entrinnen kann. Über das ganze Stück hinweg sind deutliche Indizien dieser Denunziation ausgestreut. Es beginnt an versteckter Stelle: Nathan sinnt darüber nach, wie verletzend es für Recha sein muß, sich vom Lebensretter verschmäht zu sehen, der sie für eine Jüdin hält. Er kennt diese Erfahrung, die zu Schwermut, Menschenhaß oder Schwärmerei führen kann. Zu nennen wäre etwa der Umstand, daß Sittah zwar von Al-Hafi erfahren hat, welch ›außerordentlicher‹ Mensch Nathan sein müsse, aber bei der Planung der Falle für Nathan keinerlei Rücksicht auf den ›Juden‹ zu nehmen bereit ist. Falls Nathan sich nicht als Weiser entpuppe, der sich wie selbstverständlich der Geldforderung des Sultans unterwerfe, habe der Herrscher eben sanfte Gewalt auszuüben: »Ist's einer aus der Menge bloß; ist's bloß / Ein Jude wie ein Jude: Gegen den / Wirst du dich doch nicht schämen, so zu scheinen, / Wie er die Menschen all sich denkt?« (III,4) Als Nathan zögert, dem ungestümen Verlangen des Tempelherrn nach Recha gleich nachzukommen, vermutet der Abgewiesene sofort, die ›typisch jüdische‹ Familienpolitik, die Andersgläubige ausgrenze, sei an dieser Reserviertheit schuld. Und er scheut sich nicht, als »Ritter« zum »Pfaffen« zu gehen und versuchsweise eine geistliche Instanz, den Patriarchen, als Hebel gegen den Juden einzusetzen, der – so ist ihm von Daja berichtet worden – ein getauftes Christenkind aufgezogen hat, weniger in seinem Glauben, als vielmehr in gar keinem Glauben, außer dem, der der Vernunft genügt. Noch im ersten Gespräch mit dem Sultan ist der Tempelherr nach kurzem Zögern bereit, Nathan für einen Juden zu erklären, der nicht verlernen könne, ein Jude zu sein. Die Zurückweisung, die ihm widerfahren ist, setzt am Ende ungehemmte Angriffslust frei: »Der tolerante Schwätzer ist entdeckt! / Ich werde hinter diesen jüd'schen Wolf / Im philosoph'schen Schafpelz Hunde schon /

Zu bringen wissen, die ihn zausen sollen!« (IV,4) Dieses Umkippen in Verfolgeraggressivität ist beim Tempelherrn in gedämpftem Maße noch am Schluß des Dramas zu beobachten. Der Sultan wiederum, der den aufflammenden Jägerinstinkt seines Gesprächspartners zum einen auf dessen Jugend, zum anderen auf dessen Christentum zurückführt und scharf dem Ansinnen widerspricht, Hatz auf den Juden zu machen, ist doch bereit, Sittahs Intrigen sich anzupassen. In diesen Intrigen figuriert Nathan, der Jude, als willenloser Untertan, mit dem man nach Belieben umspringen könne – sei es, indem man ihn auf die Probe stellt und ihn, im Falle seines Versagens, mit herrscherlichem Zwang zur Dienstleistung verpflichtet; sei es, daß man Nathan einfach die Tochter wegnimmt. Zweimal interveniert der Sultan, der womöglich aus Erfahrung Schlimmes befürchtet, und ringt der Schwester das Versprechen ab, keine allzu offensichtliche Gewalt auszuüben. Daja, die Christin im Hause Nathans, ist darauf aus, Nathan die Pflege- und Ziehtochter Recha zu entziehen, um sie wieder den Christen zuzuführen. Der Jude ist für sie zwar ein Wohltäter, aber er bleibt der Jude und – wie sie es sieht – der unrechtmäßige Vater. Die Speerspitze in der Phalanx der Verfolger bildet der Patriarch von Jerusalem. Ein beinahe unerklärlicher Vernichtungsdrang treibt diesen Würdenträger dazu, den seiner Auffassung nach Schuldigen dem Flammentod anheimzugeben und sich damit (zwar ohne sein Wissen, wobei man jedoch seiner Zustimmung gewiß sein kann) in die Nachfolge derer zu begeben, die vor Jahren das Haus anzündeten, in das sich Nathans Familie geflüchtet hatte. Sein monoton gefälltes Todesurteil: »Tut nichts! der Jude wird verbrannt!«, bekundet, daß es für den Juden keine Nachsicht gibt. Die Entlastungsgründe, die der Tempelherr vorbringt, werden zu weiteren Schuldpunkten umgedeutet. Immerhin löst die Nachricht, daß sich der Patriarch einmischen könne, bei Nathan unverhohlene Panik aus. Als er erfährt, daß Sittah Recha ›abholen‹ lasse, graut ihm davor, daß dieser Inquisitor dabei seine Hand im Spiel habe, daß es sich um ein Täuschungsmanöver handle. Auch wenn Nathan es wollte (aber er will es nicht), er könnte sich von der jüdischen Gemeinschaft nicht loslösen, da die anderen ihn wiederholt als Juden betrachten und zum Gegenstand ihrer aggressiven Tendenzen: zum ›Juden‹ machen. Seine Religion spielt dabei keine Rolle, sie wird nicht einmal im Grundriß erkennbar.

Jüdische Leser meinten bisweilen, in Lessings Nathan-Dichtung werde die »Härte der Gegensätze« (Jochanan Bloch), der »tödliche Gegensatz der Werte« (Meno Spann) zwischen Christen und Juden nicht in angemessener Weise berücksichtigt. Zu diesem Urteil kann nur kommen, wer die offenen Anzeichen der Bedrohung nicht wahrnimmt, einer Bedrohung, über deren angstauslösendes Gewaltpotential sich Nathan durchaus im klaren ist. Anders als noch der Reisende in Lessings Jugendstück *Die Juden* ist Nathan durch sein Außenseiter-, durch sein Judentum mindestens ebenso geprägt wie durch seinen Beruf: den des reisenden Kaufmanns, der durch Umsicht, Klugheit und Tüchtigkeit in Handel und Wandel zum reichen Mann geworden ist. Der ehrbare Kaufmann wird vom bürgerlichen Drama des 18. Jahrhunderts (seit George Lillos *The London Merchant*, 1731) hochgehalten; als Kompositum aus bürgerlichen Tugenden, Weltkenntnis und moralischer Unversehrtheit, als unschuldiger Mittler zwischen den Menschen, der durchs Leben gewissermaßen keine Blutspur zieht, wie das tragischen Helden und anderen Heroen für gewöhnlich widerfährt. Nathans Weisheit entstammt, soweit sie Friedfertigkeit und Streben nach Ausgleich ist, vermutlich zu gleichen Teilen dem Ethos und der Existenz des Kaufmanns wie des Juden, die sich beide sozusagen um bürgerliche Anerkennung und einen verbürgten Platz in der Gesellschaft bemühen.

Nathan versucht, die widerspenstige Daja durch Geschenke zu besänftigen und umzustimmen. Diese Szenen haben etwas leicht burleskes, doch drängt sich unabweislich der Eindruck auf, daß Dajas Stillschweigen und vorübergehendes Stillhalten regelrecht erkauft werden. Nathan ist bedrückt, wenn er eine ihm erwiesene Wohltat nicht sofort ausgleichen kann, wobei er meistens an Schätze und Geld denkt. Die Rettungstat des Tempelherrn will er ebenso reich belohnen wie die Hilfeleistung des ehrbaren Klosterbruders, der ihm das Büchlein mit der kompletten Genealogie der verwickelten Familienverhältnisse übergibt. Auch der Umstand, daß Nathan bei Al-Hafi zwischen dem Freund und dem Schatzmeister des Sultans unterscheiden will, macht darauf aufmerksam, wie sehr sich Nathan daran gewöhnt haben muß, Hilfe, die ihm zuteil geworden ist – moralische Leistungen also –, mit Geldeswert aufzuwiegen. So denkt der Kaufmann? Vielleicht denkt auch so der Außenseiter, der von der Gruppe seiner Verfolger keine Güte erwartet und auf Beweise menschlicher Teilnahme nicht gleich angemessen zu antworten versteht. Möglich ist es, daß sich die Freude über das Unerwartete dann in solchen Reaktionen äußert, die die Dankesschuld als monetäre Schuld abtragen wollen. Da dieses Angebot sowohl vom Tempelherrn wie vom Klosterbruder abgelehnt wird, versichert Nathan ihnen seine Freundschaft – beim störrischen Tempelherrn forciert er geradezu diesen Antrag. Beinahe mutet es zwanghaft an, wenn er dem jungen Christen zuruft: »Wir müssen, müssen Freunde sein!« (II,5) Zu Dank und Dienst fühlt sich Nathan auch dem Sultan gegenüber verpflichtet, der den Tempelherrn begnadigt hatte, der wiederum dadurch imstande war, Recha retten zu können. Der Herrscher, an dessen guten Ruf er zuvor lieber glauben wollte, als ihn aus der Nähe zu überprüfen, hat Nathan durch seine fortzeugende gute Tat ein »doppelt, dreifach Leben« geschenkt: »Dies / Hat alles zwischen uns verändert; hat / Mit eins ein Seil mir umgeworfen, das / Mich seinem Dienst auf ewig fesselt.« (II,7) Nathan drückt so sein Gefühl aus, eine Art innerer Unbeteiligtheit verloren zu haben, zur Entgeltung regelrecht verpflichtet zu sein. Mit dieser eigenartigen ›Beklemmung aus Dankbarkeit‹ scheint der Eifer zu korrespondieren, mit der er sich als Wohltäter und dem Sultan gegenüber als gefälliger Geldspender zeigen will. Dem »orientalischen Ton«,[13] den Lessing zumal mit Hilfe exotisch wirkender Begriffe in sein Drama eingefädelt hat, ist das nicht unauffällige Ausrechnen von Wohltaten und Bußen kaum zuzuordnen. Dieses Ausrechnen prägt selbst die Formulierung der Zukunftshoffnungen Nathans: So hebt er hervor, daß er für sieben verlorene Kinder nun ein neues Kind (in Recha) erhalten habe; so gedenkt er für einen Moment, sich mit dem Tempelherrn einen Schwiegersohn »erkaufen« zu können. Kein Zweifel, daß Nathan das Glück zu zählen versucht ist und zudem in Geldeswert übersetzt! Er selbst will nicht Gefahr laufen, bei anderen in der Schuld zu stehen. Die ökonomische und moralische Kalkulation soll glatt aufgehen. Doch dieser Ausgleich gelingt im Drama fast nie. Nathan sieht sich dazu getrieben, das ursprüngliche Angebot des reichen Geschenks durch das Angebot der Freundschaft zu ersetzen. Ist diese beflissene Überkorrektheit kennzeichnend für den Außenseiter, der seinem Gegenüber keinen Anlaß geben will, ihn der Undankbarkeit zu zeihen? Oder ist der demonstrativ geäußerte Wunsch, die gute Tat zu vergelten, nicht auch ein Kennzeichnen verborgen gehaltener Schuldgefühle? Könnten diese Schuldgefühle nicht mit dem alten, vielleicht nicht ganz bewältigten und verdeckten Haß auf die Mörder seiner Familie zusammenhängen, derart, daß dieser Haß Rachewünsche hervorruft, die Nathan empfinden oder erkennen lassen, daß er sich so seinen Verfolgern angleicht? Ist Nathans Freigebigkeit und Sanftmut verknüpft mit der Unterdrückung aggressiver Impulse oder eher seiner durch Leiden erworbenen Bescheidenheit, dem Hiobschen Kleinheitsgefühl zu verdanken? Lessing hat Hinweise ausgestreut, die sich nicht ohne weiteres zu einem kompletten und scharfen Bild von Nathans Gefühlsdynamik und Tiefenleben zusammensetzen lassen.

13 Brief an Karl Wilhelm Ramler vom 18. 12. 1778 (*Erläuterungen und Dokumente* [Anm. 1.] S. 105).

Nathan der Vater

Eindeutig ist, daß in Nathan, spätestens nachdem er Rechas Liebe zu ihrem Retter beobachtet, Verlustangst aufkeimt und um sich greift. Seinerzeit ist ihm seine Familie entrissen worden. Nun muß er wieder fürchten, erneut ein Kind, wenn auch auf andere Weise, zu verlieren – und sei es an einen Mann, der sie in die Ehe fortzuführen bereit ist. Sein Zögern dem Tempelherrn gegenüber ist einmal dadurch bedingt, daß auch er in dessen Gesicht Ähnlichkeiten – mit Rechas Vater bemerkt. Im Dramenentwurf gewinnt die Ähnlichkeit zwischen Recha und ihrer Mutter, die auch die des Tempelherrn ist, viel Bedeutung; doch im fertigen Werk bleibt der ›Mutter‹-Komplex völlig ausgespart. Zum andern: ein Christ will ihm die Tochter nehmen. Dieser Vorgang ist viel zu belastet für Nathans Unterbewußtsein, als daß er nur wie ein treusorgender Vater darauf reagieren könnte. Schneller als der Tempelherr aber begreift Nathan, daß er Recha nicht als Besitz betrachten darf. In einer a-parte-Bemerkung gibt sich Nathan von seinen Wünschen Rechenschaft: (»Ich bliebe Rechas Vater / Doch gar zu gern! – Zwar kann ich's denn nicht bleiben, / Auch wenn ich aufhör', es zu heißen? – Ihr, / Ihr selbst werd ich's doch immer auch noch heißen, / Wenn sie erkennt, wie gern ich's wäre.«) (IV,7) Die Parallele zu dem Sich-Ergeben in Gottes Ratschluß nach dem Pogrom drängt sich auf: wie damals, so macht auch heute Nathan seinen ›Willen zur Zukunft‹ von der Entscheidung eines Gottes oder einer anderen Person abhängig (denn Nathan behandelt seinen Gott wie eine Person). Gott muß wollen, daß Nathan will – so will er. Recha muß erkennen, wie gerne er ihr Vater wäre – dann wird er es bleiben, selbst wenn er für die anderen nicht mehr ihr Vater heißt. Die quälende Verlustangst, die Nathan umtreibt, wird gemindert durch einen Versuch der Bewältigung. Nathan will sich vor seinem Gott und seiner Adoptivtochter als würdig erweisen, deshalb erkennt er auch ihre Würde an. Er sieht in Recha nicht mehr das Kind, sondern den unabhängigen Menschen, der aus freien Stücken entscheiden soll, ob er diesen Vater als Vater behalten will. Fast gleicht der Vorgang einem Vertragsabschluß zwischen selbständigen Partnern. Nathan ist diese Vereinbarung zwischen autonomen Subjekten so wichtig, daß er es selbst – und das ist ungewöhnlich – an der situationsangemessenen Höflichkeit fehlen läßt, als er in der letzten Szene des Dramas beim Sultan eintritt und diesen, den Ranghöchsten im Saal, der sofort das Wort freundlich an ihn richtet, unterbricht, um sich Recha zuzuwenden – und sie zu fragen, ob sie seine Tochter noch sei. Dafür kann er wiederum ihr versichern, die von ähnlicher Furcht geplagt worden ist: »Dein Vater ist dir unverloren!« (V,8) Offenbar handelt es sich um das Problem der äußeren wie der inneren Ablösung, wobei beide nicht miteinander deckungsgleich sein müssen. Im Gegenteil: die unausweichliche äußere Ablösung geht mit der Beteuerung der inneren Verbundenheit einher. Die Besorgnis jedoch, die äußere Trennung könne auf die Dauer einen analogen inneren Prozeß nach sich ziehen, ist nicht zu verdrängen und verursacht mit den schwebenden Charakter des Schlusses. Der Vater, der darum fürchten muß, daß ihm seine Familie abhanden kommt, die Tochter, die den Bruch mit dem Vater abwenden möchte, sind dem bürgerlichen Trauerspiel, besonders in der Konzeption Lessings, vertraute Figuren. Man vergleiche nur die Konstellation im *Nathan* mit der in *Miß Sara Sampson* oder in *Emilia Galotti.* Die Väter Sampson und Galotti müssen beklagen, daß ihre Töchter sich ihnen für immer entziehen (Galotti trägt selbst erheblich dazu bei, daß dies der Fall ist); der Tod wirkt wie eine Sanktion für die Abkehr. Nathans Klage wird tiefer fundiert: schon einmal hat er seine Familie einbüßen müssen. Zugleich wird sie gebrochen: Recha will seine Tochter bleiben – auch wenn der Gang der Ereignisse, dies ist abzusehen, sie unweigerlich von ihm forttreiben wird. Zum Schluß tauchen Verwandte auf – Bruder, Onkel, Tante –, die Anspruch auf Rechas familiäre Zuwendung erheben. Diese Aussicht kann Nathan auch erfreuen, weiß er doch

Recha als Nichte des Sultans nunmehr vor dem Zugriff der christlichen Eiferer verschont und muß nicht mehr befürchten, wegen seines Geheimnisses selbst gefährdet zu sein: »Der Knoten, der so oft mir bange machte, / Nun von sich selber löset. – Gott! wie leicht / Mir wird, daß ich nun weiter auf der Welt / Nichts zu verbergen habe!« (V,4) So spricht er für sich. Den Grund von Nathans großer Bangigkeit und Herzensschwere erfährt auf der Bühne allerdings nur der Klosterbruder – und mit ihm der Zuschauer. Der »frommen Einfalt« allein wagt es Nathan, von dem Pogrom zu erzählen, dem seine Frau und seine Söhne zum Opfer gefallen sind. Seiner ›Tochter‹ und allen anderen gegenüber verschweigt er diese furchtbarste Wendung seines Lebensweges. Auch die, die er liebt, weiht er nicht in dieses Geheimnis ein, das sein Wesen so nachhaltig geformt zu haben scheint. Dementsprechend möchte man fast annehmen, daß Lessing in der notwendig öffentlichen Konfession seiner Dramatik auch seine persönlichen Ängste und seelischen Verwundungen zumindest in Anspielungen aufgedeckt hat. Es wäre sicherlich des Nachdenkens wert zu fragen, ob die Väter auf der Bühne, die ihre Kinder verlieren oder zu verlieren drohen, nicht Abbilder von Lessings Vater sind – aus der Perspektive des Sohns gesehen. Es wäre zu fragen, ob die Erfahrung des Verlusts, die einen Kern in Nathans Persönlichkeitsstruktur darstellt, nicht mit dem Tod von Lessings Frau und ihres gemeinsamen Kindes zur Jahreswende 1777/78 zu tun hat – ein Ereignis, das der Konzeption des *Nathan* gerade um ein halbes Jahr vorausgegangen ist. Das Werk soll nicht durch die Lebensgeschichte in allem erklärt werden; aber es wäre verkehrt, der Lebensgeschichte gar keinen Einfluß auf die Gestalt des Werks einzuräumen.

Schon der seltsame Schluß regt dazu an, in dieser Richtung nachzugrübeln. Scheinbar handelt es sich um eine harmonische Equilibristik: Recha und der Tempelherr erweisen sich als Schwester und Bruder, zugleich als Tochter und Sohn des Assad, des Bruders von Saladin und Sittah. Geschwister haben sich wiedergefunden; Onkel und Tante begegnen Neffe und Nichte. Die Relation zwischen Eltern und Kindern bleibt ausgespart, der Vorgeschichte vorbehalten, die von Liebesleidenschaft und frühem Tod beschwert und überschattet ist. Der Liebe zwischen Mann und Frau wird kein Platz eingeräumt, die zwischen Vater und Tochter (Nathan und Recha) unmerklich-merklich an den Rand gedrängt. Es handelt sich eigentlich um zwei Schlußtableaus: Im ersten Bild vereinigen sich Nathan, Recha und der Tempelherr zur rührenden Gruppe. Nathan spricht die beiden als seine Kinder an – in dem Moment, in dem er publik macht, daß er im strengen Sinne der Genealogie dies eigentlich nicht behaupten darf. Es handelt sich um eine moralische Adresse, wohl abgestuft zwischen Recha, die er aufgezogen hat wie eine Tochter, und dem Tempelherrn, der ihm vor kurzem noch recht feindselig begegnet ist. Dann aber bildet sich die zweite Schlußgruppe: Die ›Blutsbande‹ zwischen Saladin, Sittah und den beiden jungen Menschen werden durch das allfällige Büchlein dokumentiert. Von dem Moment an, in dem Nathan dem Sultan das Brevier überreicht, hat er im aufbrausenden Jubel der wieder zusammengeführten Familie nichts mehr zu sagen – ebenso wie Recha schweigt auch er. Stumme Wiederholung allseitiger Umarmungen schreibt die letzte Regieanweisung des Dramas vor. Die Stummheit Nathans und Rechas ist zuvor schon auffällig. Die Entdeckung einer neuen Familienstruktur muß das alte Verhältnis zwischen Vater und Tochter zwangsläufig verändern und voraussichtlich auch entwerten.

Im letzten Teil des Dramas spielt für Nathan und Recha die Frage eine Rolle, ob denn »nur das Blut den Vater« mache. Saladin, von Recha danach gefragt, ist schnell bereit, ihrem Zweifel zuzustimmen: das Blut mache den Vater noch lange nicht; es gebe nur das erste Recht, diesen Namen zu erwerben (IV,7). Dies scheint ihn dann im folgenden zu legitimieren, sich mit einer fast ans Komische grenzenden Unbekümmertheit als Vater der jungen Leute zu empfehlen und ›aufzuspielen‹. Der Sultan usurpiert – in der frohgemuten Machtvollkommenheit des Herrschers – die Vaterrolle und will Nathan aus ihr verdrängen. Dieses Verhalten hebt nur um so stärker den eigentlichen Ernst des im Drama ungelöst bleibenden Problems hervor, ob Moral oder Biologie der Vaterschaft Geltung verschaffen. Mit den besitzstandsregelnden Erbfolgenormen hat schon die Ring-Parabel gebrochen. Der Jubel über die wiederentdeckte Familie am Ende des Werks offenbart eine ambivalente Verwendung dieser im bürgerlichen Drama des Jahrhunderts zum Klischee gewordenen Lösung. Die hier sich umarmende Familie ist sozusagen aus der Hauptachse zwischen Eltern und Kindern hinausgeschoben und fordert eine symbolische Lesart heraus: als Vereinigung der ›Religionsparteien‹. Dem Prinzip der ›Stimme der Natur‹, der ›Blutsbande‹ im herkömmlichen Familienkonzept wird damit nur halbwegs Recht gegeben, jedenfalls keine Superiorität über das historisch neue Prinzip der Erziehung und Zuneigung eingeräumt. Der Klosterbruder bringt dies im Gespräch mit Nathan auf den Begriff, wenn er erklärt, daß es vor allem auf die Liebe ankomme, die er fast kreatürlich versteht (auch dem wilden Tier ist sie geschenkt): Nathans Liebe zu Recha macht ihn zu ihrem legitimen Vater. Dem Zufall der Geburt steht die Liebeswahl, ein quasi moralischer Akt, als mindestens gleichberechtigtes, wenn nicht vorberechtigtes Bindemittel für die Assoziation von Menschen entgegen. Dem alten Modell der Familie, bestimmt durch Elternautorität und Kindesgehorsam, durch Machtstrukturen und Erbgesetz, überlagert sich ein neues Familienmodell, zustandegekommen und ausgezeichnet durch liebende Fürsorge und die Verständigung zwischen Gleichberechtigten. Lessings Drama vollzieht eine für das Verständnis der Zeit doch recht ungewöhnliche und aufregende Verschiebung von traditionellem Rechtsdenken zu einer in die Zukunft weisenden Vorstellung egalitärer und ›brüderlicher‹ Verhältnisse. Der Umbruch ist im *Nathan* enthalten: Die Werte der natürlichen und der durch Liebe erworbenen Familie treten ebenso miteinander in Konflikt wie das Leistungsdenken der Tugendaufrechnungen und das neue Wissen darum, daß Leidensgeschichten Menschen prägen können, daß die Taten der Menschen oft nur auf verwickelte Weise über das innere Gefüge der Wünsche und Ängste Aufschluß geben, wie – nicht zuletzt – selbstherrliche Aufklärung und erfahrungsbestimmte Bescheidenheit einander widerstreben.

Rechas Emanzipation

Recha begegnet uns als Schwärmerin, die ihren Lebensretter zum Engel stilisiert und physische Symptome der von ihr Besitz ergreifenden Wahngedanken zeigt. Ihre etwas grelle Affektdemonstration wird ebenso wie ihre abergläubische Verrücktheit auf den Einfluß von Daja zurückgeführt, der in der Abwesenheit Nathans offenbar überhandgenommen hat. Die Rückkehr des Vaters, der ihre Phantasien einem strengen Examen unterwirft, reißt sie aus diesem Dunstkreis, in dem der »betäubende Duft« der christlichen Religion den klaren Verstand und den scharfen Blick auf die Realität vernebelt und die von Nathan empfohlene, auch vorgelebte Nüchternheit zu rauben droht. Die Wiederannäherung an Nathans Position geht einher mit der Emanzipation von ihrer anfänglichen ›Besessenheit‹. Ihre wachsende Selbständigkeit findet eine Analogie in Nathans zunehmender Erkenntnis, daß er sie nicht wie selbstverständlich als sein Kind und Eigentum betrachten darf, sondern nur als »Pfand«, das ihm zu treuen Händen übergeben ist. Beide, Nathan und Recha, wollen am Ende einander nicht verlieren: als Vater und als Tochter. Beide willigen freiwillig und in dem Bewußtsein, daß sie eine Entscheidung treffen, darin ein, dieses Verhältnis zwischen ihnen zu bewahren.

Bis es dahin kommt, zeigt Recha noch andere Ansichten von sich. Vor der Schwester des Sultans führt sie sich zunächst als Naive auf – in ähnlich arglos-listiger Taktik, wie sie auch

Nathan zur Verfügung steht. Der reine Umriß ihrer menschlichen Bildung scheint nicht durch übertriebene Einwirkung der Kultur verunstaltet worden zu sein. Ein Zeichen dafür ist es, daß sie beteuert, sie habe nicht aus Büchern, sondern von ihrem Vater gelernt – und dabei durchaus noch die Situationen erinnere, in denen er ihr etwas mitgeteilt habe. Es sind also nicht abstrakte Devisen, die sie aufgenommen hat, sondern realitätsangemessene Erfahrungsregeln. Recha selbst stellt sich in ihrer anziehenden Lauterkeit als Produkt einer völlig gelungenen Erziehung vor. Nachdem sie Sittah, ihre Zuhörerin, davon überzeugt hat, daß dies die Leistung Nathans sei, bittet sie um so dringlicher darum, daß man ihr diesen Vater nicht wegnehme. Während Recha im fünften Aufzug sich zuerst dem Rollentypus der unverdorbenen, aber keineswegs geistlosen Tochter annähert und auf diese Weise vom Autor als Demonstrationsfigur eingesetzt wird, gibt sie mit ihrem letzten Wort im Drama (sie sieht, daß der Tempelherr sie und Nathan für Betrüger hält) eher verzweifelter Ratlosigkeit Ausdruck; als stumme Heldin umarmt sie im folgenden den ihr »unverlorenen« Vater Nathan und wird dann von der neu gewonnenen Verwandtschaft okkupiert. Fast müssen wir befürchten, daß ihre jüngst errungene Autonomie durch die umklammernden Umstände und Umstehenden wieder eingeengt werde. Denn in den ersten drei Szenen des dritten Aufzugs kommt sie ausführlich zu Wort und stellt sich in einem beschleunigten Reifungsprozeß als vielschichtiger und vielseitiger dramatischer Charakter vor. Bei der Auseinandersetzung mit Daja macht Recha deutlich, daß sie nicht bereit ist, um einer Religion willen sich ›entwurzeln‹, aus Nathans Haus forttreiben zu lassen. In biologischer Metaphorik vergleicht sie den Samen der Vernunft, den der Vater in sie gesenkt habe, mit den Blumen der christlichen Botschaft, von der Daja spricht, Blumen, die jedoch für sie einen sauer-süßen Duft ausströmen (III,1). Recha erweist sich nicht nur als aufmerksame Schülerin Nathans, sondern spricht auch von ihrer eigenen Betroffenheit durch Fremdbestimmung und ihrer Gefühlsverwirrung durch Dajas Suggestionen, wenn sie deren Begriff von Gott ablehnt: Ein Gott, der einem Menschen eignet und für sich kämpfen lassen muß, mißfällt ihr ziemlich. Nicht nur verdrießt sie der Besitzanspruch, der von den Gläubigen auf ihren Gott erhoben wird (oder den der Gott nach Auffassung der Gläubigen auf sie erhebt), besonders die religiöse Rhetorik stört sie, wenn diese den Zweck verfolgt, eine Art Blendwerk zu schaffen, um zu verheimlichen, daß man von Gott spricht, aber eigene Wünsche im Sinne hat. Da sie Dajas Motivation nicht ganz durchschaut, muß Recha also fragen, was Nathan ihr, der ›Gesellschafterin‹ ihrer Kinder- und Jugendjahre, angetan habe. Die Frage bleibt ohne Antwort.

Die Schärfe, mit der sich Recha von Dajas ›Verheißung‹ abwendet – die Schwärmerei für ihren Retter betrachtet sie im Rückblick als »Posse«, die ihr von Daja eingeredet worden sei –, deutet darauf vor, daß sie auch bei der Begegnung mit dem Tempelherrn nicht als sinnlos verliebtes Wesen auftreten werde. In dem Maße, in dem sie sich gegen Daja und deren Indoktrinationsversuche wehrt, schwindet auch die Sehnsucht nach dem Tempelherrn und weicht einer besonnenen Einstellung, die dann nicht viel mit zärtlicher Zuneigung zu tun hat. Im ersten und einzigen Zwiegespräch zwischen Recha und dem Tempelherrn beweist sich das junge Mädchen als gelassen ironische Gesprächspartnerin, die mit schalkhaftem Witz die Steifheit, Benommenheit und Sprechhemmung ihres Besuchers zu kommentieren weiß. Sie überfällt den etwas bestürzten jungen Mann mit Zitaten seiner Aussagen, die sie spöttisch verfremdet. Der Tempelherr, der immer wieder abwiegelnd behauptet hatte, die mutige Handlung sei ihm unterlaufen, er habe sich kein besonderes Verdienst und daher auch kein Anrecht auf übertriebene Dankbarkeit erworben, muß sich nun anhören, daß Recha seine von ihm vorgeschobene Ethik ins Kuriose übertreibt – wohl in der Hoffnung, hinter den Parolen den Menschen zu erkennen. Also vergleicht Recha den Tempelherrn mit einem Wassereimer, der beim Löschen hilft, oder mit zugelernten Hunden. Der Angesprochene zeigt sich in fast belustigender Weise als geistesabwesend und geht überstürzt von der Bühne. In der darauffolgenden Szene umschreibt Recha ihre wiedergewonnene Klarheit im Geiste: Der Sturm im Herzen sei einer Stille und Ruhe gewichen, die sie nicht mit Kälte verwechselt wissen will. Dajas blumige Vergleiche, die Sehnsucht des Mädchens sei offenbar fürs erste »gesättigt«, der »Hunger« »gestillt«, verfehlen den Charakter der inneren Veränderung Rechas. Sie muß gestehen, daß sie »völlig unbewußt« eine Wandlung ihrer Wertschätzung für den jungen Lebensretter erfahren hat. Ursprünglich weist ihre Entzückung für den Tempelherrn eine erotische Färbung auf, die vermutlich auch durch die Einmischung von Dajas christlichen Ideen bewirkt worden ist; diese Färbung ist nunmehr gewichen, was natürlich ganz im Sinne des weiteren Handlungsverlaufs ist. Sehr viel früher als der Tempelherr kann Recha die ihr zugedachte Rolle eines ›Geschwisters‹ übernehmen. Recha feiert regelrecht den Wiedergewinn der ruhigen Betrachtung von Wirklichkeit, die nicht länger durch religiöse und erotische Begeisterung (beides in einem?) verzerrt erscheint, sondern in ihrer Gegenständlichkeit wieder richtig wahrnehmbar ist: »Nun werd ich auch die Palmen wiedersehen:/ Nicht ihn bloß unter Palmen.« (II,3) Man könnte den Fall auch so sehen: Der junge Mann ist abgeschlagen; die Tochter bleibt dem Vater vorläufig erhalten, dann auch dank ihres freiwilligen Entschlusses. Die Aussperrung eines Dritten schützt die verwickelte Vater-Tochter-Beziehung mit ihren über- und unterirdischen Komponenten. Persönliches Erleben mag dem Autor zusätzlich diese Konstruktion nahegelegt haben; wer dies vermutet, denkt an die (seinen Freunden verdächtige) Anhänglichkeit, die Lessing seiner Stieftochter Amalie König nach dem Tod ihrer Mutter, seiner Frau, erwiesen hat.

Des Tempelherrn Identitätskrise

Für den Tempelherrn kommt die Erleuchtung ruckweise und stellt bis kurz vor Schluß keinen gesicherten Fortschritt dar. Der Weg seiner Irrtümer, Mißdeutungen und Fehlhandlungen ist lang. Wie Recha weiß er wenig von seiner Vorgeschichte oder mißtraut den wenigen, ins Ungefähr des Traumhaften verflossenen Erinnerungen. Während Nathan die Nachwirkung längst vergangener Vorgänge immer noch vor Augen hat und deren Einfluß auf sein Handeln und Reden erkennen läßt, widerfährt dem Tempelherrn erst vor Beginn der Bühnenhandlung die große Krise. Er wird gefangengenommen, zum Tode verurteilt und im letzten Moment begnadigt. Im Verlauf seiner mühseligen Selbstfindung drängt sich ihm die Einsicht auf, daß diese Wende seines Lebens einer neuen Geburt gleichkommt. Er tritt zunächst in einem Zustand äußerster Identitätsverstörung auf. Tatsächlich wohl war seine Tat, die Rettung Rechas, ein eher mechanischer Vorgang, ausgeübt von einem Menschen, dem die Freiheit geschenkt worden ist, ohne daß er weiß, was er nun mit ihr anfangen soll. Er warf sozusagen sein gerade neugeschenktes Leben in die Schanze und verschlimmerte nur den Zustand der Orientierungslosigkeit. In solcher Lage hält er sich immer wieder an die vertrauten Schemata seiner alten Existenz. Zu ihnen gehört eine starke, durch nichts begründete Abneigung gegen die Juden. Sein unglücklicherweise recht brausendes Temperament ist auch zu bedächtiger Überlegung nur zeitweise fähig. Bis er Recha wiedergesehen hat – eigentlich müßte es heißen: bis er sie zum erstenmal gesehen hat, denn er erkennt sie gar nicht wieder –, wirkt er äußerst zerstreut. Das Zuschlagen hat er gelernt, zum Spion oder gar Mörder (wozu ihn der Patriarch dingen will) taugt er nicht, auf seine natürlichen Gefühle glaubt er immer noch sich verlassen zu können (seinen Lebensretter, den Sultan, bringt er nicht um, auch nicht zum Wohl der Christenheit). Ein Gedanke beschäftigt ihn bereits dauerhafter: Saladin hat ihn freigegeben, da ihm eine Ähnlichkeit zwischen dem Tempelherrn und seinem verschollenen Bruder Assad aufgefallen ist. Über diese Ähnlichkeit grübelt der Tempelherr nach. Es wird immer deutlicher, daß er sich in seinem Verhalten an diesem verschwundenen Bruder des Sultans mißt und der hohen Meinung, die Saladin von Assad hat, gerecht werden will. In seiner komplizierten Situation sucht er nach einer Vorbildfigur – daß dies eine muselmanische ist, stört ihn überhaupt nicht; daß es sich um seinen Vater handelt, ahnt er vielleicht, doch wird es ihm erst zuletzt eröffnet. Der Tempelherr ist sogar (ein Gespräch mit Nathan macht dies klar) auf dem Wege, den Glauben zu wechseln. Mit dem Christentum der alten Art jedenfalls, so wie er es kennengelernt hat, scheint er fertig zu sein, was ihm allerdings erst allmählich bewußt wird. Dem Leser und Zuschauer bleibt es überlassen, die Parallele zu seinem Vater Assad zu ziehen, der seinerseits vom Islam zum Christentum übergewechselt ist.

Nachdem der Tempelherr Recha begegnet ist, wird sein Trachten von einer zweiten, gleichsam fixen Idee beherrscht: nämlich Recha zur Frau zu gewinnen. Schier blindlings verfolgt er dieses Ziel und begeht dabei eine Reihe höchst anfechtbarer Handlungen, die nur dadurch zu entschuldigen sind, daß seine Obsession für das zunächst verschmähte Mädchen der Verwirrung seines Selbstverständnisses entspringt. Denn der Tempelherr macht mit sich und anderen Erfahrungen, die ihm im alten Leben verwehrt gewesen sind. Der Tempelritter, dem es nicht erlaubt ist zu heiraten, muß sich seine Neigung zur Jüdin Recha immer stärker eingestehen: also erstens zu einer Frau, zweitens zu einer Angehörigen einer Religionsgruppe, die er bis dahin mit Verachtung zu behandeln oder zu meiden gelernt hat. Wie wenig präzise seine Leidenschaft für Recha ist, erhellt daraus, daß er sie zweimal nur flüchtig oder in einem Zustand der Benommenheit sieht: einmal bei der Rettung des Mädchens aus dem brennenden Haus Nathans, zum anderen bei ihrer ersten Begegnung, in der er sich steifer anstellt als Minna von Barnhelms Tellheim. Um so bemerkenswerter ist es, daß er diese ihm kaum bekannte Frau als Besitz begehrt. Vermutlich befeuert ihn die ungestüme Suche nach einer neuen Gemeinschaft. Schon im zweiten Aufzug entfährt ihm im Gespräch mit Nathan der Ausruf: »Unsere Recha« (II,5). Die Zeichen mehren sich gerade zum Schluß des Dramas, daß der Tempelherr Recha als eine Art Eigentum betrachtet, das den Besitzer wechseln: von Nathan zu ihm übergehen solle. Die ›Strategie‹ des Tempelherrn, wenn man diesen Ausdruck gebrauchen darf, entlarvt sich unschwer als eine Kette von Nötigungen. Noch im fünften Aufzug benutzt er die Mittel subtiler Erpressung – was eben weniger darauf zurückzuführen ist, daß der Tempelherr, ein in Liebesdingen Unerfahrener, seine Sache kundig als harten Handel führt, sondern eher darauf, daß er den Anspruch auf Recha mit dem Anspruch auf sein eigenes neues Leben eng verknüpft. Der Tempelherr will nicht als Christ das Mädchen freien; er sieht die angestrebte Heirat im Gegenteil als Zeugnis seines Wandels. So kommt es, daß er Nathan glaubhaft machen will, er sei ein zweites Mal der Retter Rechas, nämlich in der Gefahr, die vom Patriarchen droht. Er warnt Nathan ferner vor Rechas Verhunzung durch die Christen, als Nathan den Bruder als nächsten Verwandten anführt. Damit endgültig klar wird, daß hier nicht mehr ein Tempelherr spricht, sondern ein junger Mann, der heftig nach einer neuen Identität begehrt, kündigt er Nathan an, er werde Recha fragen, ob sie auf Vater und Bruder verzichte und ihm folge – auch wenn er zum Muselmann werden würde. Die Veränderung, die im ›abtrünnigen‹ Tempelherrn vor sich geht, ist so grundsätzlich, daß er am Ende empfindlich einschnappt, als Nathan Recha bei ihrem christlichen Namen nennt. Er will Recha durchaus so, wie sie als Nathans Tochter geworden ist. Doch in der letzten Szene muß er erkennen, daß Recha ihn nicht liebt. Darauf artikuliert er seinen Kummer in den Kategorien von Verlust und Besitz. Nicht zu Unrecht ermahnt ihn Saladin daraufhin: »Was du gerettet, ist / Deswegen nicht dein Eigentum. Sonst wär' / Der Räuber, den sein Geiz ins Feuer jagt, / So gut ein Held wie du!« (V,8) Prinzipiell gilt diese Aussage auch für Nathan, obwohl er Recha nicht nur das Leben gewährt, sondern auf die Dauer erst ermöglicht hat. Sein Verdienst ist anderer Art als das des Tempelherrn. So sitzt der Akzent im Gespräch zwischen Nathan und Recha anderswo als bei der Klage des Tempelherrn, daß Recha ihm verlorengegangen sei. Recha bestätigt nämlich, daß ihr Herz noch ihr gehört; und Nathan versichert ihr, daß ihr der Vater unverloren sei. Beide Aussagen laufen darauf hinaus, Recha einen sozusagen emotionalen Besitz zuzusichern. Der Tempelherr muß erkennen, daß er an diesem ›Besitz‹ (umschrieben unter anderem auch als das Herz von Recha) keinen Anteil gehabt hat und daher auch keinen Anspruch erheben darf.

Sein ganzes moralisches Gefüge gerät in Erschütterung, als der Tempelherr christliche Milde von einem Sultan erfährt. Sehr bald denkt er etwas anders, als Tempelherren »denken sollten«. Er klagt über den Alleinvertretungsanspruch der drei Religionen auf den ›rechten Gott‹ (II,5). Erst diese Bekenntnisse des Zweifels, des Bedauerns, des abweichenden Denkens bewegen Nathan dazu, ihm seine Freundschaft anzubieten. Doch der Tempelherr ist darauf noch nicht eingestellt, da er zwischen alter und neuer Existenz schwankt. In diesem Zustand kann er zynisch werden, seine eigene Tat moralisch disqualifizieren, spricht er auch viel vom Augenblick, der schnell vorüber sei – Ausdruck dessen, daß sein eingelerntes Ethos erschüttert ist und keine vorausgreifende Lebensplanung mehr erlaubt. Nathans zweimal unternommener Versuch, die verächtliche und selbstverächtliche Ruppigkeit des Tempelherrn als rauhe Schale über einem guten Kern zu deuten, spricht von dem Bemühen, eben diese Abwehrhaltung aufzubrechen, ihr einen guten Sinn zu unterlegen. Nathans Versuch, sich so dem borstigen jungen Mann anzunähern, muß aber fehlschlagen, da das Bild von rauher Schale und gutem Kern eine viel festere Konsistenz des Charakters voraussetzt, als sie gegenwärtig beim Tempelherrn vorhanden ist. Er weiß nicht, wofür ihm das Leben geschenkt worden ist – da brechen eben Ideale zusammen, die bisher für ihn gültig gewesen sind. Die zielsuchende, leicht erregbare Leidenschaftlichkeit des jungen Mannes erfährt von daher eine zusätzliche Begründung. Sein unstetes und auffahrendes Verhalten verdeutlicht auch die ihn umtreibende Unruhe, die ihn vom Christentum fort und auf den Islam zubewegt, dem seine neue Identifikationsfigur Assad einst doch angehört hat. In einem zentralen Monolog (III,8) sucht der Tempelherr dem näher zu kommen, was in ihm vorgeht. Eines scheint ihm sicher zu sein: er hat mehr Vorurteile abgelegt, als er je für möglich gehalten hätte. Als Tempelherr sei er »tot«. Nun glaubt er, unter einem erneuten Streich gefallen zu sein – Anspielung auf die Exekution, die eben *nicht* an ihm vollführt worden ist. Vordergründig hält er es für Liebe, die ihn ergriffen hat. Hintergründig aber kommt noch etwas anderes zum Vorschein: Der Tempelherr erinnert sich an seinen Vater, der unter diesem Himmel gedacht hat, unter ihm gefallen ist. Auf dessen, des Vaters Beifall komme es an – auch bei dem, was er, der Sohn, nun selbst bezwecke. Offenbar ist dem Tempelherrn nicht allzu viel über seinen Vater mitgeteilt worden; das Wenige scheint anzudeuten, daß er sich nicht nur als Christ verstanden haben muß. Der Beifall des Vaters ist der Beifall eines Andersdenkenden. Immer wieder befragt der Tempelherr den Sultan, ob sich Assad in seiner Situation ähnlich verhalten habe; immer wieder ist der Tempelherr aufs tiefste getroffen, wenn ihm der Sultan vorhält, daß er vielleicht Assad äußerlich ähnlich sehe, aber so handle, wie Assad es in seiner Situation angeblich nicht getan haben würde. Die Erinnerungen des Sultans an seinen Bruder und die Berufung des Tempelherrn auf Assad rekonstruieren gemeinsam, von verschiedenen Seiten aus, das Bild des verlorenen Vaters. Der Tempelherr, der sich vom Christentum abkehrt, findet dafür seine Familie wieder. Das elternlos aufgewachsene Adoptivkind des Onkels erlebt, wenn er an Recha denkt, das Gefühl, »an sie verstrickt, in sie verwebt zu sein« (III,8). Das gleiche

Gefühl, auch wenn er es nicht ausspricht, bestimmt ihn in seinem Verhältnis zu Assad. Der Tempelherr schlägt den Weg der Heimkehr ein, ohne daß er dies selbst genau weiß.

Bei diesem Prozeß der Identitätsfindung gibt es Rückfälle in die alte christliche Lebensform, die im Drama negativ beurteilt werden. Christliche Praxis erscheint in dieser Perspektive als blinde Autoritätshörigkeit, fanatischer Glaubenseifer und bedenkenlose, unmenschliche Verfolgung der ›Andersgläubigen‹. Der Gang des Tempelherrn zum Patriarchen entspricht noch jener Devotheit, die sich in der Formel ausdrückt, »gewisse Dinge lieber schlecht nach anderer Willen zu machen« (IV,1) als gut nach eigener Entscheidung. Sehr bald muß der Tempelherr merken, daß die Erörterung des Falles – ein Jude zieht ein getauftes Mädchen auf – die gefährlichsten Konsequenzen für Nathan nach sich ziehen kann. Wie zuvor schon die Zumutung, für die christliche Partei Spionen- und Mörderdienste zu leisten, verabscheut der Tempelherr auch diesmal die »Blutbegier« (IV,4) des christlichen Würdenträgers. Doch verfällt er auf ähnliche Ideen, wenn er in seiner Selbstbezogenheit, die sicherlich zum großen Teil von der Turbulenz der Loyalitäten in ihm verursacht wird, Widerstände zu brechen hofft. Und als wichtigster Widerstand stellt sich ihm mehrfach der Jude Nathan dar. Der Tempelherr zeigt dann, daß er sich nach dem äußeren Eindruck richtet, affekthaft, gedankenlos und ungerecht urteilt. Am schwersten fällt es ihm, den Juden als den Juden anzunehmen. Wie anders wäre es zu erklären, daß er sich immer wieder dazu hinreißen läßt, Nathan beinahe den »Schwärmern« des christlichen »Pöbels« preiszugeben oder ihn beim Sultan zu verdächtigen. »Im Sturm der Leidenschaft, im Wirbel / Der Unentschlossenheit« (IV,4) begeht der Tempelherr eine Reihe höchst unbedachter Handlungen. Diese Untugenden werden ihm vor allem von Saladin nach heftigem Einspruch verziehen. Der Sultan spricht in solchen Fällen den Tempelherrn als jungen Mann und als Christen an.

Die eine Anrede birgt mehr Nachsicht in sich als die andere: das ungestüme Wesen der Jugend wird im Lauf der Jahre vielleicht einer besonneneren Haltung weichen; an diesem Lernprozeß können die Ereignisse und die Umwelt mitwirken. Die ungebärdige Natur ist sogar zu großen mutigen Taten fähig, wie der Tempelherr bewiesen hat. Der Vorwurf, Christ zu sein, trifft den Tempelherrn tiefer, weil er darauf aufmerksam gemacht wird, daß der »Aberglaube«, in dem er aufgewachsen ist, noch nicht seine Macht über ihn verloren hat: »Es sind / Nicht alle frei, die ihrer Ketten spotten.« (IV,4) Der Tempelherr sucht den Fehler bei Personen, bei denen ihm nicht alle Seiten so recht zueinander zu passen scheinen, statt bei sich selbst und seiner mangelnden Urteilsfähigkeit. Recha ist Daja gegenüber in einer ähnlichen Lage, aber eher bereit, sie in ihrem Guten und Bösen gelten zu lassen – sie ist eben schneller erwachsen geworden und eher zur Hinnahme von Widersprüchen bereit. So scheut der Tempelherr auch nicht davor zurück, Nathan als Heuchler entlarven zu wollen. Seine Auslegung der Gespräche mit Nathan, die er dem Sultan zum besten gibt, stellt eine sich steigernde Verfälschung und Verleumdung dar: zuerst behauptet der Tempelherr, Nathan habe ihm Aussichten gemacht, er habe ihn mit dem Mädchen geködert; er, der Tempelherr, habe sich »beschwatzen« lassen, dann sei er zum zweiten Mal »ins Feuer« gesprungen (wohl eine etwas kühne Parallelisierung der Situation des Liebenden mit der des Lebensretters). Dann berichtet er, der »weise Vater« habe sich erst besinnen müssen, während er sich damals, als Recha im Feuer schrie, sich nicht besonnen habe (eine weitere fragwürdige Parallelisierung durchaus unvergleichbarer Situationen). Schließlich rückt er damit heraus, daß Recha gar nicht Nathans Tochter sei, sondern ein »verzettelt Christenkind«. Und am Ende gipfelt seine ›Entlarvung‹ des »jüd'schen Wolfs im philosoph'schen Schafpelz« darin, daß er in klassischer Jagd-Metaphorik die Hunde auf ihn hetzen will. Vom Sultan zurechtgewiesen, versteift er sich darauf, hier eben den Christen machen zu wollen; das heißt wohl, Andersgläubige erbarmungslos zu verfolgen, insbesondere wenn sie dem eigenen Interesse im Weg zu stehen scheinen. Die Chancen für den Tempelherrn bestehen also einmal darin, die Fehler der unklug und unbedächtig aufschäumenden Jugend abzulegen; zum andern muß er verlernen, in der Weise ein Christ zu sein, die ihm ursprünglich eingeprägt worden ist. Das wird, nach der schleppenden Entwicklung zu urteilen, die der Tempelherr in den fünf Aufzügen des Schauspiels durchmacht, voraussichtlich ein langwieriger Reifungsvorgang.

Es ist nicht zu übersehen, daß Lessing dieser dramatischen Figur, die den Umbruch der Werte in sich erlebt und vorführt, die das Risiko des Glaubenswechsels, der Abkehr vom Christentum zugunsten höherer Einsichten eingeht, sehr viel Aufmerksamkeit schenkt. Nach Nathan, der in zwanzig Szenen auftritt, erscheint der Tempelherr am häufigsten auf der Bühne: in vierzehn Szenen. Vom dritten Aufzug an hat er das gleiche Gewicht wie Nathan. Er, dessen Wandlungskonflikt der schwierigste von allen ist und gerade noch zu einem halbwegs stabilen Zwischenzustand führt, fungiert offensichtlich als Antagonist der Titelfigur. Auch im Gestus, in den Gebärden kontrastieren sie: von Nathans meist bedächtig aufmerksamer Haltung und Fähigkeit, sich der Situation anzuschmiegen, sticht das verkrampft-grimmige oder ungestüme Betragen des Tempelherrn ab. Lessing deutet an, daß diese unterschiedliche Erscheinungsweise nicht nur von der Wesensart des weise gewordenen älteren Mannes und Juden und der des jungen Christen und »Laffen« herrührt, »der immer nur an beiden Enden schwärmt; / Bald viel zuviel, bald viel zu wenig tut« (V,5) – wie sich der Tempelherr selbst charakterisiert, um Nathan tolerant zu stimmen. Auch die äußere materielle Situation beeinflußt den Bewegungstypus: Nathan ist ein Kaufmann, der so erfolgreich ist, daß ihn auch der Verlust seines Hauses weder moralisch noch finanziell zu erschüttern vermag; der Tempelherr bewegt sich auf feindlichem Gelände, immerhin auf ihm kaum begreifliche Weise in Freiheit gesetzt. Nathan ist in Jerusalem zu Hause, der Tempelherr benimmt sich dagegen wie ein ratloser Eindringling; da er keinen Platz an der Tafel des Klosters findet, muß er sich von Datteln ernähren. Sein Wandeln unter Palmen ist kein Lustwandeln (daß Lessing sich vorstellt, man könne unter einer Dattelpalme nur die Hand ausstrecken, um die Früchte vom Baum zu reißen, ist ein holdseliges Mißverständnis botanischer Realität). Nathan lebt im Überfluß – ist er doch mit reichbeladenen Kamelen und vielen Schätzen von seiner Reise heimgekehrt; der Tempelherr darbt und fristet sein Leben knapp an der Grenze zum Existenzminimum. Der Gegensatz von Reich und Arm spielt im Drama zwar keine große Rolle, da er nur vorübergehend besteht; aber der Mangel – so kann man vermuten – trägt dazu bei, daß der Tempelherr zumal am Anfang so gereizt, hochfahrend und abspenstig reagiert, in unberatener Verzweiflung den anderen Menschen Tücke und Gemeinheit unterstellend.

Daja, die Schwärmerin im Exil

Daja hat fast zwanzig Jahre im Hause Nathans gelebt und nichts gelernt. Die Krankheit ihrer Seele ist ein Christentum, das von Recha mit betäubenden, den Sinn und die Sinne verwirrenden Düften in Verbindung gebracht und so als eine Art Opiat bezeichnet wird. Ihr Streben geht darauf aus, Recha der christlichen Gemeinde wieder zuzuführen, wobei sie – in ähnlicher Weise wie dann auch der Tempelherr – Nathan, den treuhänderischen Verwalter der Vaterstelle, als Widerstand empfindet. Der Tempelherr hat sogar den Eindruck, als hasse Daja den Juden. Nathan weiß um die Gesinnung seiner Hausbewohnerin und bemüht sich, sie durch Geschenke zu beschwichtigen, wenn Daja ihm ihre Gewissensqualen vor- und einklagt. Die Besänftigung gelingt jedoch nur für eine kleine Weile. Daja, die von einer ersten Amme die Auskunft über Rechas Herkunft und die Aufgabe übernommen hat, sich um das Mädchen zu sorgen, wird aber nicht nur von religiösem Eifer motiviert. Dem Tempelherrn verrät sie einmal das zweite Motiv ihres Drängens: wenn er Recha mit nach Europa führen sollte, will sie nicht zurückgelassen werden. Daja ist also nicht nur eine Christin – sie ist eine Christin im Exil. Und sie hat das Exil, Jerusalem, nicht angenommen, sich ihm nur notdürftig und äußerlich angeglichen. In ihrem schwärmerisch erhitzten Christentum bewahrt sie sich auch ein Stück Heimat. Sie kultiviert gleichsam ihren religiösen Enthusiasmus in einer Umwelt meist anderer Glaubensart als ein identitätsstiftendes Elixier. Die Spannung zwischen Treue und Traum setzt sie einer Zerreißprobe aus: Einerseits sieht sie sich ihrem Wohltäter Nathan zu Dank verpflichtet; andererseits sieht sie sich verbannt, in die Fremde verschlagen. Die nach langen Jahren sich bietende Chance, nach Europa zurückkehren zu können, läßt sie schließlich an Nathan zur Verräterin werden. Das fällt ihr nicht leicht: als sie dem Tempelherrn offenbart, daß Recha nicht die wirkliche Tochter Nathans, sondern ein angenommenes Kind und eine getaufte Christin dazu sei, fürchtet sie sich so sehr vor der Entdeckung durch Nathan, daß sie augenscheinlich angstvoll ausruft: »Ich wär' des Todes!« (III,10) Diese Annahme ist zweifellos unsinnig und entbehrt jeder Grundlage. Der Satz gibt weniger zu erkennen, welche Strafe sie zu befürchten meint, als vielmehr, welche Pein sie dabei erlebt, dem Tempelherrn alle Skrupel Nathans und Rechas wegen auszureden. Als sie schließlich Nathans Geheimnis Recha selbst mitteilt und sie über ihre Abkunft aufklärt, gelingt ihr das nur im Zustand hochdramatischer Erregung – »mit heißen Tränen, mit gerungnen Händen« (V,6) –, indem sie dem Mädchen zu Füßen stürzt und dies noch an einem besonderen Ort: nämlich im Umkreis eines verfallenen Christentempels. Daja erleidet die Qualen eines Menschen, der seinen Ursprüngen treu zu bleiben wünscht (vielleicht auch aus einer gewissen Trägheit des Denkens und Fühlens heraus), ihre Glaubensideen in fremder Umwelt geradezu fieberhaft konserviert (wie einen Stachel im Fleisch) und daraus ihren moralisch fragwürdigen Fanatismus nährt: Immerhin will sie eine Familie zerstören, die so nicht und nicht von ihr auseinandergerissen werden will. Daja macht keine Entwicklung durch. Das läßt sie in einer Hinsicht als recht problematische Figur erscheinen, in anderer Hinsicht als ›komische Alte‹, die hartnäckig ihren Refrain zum besten gibt, daß sie nämlich das christliche Gewissen plage angesichts des jüdischen Vaters und der getauften Tochter. Dem komödiantischen Rollenfach entspricht auch, daß Daja sich gerne anschleicht, belauschen will, die Überraschte oder Arglose mimt.

Mit dem Tempelherrn und dem Patriarchen zusammen bildet Daja die christliche Trias (den braven Klosterbruder ausgenommen), die dem Juden Nathan »das Messer an die Kehle setzen« will (V,5). Ihr gemeinschaftliches Handeln, das zum Teil ohne Verabredung erfolgt, verstärkt sich, gerade nachdem Nathan anscheinend seinen größten Triumph errungen, nämlich den Sultan zum Freund gewonnen hat, und wirft spätestens von der Mitte des dritten Aufzugs aus einen bedrohlichen Schatten, der von Nathan mit zunehmender Sorge und Angst wahrgenommen wird.

Saladin und Sittah: Großmut und Menschenverachtung am Hof des Sultans

Die historische Überlieferung, die Lessing gekannt hat, schildert den Sultan Saladin als Inbegriff des guten und zugleich großen Herrschers: als gerecht, freigebig, aber persönlich bescheiden, barmherzig, tapfer und großmütig. Auch wird seine Toleranz gelobt, wobei die Historiker des 18. Jahrhunderts sich nicht darin einig sind, ob man daraus auf eine Gleichgültigkeit in religiösen Dingen schließen dürfe oder auf eine eher geläuterte Religiosität. Lessing bedient sich etlicher überlieferter Elemente dieses Fürstenbildes, das konträr zu dem Typus König steht, der vom dekadenten Prunk des

Hofes umgeben ist. Lessing stilisiert den Herrscher sogar noch konsequenter zum Privatmann und nimmt ihm fast völlig die Aura der Macht: Leser und Zuschauer erleben Saladin beim Schachspiel, beim launigen Gespräch mit seiner Schwester Sittah, als guten Sohn, der für seinen Vater in Sorge ist, und als älteren Mann, der an sein Abscheiden denkt; am Schluß sogar als leicht komische Figur, die in fast übertriebenem Eifer Menschen zusammenführen und glücklich machen will. Ein weiterer komischer, wenngleich nicht nur komischer Aspekt dieser Figur ist sein ökonomischer Anarchismus. Er ist verschwenderisch, er schenkt sich arm – und weiß doch, daß andere, sein Schatzmeister, sein Vater, kummervoll die Folgen dieses finanziellen Raubbaus einzudämmen versuchen. Ans Geld zu denken erscheint diesem Fürsten niedrig, daher verhält er sich nie so, wie es der Zustand leerer Kassen eigentlich erforderte. Seine Antwort auf solche Zwangslagen ist Unmut, nicht Planung. Seine realitätsabwehrende, das Ärgernis verdrängende Spontaneität trägt durchaus herrscherlichen Charakter: er stürzt das Schachbrett um, als er zu gewinnen droht – will er doch die ›Siegprämie‹ seiner Mitspielerin, seiner Schwester, zukommen lassen. Er begnadigt einen gefangenen Tempelherrn, dessen Gesicht ihn an seinen längst entschwundenen Bruder Assad erinnert (die übrigen Tempelherrn läßt er wie vorgesehen köpfen). Er will dem Juden Nathan Geld abknöpfen und bietet ihm nach dem Vortrag der Ring-Parabel begeistert seine Freundschaft an. Zum Schluß ergreift er mit lebhaftem Entzücken die Rolle des Friedensstifters, drängt sich zuerst Recha und dann dem Tempelherrn ziemlich vorschnell als Vater und Wohltäter auf – ohne zu bemerken, daß er in bezug auf Recha damit ältere Rechte Nathans und dessen Gefühle sozusagen mit Füßen tritt. Den Tempelherrn spricht er nach der allseitigen Wiederentdeckung als Sohn an; dann erst korrigiert er sich und läßt Recha wie den Tempelherrn als seines Bruders Kinder gelten. Die gutmütige, aber manchmal bedenkenlose Launen- und Sprunghaftigkeit Saladins kennzeichnet ihn als Fürsten, der sich während der Spielhandlung in Privatgemächern aufhält – wenn auch in seinem, des Sultans Palast. Saladin wird in keinem Moment zum gemütlichen Bürger. Und es handelt sich eher um eine ruhmrednerische Phrase, so schön das Lob auch klingt, wenn der um Integration und Zuneigung buhlende Tempelherr seinen Lebensretter als einen Helden ausruft, »der lieber Gottes Gärtner wäre« (IV,4). Lessing bemerkt im 14. Stück der *Hamburgischen Dramaturgie*, daß es der Ehrgeiz des Dramatikers sein müsse, den Menschen im König zu zeigen, sollen wir mit ihm mitleiden. Um einem möglichen Mißverständnis entgegenzusteuern, betont er wenig später: »Ein Türk und Despot muß, auch wenn er verliebt ist, noch Türk und Despot sein.« (34. Stück) Lessing will also bei der Vorstellung eines Charakters auf dem Theater dessen Stand, dessen conditions (Diderot), die gesellschaftlichen Bedingungen und das soziale Umfeld keineswegs vergessen lassen. Entsprechend ist der Sultan modelliert: ein beinahe weiser Inhaber der Macht, der für sich selber auf Pomp und Pracht verzichtet, edelmütig in der Grundhaltung, aber bisweilen leichtfertig im Umgang mit Menschen und Geld ist. Es entfällt ihm z. B. bald, daß er den Tempelherrn begnadigt hat. Ist der junge Mann ihm von Nathan wieder ins Gedächtnis zurückgerufen worden, läßt ihn jedoch der Gedanke an seinen Bruder Assad, dem der Tempelherr so sehr gleicht, nicht mehr los. Die Erinnerungen, die sich ihm aufdrängen, sind von Liebe und Trauer geprägt. An den Tempelherrn gewandt, sagt er: »Sieh! ich könnte / Dich fragen: wo du denn die ganze Zeit / Gesteckt? In welcher Höhle du geschlafen? / In welchem Ginnistan, von welcher guten / Div diese Blume fort und fort so frisch / Erhalten worden? Sieh! ich könnte dich / Erinnern wollen, was wir dort und dort / Zusammen ausgeführt. Ich könnte mit / Dir zanken, daß du *ein* Geheimnis doch / Vor mir gehabt! *Ein* Abenteuer mir / Doch unterschlagen: – Ja das könnt' ich; wenn / Ich dich nur säh', und nicht auch mich. – [. . .] / Von dieser süßen Träumerei ist immer / Doch so viel wahr, daß mir in meinem Herbst / Ein

Assad wieder blühen soll.« (IV,4) Die wunderbare Wiederkehr des Jugendbildnisses seines Bruders in Gestalt eines ihm zunächst fremden Menschen löst im Sultan Wehmut aus, gemahnt ihn an sein fortgeschrittenes Alter. Todesgedanken mischen sich immer wieder in seine Rede. Er fühlt sich kurz vor seinem Ende – und will so spät in seinem Lebenslauf dann auch kein anderer werden, etwa plötzlich zu sparen beginnen, da er bisher doch mit vollen Händen gegeben hat.

Das Bild Saladins spielt zwischen hellen und dunklen Farben, zwischen Altersreflexionen, aufleuchtenden Erinnerungen an die ›Jugendlust‹, die mit dem Bruder verbunden wird, und wieder zum Lachen reizenden Verkennungen der Situation. Er präsentiert und weiß sich als ein »Ding von vielen Seiten«, als das Nathan dem jungen Tempelherrn erschienen ist (IV,4). Es wirkt komisch, wenn der Sultan noch im fünften Aufzug nach seinem Schatzmeister suchen läßt, von dem wir bereits aus dem zweiten Aufzug wissen, daß er sich längst auf den Weg zum Ganges gemacht und sein Amt im Stich gelassen hat. Es handelt sich unzweideutig um eine Lustspiel-Szene, in der die Mamelucken sich vom nachgiebigen Sultan ihr Botengeld erschnorren. Saladin hat eine Reihe von klugen Bemerkungen vorzubringen, die bestätigen, daß er dem weisen Nathan nicht nur an Alter gleichzusetzen ist, sondern auch etliche Ansichten mit der Hauptfigur teilt; nicht zuletzt praktizierten beide Toleranz den verschiedenen Glaubensrichtungen gegenüber: »Ich habe nie verlangt, / Daß allen Bäumen *eine* Rinde wachse.« (IV,4) Auch stimmt er Recha lebhaft darin zu, daß nicht das Blut den Vater mache. Die Kenntnis solcher guten Lehren hindert den Sultan allerdings nicht daran, mit sonst vielleicht lobenswertem Eifer in die falsche Richtung zu gehen. Als Recha auf den Knien ihn darum bittet, ihr ihren Vater zu erhalten, bietet er sich ihr selbst als Vater an und schlägt dann vor, sie soll sich besser anstelle des Vaters nach einem liebenden Manne umsehen. Diese altväterische Launigkeit verfehlt mit Sicherheit die aktuelle Gefühlslage des jungen Mädchens. Wenig später ist er darum bemüht, Recha und den Tempelherrn als Paar zusammenzuführen und muß sich erst vom Einspruch Nathans davon abhalten lassen. Dabei hätte ihm schon vorher klar werden können – immerhin bemerkt er es –, daß Recha den Tempelherrn nicht liebt. Der Sultan aber schiebt es auf die Befangenheit des jungen Mädchens. Von der Höhe seiner Jahre aus glaubt er, Recha nicht ernstnehmen zu müssen. Als der Tempelherr zunächst gar nicht positiv auf die Eröffnung antwortet, daß er der Bruder der von ihm geliebten Recha sei, schilt der Sultan ihn als Betrüger aus – wegen der äußeren, quasi gestohlenen Ähnlichkeit mit Assad, die wohl nur auf die Physiognomie beschränkt sei, denn Assad hätte in dieser Situation nicht abwehrend und bestürzt reagiert. Auch hier bleibt dem Sultan der Gefühlskonflikt des jungen Mannes verborgen. Das Rasche und Eilfertige scheint zumindest die Männer dieser Familie zu kennzeichnen: Onkel, Vater und Sohn, den Sultan, Assad und den Tempelherrn. Die schnellen Entschlüsse des Sultans lassen sich aber im Gegensatz zu denen des Tempelherrn ebenso leicht wieder durch Hinweise auf die Wirklichkeit korrigieren, da keinerlei dogmatische Starrheit seinem Denken und Handeln anhaftet.

Kann Nathan ihn einmal dadurch beeindrucken, daß er ihm in der Ring-Parabel die eigene und allen gemeinsame Unbedeutendheit vor Augen führt, so unterwirft ihn seine Schwester Sittah ständig ihrem Einfluß. Sittah, die Schwester des Sultans, ist mehr als seine Vertraute. Sie schmiedet Pläne und bringt den Herrscher dazu, sie in die Tat umzusetzen. Sie gebraucht die Dinge nach ihrer Art, wie sie erklärt, das heißt: Sie verfährt beim Umgang mit den Untertanen, den Abhängigen, den Schwachen durchaus kalt und berechnend. Nathan bekommt dies zweimal zu spüren: Das erste Mal soll er in eine Falle gelockt werden, um dem Sultan Geld zu geben; das zweite Mal muß er hinnehmen, daß Recha in den Sultanspalast eskortiert wird, denn Sittah ist neugierig darauf, wie das Mädchen aussieht, das die Liebe des Tempelherrn gewonnen hat. Saladin ist offenbar daran gewöhnt, seiner Schwester die Rolle der Listigen zuzuweisen und fühlt sich selber ungeschickt in der Rolle dessen, der andere aufs Glatteis führen soll. Er fürchtet aber auch, daß Sittah selbst vor Gewalt nicht zurückschrecken werde, um ihre Pläne durchzusetzen; so drängt es ihn dazu, sie ausdrücklich zu ermahnen, sie solle Nathan schonen. »Nathan muß durchaus / Nicht glauben, daß man mit Gewalt ihn von / Ihr [Recha] trennen wolle.« (IV,5) In der Tat ist die ›politische Intelligenz‹ Sittahs beträchtlich. Sie äußert sich nicht nur in der Fähigkeit, den Sultan davon zu überzeugen, sich so zu verhalten, wie sie es von ihm wünscht – wenn auch in ihrer beider Interesse. Sie schmeichelt ihrem Instrument, er sei ein Löwe, der sich schäme, wenn er mit dem Fuchs jage (wobei sie sich als Fuchs bezeichnet), sie akzeptiert sogar, daß er das Netzelegen und Schlingeneinfädeln, die pfiffige und gewandte Verstellung als Ausgeburt eines »Weiberkopfs« bezeichnet, der das von ihm Erdachte auch noch beschönige (III,4). In der Tat arbeitet Sittahs Gehirn sehr viel geschwinder als das des Sultans; auch nimmt sie eher und schneller wahr, was sich vor ihren Augen abspielt, z. B. daß sich Recha und der Tempelherr als Geschwister erkennen. Herzliche Verbundenheit zeigt Sittah eigentlich nur ihrem Bruder gegenüber. Ohne dessen Wissen läßt sie die ihr gestifteten oder beim Spiel gewonnenen Geldgeschenke wieder in dessen Kasse zurückfließen. Seinen großmütig-jähen Einfällen, sich Recha als Vater anzubieten oder die beiden jungen Menschen zusammenzuführen, sekundiert sie sofort. Für Dritte aber, insbesondere für niedriger geborene Subjekte, ist die Drahtzieherin Sittah gefährlich, da sie diese Menschen nur unter dem Aspekt der Nutzbarkeit sieht. Sie merkt, daß der Schatzmeister seinen Freund Nathan davor schützen will, vom Hof ausgebeutet zu werden, und bringt ihn dadurch in Verlegenheit, daß sie ihm all die preisenden Worte zum Ruhme des Juden vorhält, die Al-Hafi früher einmal leichtfertigerweise von sich gegeben hat (II,2). Dies von ihr referierte und vielleicht aus taktischen

Gründen verstärkte Nathan-Lob – will sie doch den Sultan dazu bewegen, diese frische Quelle anzuzapfen – hindert sie überhaupt nicht daran, in der mehr oder weniger sublimen Arroganz der Mächtigen, den »Juden« zum Opfer eines ihrer Anschläge zu machen, ihren Absichten zu unterwerfen: »Ja, was heißt / Bei dir Gewalt? Mit Feu'r und Schwert? Nein, nein, / Was braucht es mit dem Schwachen für Gewalt / Als ihre Schwäche?« (II,3) Auch Recha erkennt in dem Zwiegespräch mit Sittah etwas von der kalten, ruhigen Vernunft, die bei der Schwester des Sultans vorwaltet – und die Sittah auch unverkünstelt wirken läßt.

Unklar bleibt Sittahs Alter. Der Entwurf zum Drama gibt zu erkennen, daß Lessing ursprünglich vorgesehen hatte, die Neugier Sittahs auf den Tempelherrn deutlich als erotische Neugier kenntlich zu machen und auf eine Doppelhochzeit zuzusteuern, bei der sich der Sultan und Recha (die ursprünglich den Namen Rahel trug), Sittah und der Tempelherr verbinden. Bei der weiteren Arbeit an seinem Werk hat der Autor nun den Sultan neben Nathan zum zweiten älteren Mann gemacht und dementsprechend auch Sittah als reifer erscheinen lassen, die nicht mehr beim Auftritt des Tempelherrn errötet. Doch ist dieser Alterungsprozeß, der auf Sittah auch den kalten Glanz berechnender Machtausübung wirft, nicht ganz konsequent erfolgt. Sie behauptet zwar, daß sie Rechas Mütterchen sein könnte, wird von Recha aber dann – taktvoll und taktisch geschickt – als größere Schwester angesprochen. Andererseits bekennt der Sultan, daß er sie ursprünglich in seine dynastischen Pläne: Friedensheiraten mit den Anführern der Kreuzritter, einbezogen hat (diese Pläne scheitern an den Christen, die als ersten Schritt den Wechsel der Religion verlangen). Ist Sittah also doch noch jünger? Saladin erzählt ihr von Assad, der vor mehr als zwanzig Jahren verschwand. Warum weiß Sittah, die auch Assads Schwester ist, so wenig von diesem Bruder? Die einzige Erklärung dafür ist, daß sie noch nicht geboren war. Wenn diese Annahme richtig ist, kann sie selbst nur knapp über zwanzig Jahre alt sein – etwa in dem Alter des Tempelherrn also. Hätte Lessing Sittah aber die Kontur der jungen Frau gelassen, die sich in den Tempelherrn verliebt, hätte er eine wichtige Dimension ausgespart: die Machinationen der fürstlichen Herrschaft. Sittah muß vorführen – in Kontrast zum stilisierten Bild des braven, aber wirtschaftlich untüchtigen Mannes Saladin –, daß selbst vom Hof des großmütigsten Sultans eine menschenverachtende und skrupellose Behandlung der Untertanen zu erwarten ist, ein Zwang, der ohne Scheu an den Schwachen ausgeübt wird. Es ist bezeichnend, daß Sittah erst zuletzt Nathan begegnet und auch nicht Zeuge seiner Ring-Erzählung wird. Die Erfahrung der Zerknirschung, die Moral der Bescheidenheit, die Ahnung des Abscheidens bleiben dem Sultan vorbehalten.

Al-Hafi und der Klosterbruder: Die Heiterkeit des Weltekels

Al-Hafi ist ein Derwisch, ein Bettelmönch also, der kurioserweise vom Sultan zum Schatzmeister erhoben worden ist: eine närrische Karriere, die Al-Hafi selbst als »Geckerei« bezeichnet. Zwei Überlegungen haben Saladin zu seiner Entscheidung bewogen. Zunächst: wohl nur ein Bettler wisse, wie einem Bettler zumute ist. Dem Gedanken liegt die Auffassung zugrunde, daß Leidenserfahrung nicht einholbar sei. Sodann: es galt, einen Schatzmeister zu gewinnen, der gleich ihm ein freigebiger Spender ist und nicht ein Verwalter der Finanzen. Al-Hafi bezeichnet seine Zusage selbst – schon im ersten seiner drei Auftritte, im Gespräch mit dem Freunde Nathan – als Fehlentscheidung, wobei er sich als Opfer der Schmeichelei und der Verführung durch den gutherzigen Wahn hinstellt, die offenbar vorhandene Ungerechtigkeit ausgleichen zu können. Die Kritik an seinem Amt wächst zur Kritik am ›System‹ monarchischer Herrschaft. Wird der Sultan als Person auch ausgespart, gelten die Bedenken doch der Struktur, die ihm seinen Platz zuweist. Erstens: Almosenwirtschaft scheint Al-Hafi der falsche Weg zu sein, die Verhältnisse zu bessern. Was hilft es, sich an einzelnen als Menschenfreund zu beweisen, wenn hunderttausend andere dafür unterdrückt und gepreßt werden. Zweitens: Wie kann man die Milde des Höchsten nachäffen, ohne dessen volle Hand zu haben. Dieser Vorwurf ist auch auf Saladin zu übertragen. Al-Hafi deutet später im Gespräch mit dem Sultan und seiner Schwester an, daß Nathan dazu eine Alternative gefunden habe: er sei milde, aber nicht gefällig (um immer imstande zu sein, Milde üben zu können). Er, Nathan, gehe besonnen mit dem Geld um, borge nicht und bewahre dafür. Drittens: Al-Hafi bereut, daß er sich wegen der guten Seite an dem Unternehmen dazu bereiterklärt habe, den Schatzmeister zu spielen. Er erkennt, daß er am Zustand der ungleich verteilten Güter in der Welt nichts ändern kann und wird. Im Drama tritt er als scharf umrissener Opponent der schiefen Weltverhältnisse auf. Nur scheinbar hat er sich angepaßt, indem er sich den Ornat des Schatzmeisters übergeworfen hat. Dem angesichts dieser symbolischen Pracht mißtrauischen Nathan kann der Derwisch bald deutlich machen, daß er sich dem Diktat seines Amtes und seiner Würde nicht beugen will. Er ist nur bereit, das tun zu müssen, worum man ihn bittet und was er für gut erkennt. Diese Parole beweist seinem Zuhörer, daß bei Al-Hafi der Mensch nicht unter dem Kleid der Macht verschwunden ist. Der »Kerl im Staate« (I,3) ist nur das vorübergehende Erscheinungsbild des Derwischs. Beide Freunde erkennen aber, daß der Konflikt zwischen den Prinzipien der Bedürfnislosigkeit, der Abwehr weltlicher Verlockungen, und dem Staatsdienst von Sultans Gnaden nicht zu lösen sein wird. Denn als Schatzmeister, der allenthalben Geldquellen auftun muß, büßt Al-Hafi seine Handlungs- und Entscheidungsfreiheit auf die Dauer ein und riskiert zudem die Entfremdung von Nathan, der sich dem Freund und Derwisch nicht, dem Schatzmeister Saladins aber wohl verschließt. Noch fürchtet Nathan dieses Verlustgeschäft, zu dem er später dann, dem Sultan gegenüber, sich bereiterklärt. Al-Hafi, der sich für eine kleine Weile in die gesellschaftliche Dynamik eingeordnet und eingemischt hat, kann die Beziehung zwischen Fürst und Staat, Hof und Volk nicht anders denn als Gier- und Freßverhältnis beschreiben: entweder sei der Herrscher ein Geier unter Äsern oder ein Aas unter Geiern (I,3). Es nimmt nicht wunder, daß der Derwisch nach dem Bekenntnis dieser Einsicht seine amtliche Tätigkeit bald wieder aufgibt; verwunderlich ist nur, daß er nicht sogleich die Trennung herbeiführt. Al-Hafi möchte kein Jud Süß werden, der seinen Ehrgeiz mit dem seines Fürsten verbindet und in dessen Schatten groß zu werden trachtet – um dann stellvertretend für die schlechte Regierung angeklagt und hingerichtet zu werden.

Der zornige und scharfzüngige Mann, der so heftig und unnachsichtig Widerspruch einlegt gegen eine Wirklichkeitsordnung, die auf dem Elend der vielen Wehrlosen beruht, wird als Exponent der Kritik von Lessing allmählich gedämpft. Al-Hafi erhält zusehends komische Züge. Bei seinem Auftritt im Sultanspalast fällt bereits seine Leidenschaft für das Schachspiel auf, das ihn seine Umgebung vorübergehend vergessen läßt. Er sieht sich dann in der peinlichen Lage, seine früher geäußerte Hymne auf Nathan einzuschränken, um den Sultan und seine Schwester von diesem möglichen Geldspender abzulenken. Doch selbst hier noch fällt seine Charakteristik des Juden so aus, daß Nathan fast als der bessere Saladin erscheint. Auch Nathan gebe den Armen, auch Nathan achte Jud' und Christ, Muselmann und Parsen ohne Ansehen ihrer Religion für gleich viel; er sei sowohl weise als auch reich; nur verwalte er die Güter dieser Welt in kluger Voraussicht (also anders als der Sultan). Seinen Zuhörern hinter und vor der Rampe zeichnet Al-Hafi das Bild eines mit Vorzügen und Glücksgütern gesegneten Mannes, der durchaus dazu befähigt scheint, ins Himmelreich zu kommen (was nach dem christlichen Vergleich, daß eher noch ein Kamel durch ein Nadelör gehe, als daß ein Reicher in den Himmel komme, kaum denkbar scheint). Zugleich windet er sich bei dieser Eloge, da er sie ständig zu reduzieren versucht, um Nathan davor zu verschonen, von der fürstlichen Verschwendungssucht des unbedacht schenkfreudigen Saladin »ausgehöhlt« zu werden. Noch einmal kehrt Al-Hafi zu Nathan zurück, um ihm zu berichten, daß er bei »schmutzigen Mohren« geborgt und gebettelt habe (was seiner Meinung nach nicht viel besser ist als stehlen), nun aber endgültig zur Umkehr entschlossen sei: »Am Ganges nur gibt's Menschen. Hier seid Ihr / Der einzige, der noch so würdig wäre, / Daß er am Ganges lebte. – Wollt Ihr mit?« (II,9) Der Schatzmeister verwandelt sich wieder zum Derwisch und geht außer Landes, um weiter in Ruhe ein asketisches Leben zu führen. Sein Bruch mit der Kultur, die ihn zum Engagement einmal verführt hat, ist vollständig. Nur anderswo scheint es Menschen zu geben, scheint es möglich zu sein, ein Mensch zu sein: sich selbst zu leben, frei vom Zwang, für andere den Sklaven spielen zu müssen. Die Rabiatheit, mit der er sozusagen das Kleid abstreift, das ihn als Kerl im Staat auszeichnet, die Radikalität seiner Weltekel-Moral hat in dieser Situation auch etwas Erheiterndes, da er zuvor sich ähnlich einseitig als besessener Schachspieler darstellt, der dem Sultan vor allem übel zu nehmen scheint, daß der sein Spiel mit Sittah nicht zu Ende geführt, sondern das Brett einfach umgeworfen habe. Nathan kommentiert leicht ironisch die immer noch nachschwingende Empörung des Derwischs. Und eine gewisse, auch Distanz verratende Verblüffung spricht aus Nathans Worten, die er dem zum Ganges davonstürmenden Weltflüchtling nachschickt: »Wilder, guter, edler, – / Wie nenn' ich ihn? – Der wahre Bettler ist / Doch einzig und allein der wahre König!« (II,9) Nathan ist offensichtlich nicht bereit, dem Beispiel dieses ›edlen Wilden‹ zu folgen. Wohl gesteht er zu, daß Selbstbestimmung ganz nur beim Verzicht auf alle Güter dieser Welt – und womöglich auch abseits von dieser Welt – möglich sein dürfte, er selbst aber ist anscheinend dazu bereit,

Kompromisse einzugehen. Nathan verzichtet nicht auf Reichtum, um so wie Al-Hafi zu werden. Nicht nur um die Fürsten- und Systemkritik abzuschwächen, auch um Nathans Lebens- und Überlebenskonzept nicht zu diskreditieren, muß der Radikale Al-Hafi zum Teil zur komischen Figur werden. Das übertriebene Denken und Handeln verliert Verbindlichkeit und wirkt erheiternd.

Wie Al-Hafi zur kritischen Stimme im Herrschaftsbereich des weltlichen Regiments wird, so der Klosterbruder im Bereich des geistlichen Regiments. Der ehemalige Reitknecht, der Recha als Kind Nathan übergeben hat, der zum Eremiten geworden ist, um sich von den Ärgernissen dieses Getriebes fernzuhalten, muß sich nun als Bote des intriganten Patriarchen in die Welthändel einmischen. Dieser Auftrag überfordert Bonafides. Er findet einen Weg, sich deutlich von seinem Spitzeldienst zu distanzieren, indem er, äußerlich gehorsam, die entlarvenden Reden des Patriarchen referiert, seinen Kummer darüber, was ihm und anderen zugemutet wird, aber zunehmend freimütiger bekennt. Er ist nicht so einfältig, wie er anfänglich wirkt, denn er findet einen Weg aus dem Dilemma, Werkzeug der üblen Sache sein zu müssen, dies aber doch nicht zu wollen. Seine Unkorrumpierbarkeit zeigt sich schon darin, daß er Formeln der geistlichen Autorität Realitätsgehalt abspricht. Beim Vergleich von Dogma und Wirklichkeit hält er sich an die Wirklichkeit. So weiß der Klosterbruder nicht, worin die Sünde wider den heiligen Geist eigentlich besteht. Er meint, das Schlimme besser zu kennen als das Gute. Er ist der Auffassung, daß Kinder eher Liebe als Christentum brauchen, wobei in solcher Aussage unauffällig, aber doch merklich Liebe und Christentum als Gegensätze erscheinen. Schließlich stellt er auch fest, daß »unser Herr« selbst ein Jude gewesen ist, weshalb ihm die Judenverfolgung durch Christen als widersinnig gilt. So wechselt der Klosterbruder die Seite: er warnt den Tempelherrn vor dem Patriarchen und Nathan vor dem Tempelherrn. Er kann sich nicht verstellen, nicht lügen, nicht täuschen. Gerade darin besteht sein frommer Charakter, der wohl nicht in eine Welt paßt, in der heuchlerische Vielgesichtigkeit und Maskentragen als probate Mittel bei der Durchsetzung von Machtinteressen üblich sind. Die entlarvende Ungeschicklichkeit, mit der er seinen Botendienst ausführt und verfehlt, hat eher etwas erheiternd Argloses denn etwas Verschmitztes. Seine kopfschüttelnde Ratlosigkeit und gerade Nathan gegenüber durchbrechende Ehrlichkeit verleihen ihm die Würde des Unbestechlichen. Auch sein Weg, so ist zu vermuten, führt ihn wie Al-Hafi in die Weltabgeschiedenheit zurück.

Der Patriarch, der christliche Popanz

Daß der Patriarch gerade diesen Klosterbruder ausersehen hat, um den Tempelherrn zur Spionage und zum Mord zu verleiten oder unbescholtene Menschen nach ihren Geheimnissen auszuhorchen, spricht weder für seine Menschenkenntnis noch für seine Intelligenz. Schon in der ersten Szene, in der er dank der Erwähnungen des Klosterbruders gegenwärtig ist, obwohl er nicht selber auftritt (I,5), wird deutlich, wie der geistliche Herr zu denken pflegt. Es gibt für ihn keine Moral, die für alle Bereiche des Lebens zuständig wäre; im Gegenteil, er operiert mit mehreren Moralen, was ihm erlaubt, in verschiedenen Bezugssystemen zu handeln. Für ihn stellt es kein Problem dar, daß der Tempelherr Saladin umbringt, auch wenn der eine dem anderen sein Leben zu verdanken hat. Das Bezugssystem Freundschaft und Dankbarkeit ist dem des Religionskonflikts untergeordnet. Eine solche Annullierung der Menschlichkeit zugunsten des kirchlichen Interesses ist für den Patriarchen anscheinend so selbstverständlich geworden, daß er eine ähnliche Deformation des Wertgefühls beim Klosterbruder stillschweigend voraussetzt. Hatte der Tempelherr zuvor schon fälschlicherweise am Beispiel von Nathan zu erfahren geglaubt, daß Religion auch Partei sei – hier, im Patriarchen, begegnet ihm die zur reinen Machtpartei verkommene Kirche. Der relativ späte reale Auftritt des Patriarchen (in der 2. Szene des IV. Aufzugs) erklärt sich auch daher, daß sich sein Erscheinungsbild von den in der Zwischenzeit vertraut gewordenen Figuren Nathans und des Sultans abhebt. Der Bescheidenheit des Juden und der Einfachheit des Sultans widerspricht der grelle Pomp des Aufzugs, mit dem der Prälat die Bühne betritt – dabei kommt er nur von einem Kranken (wie der Klosterbruder ziemlich unwillig bemerkt). Angesichts dieses Prunks hätte Saladin fast Grund, sich zu schämen, repliziert ihm der Tempelherr. Der »dicke, rote, freundliche Prälat« entpuppt sich bald als ein Richter ganz anderer Art als der in der Ring-Parabel. Hat jener darauf verzichtet, einen Spruch zu fällen, und statt dessen den Klägern einen Rat gegeben, ist der Patriarch erpicht darauf, den Rat, den der Tempelherr bei ihm einzuholen versucht, in einen Spruch umzumünzen: einen Gerichtsspruch, der Todesstrafe androht und keinen Einwand duldet. Die Teilung und Hierarchie der Wertsysteme kennzeichnet auch diese Rede des Patriarchen. Für ihn stellt sich ein Grundwiderspruch dar zwischen den offenbar unantastbaren Rechten der Kirche und dem angemaßten Stolz der menschlichen Vernunft. Zwischen beiden Positionen könne es keinen Frieden geben; daher polemisiert der Patriarch wiederholt gegen Entscheidungen und Verhaltensweisen, die sich auf diese Vernunft berufen. Der Tempelherr ist zwar unschlüssig, aber doch mit einer anderen Erwartung ihm entgegengetreten. Schon den Klosterbruder bat er um den Rat eines Christen. Der Patriarch aber zeigt sich ihm als Machtpolitiker, der gedankenlose Unterwürfigkeit einfordert und ständig darum bemüht ist, den Geltungsbereich der Vernunft einzugrenzen, den der Kirche zu erweitern – selbst auf Kosten der Logik und der Theologie (wenn er z. B. die Engel des Herrn ohne Umstände mit den »Dienern seines Worts« in eins setzt; IV,2). Der Kasus des Juden, der ein getauftes Kind aufnimmt und zur Vernunft erzieht – vom

Tempelherrn, der der Situation entkommen will, schon etwas zerstreut und unpräzise berichtet – gilt dem Patriarchen als schlimmes Verbrechen, bei dem das Sonderrecht der Kirche in Kraft tritt. Die menschliche Tat wird zum Frevel, die liebevolle Erziehung zur Gewalt umgelogen – denn alles, was man Kindern tue, sei Gewalt, »ausgenommen, was die Kirch' / An Kindern tut« (IV,2). Welche entlastenden Bedenken der zum Verteidiger gewandelte Tempelherr auch vorbringt, er hört das stereotyp wiederholte Verdammungsurteil: »Tut nichts! der Jude wird verbrannt!« Die Forderungen menschlichen Mitleids und barmherziger Hilfe büßen unter der Perspektive dieses fast ins Gräßliche überhöhten Strebens der Kirche nach Alleinherrschaft ihr Gewicht ein: der Patriarch kann sich zur Behauptung versteigen, das Kind wäre besser im Elend umgekommen, statt zu seinem Verderben (aus kirchlicher Sicht) gerettet zu werden. Dieser Geistliche vertritt eine totalitäre Diktatur, die alle Neutralen und Unbotmäßigen als Feinde verfolgt und zu vertilgen sucht. Als der Tempelherr sich weigert, einen Namen zu nennen, und das Ganze eher als abstraktes Problem behandelt wissen möchte, wendet sich die Inquisition gegen ihn selbst. Der Patriarch droht damit, den durch Verträge verpflichteten Sultan einzuschalten. Offenbar denkt er, daß es unter gewaltsam Herrschenden ausreiche, vor Augen zu führen, wie gefährlich Ungläubigkeit für den Staat sei, da alle bürgerlichen Bande aufgelöst und zerrissen seien, »wenn / Der Mensch nichts glauben darf« (IV,2). Der Glaube erscheint so als Grundfeste einer Gesellschaft, die durch Zwang und Unterdrückung zusammengehalten wird. Als der Tempelherr jedoch erklärt, er sei zum Sultan berufen, lenkt der Patriarch sofort ein – lediglich der Eifer Gottes habe ihn so weit getrieben. Doch diese arglistige plötzliche Besänftigung soll den Tempelherrn nur täuschen; hinter seinem Rücken schickt der Würdenträger wieder den Klosterbruder Bonafides aus, um auszumachen, welcher Jude wohl gemeint sein könnte.

Die »fromme Raserei«

Die Figur des Patriarchen, bei dem man an Lessings Gegner, den Hamburger Hauptpastor Goeze denken kann, wenngleich sein Bild hier ins Groteske verzerrt scheint – immerhin hat Goeze manche dieser Argumente vorgebracht und es schließlich bewirkt, daß dem theologischen Streiter Lessing der Mund verboten worden ist –, diese Figur trägt merklich zu dem Eindruck bei, daß es in *Nathan der Weise* kein Gleichgewicht zwischen den drei großen Religionen gibt. Von Dajas schwärmerischem Fanatismus zum vorurteilsbeschwerten Denken und Handeln des Tempelherrn, bei dem die Verfolgerinstinkte noch recht wach sind, bis zum barbarischen Totschlag-Affekt des Patriarchen, der sich eher als eine Geißel, denn als ein Diener Gottes zeigt, reicht das Spektrum der Verunstaltungen der christlichen Heils- und Liebesbotschaft. Die Muselmanen dagegen sind als Muselmanen kaum kenntlich: der Sultan erfüllt eher das Schema des großmütigen Herrschers, seine Schwester das der höfischen Intrigantin. Nathans Identität ist mehr durch seine Existenz als Verfolgter und Gefährdeter bestimmt als durch seine Zugehörigkeit zur jüdischen Gemeinde. Rechas Religiosität ist nur so lange zu bemerken, als sie nach ihrer Rettung aus dem brennenden Haus in einer falschen Verzückung verharrt. Al-Hafi und der Klosterbruder schließlich sind abwesend anwesend, Weltflüchtige, die nach Gemütsruhe und Selbstversenkung streben, gleichgültig, welcher Glaube ihnen dabei hilft, sich aus der Verwicklung in das Getümmel wieder so schnell wie möglich zu lösen. So gesehen, ist Lessings Stück nicht nach allen Seiten hin gleichmäßig duldsam. Die christlichen Figuren sind vornehmlich Subjekte der Skepsis und der Satire – im Sinne Schillers: eher der strafenden als der verzeihenden Satire.

Der Autor verteilt die kritischen Kommentare auf mehrere Figuren. Prinzipieller äußert sich Nathan, der sowohl der Veräußerlichung als auch der stolzen Selbstüberhebung einer

Glaubenspartei Argwohn entgegenbringt. Autoritätshörigkeit und Buchstabenfixiertheit, also die Befolgung von Soll-Vorschriften und gebietenden Regeln werde noch keinen guten Menschen machen. Zur selbstgerechten Verstiegenheit äußert er: »Der große Mann braucht überall viel Boden; / Und mehrere, zu nahe gepflanzt, zerschlagen / Sich nur die Äste. Mittelgut, wie wir, / Find't sich hingegen überall in Menge. / Nur muß der eine nicht den andern mäkeln. / Nur muß der Knorr den Knuppen hübsch vertragen. / Nur muß ein Gipfelchen sich nicht vermessen, / Daß es allein der Erde nicht entschossen.« (II,5) Der Tempelherr greift den Vorwurf der »Menschenmäkelei« auf und bringt in Anschlag, daß wohl das jüdische Volk sich zuerst als auserwähltes Volk bezeichnet habe. Die »fromme Raserei, / Den bessern Gott zu haben, diesen bessern / Der ganzen Welt als besten aufzudringen« (II,5), zeigt sich nach der Auffassung des jungen Mannes gerade in Jerusalem, wo die Reviere der drei Religionen zusammenstoßen. Im Verlauf der Handlung läßt sich diese »fromme Raserei« aber vor allen Dingen bei den christlichen Figuren beobachten. Der Tempelherr betrachtet sich selbst bald als Abtrünnigen. Sittah und Recha greifen den Alleinvertretungsanspruch der Christen viel schärfer an als Nathan und der Tempelherr in ihrem eher grundsätzlichen Religionsgespräch. Sittah beobachtet, daß die Hybris der Christen die Entmenschlichung der Gläubigen zur Folge hat: »Ihr Stolz ist: Christen sein. Nicht Menschen.« (II,1) Auch wollen sie weniger die Tugenden Christi als seinen Namen auf der Welt verbreiten. Dies gibt Saladin die Gelegenheit, seine Beobachtung mitzuteilen, daß sich die weltliche Politik der christlichen Fraktion immer wieder auch geistlich maskiere, daß der Mönch die Vorteile des Ritters im Sinne habe. Recha schließlich erkennt am Ende den Mechanismus von Dajas Schwärmerei recht deutlich: »Die arme Frau [...] ist eine Christin; – muß aus Liebe quälen« (V,6). Da Daja den einzig wahren Weg zu Gott zu wissen wähnt, kann sie natürlich ihre Freunde nicht gelassen auf einem andern Wege wandern sehen – »der ins / Verderben stürzt« (V,6). Der Fanatismus der Rechtgläubigen läßt den Nachbarn nicht in Ruhe leben; und dieser Fanatismus wird vor allem an den Christen offenbar. Das hierarchische Denken erweist sich als Grundmuster eines in der Welt ausgearteten Glaubens, der Macht und Gewalt als Zweck und Mittel seines Handelns akzeptiert hat. Die tendenzielle Übereinstimmung zwischen den Interessen eines solcherart politisch gewordenen Christentums und dem Gefüge eines auf Ehrfurcht und Gehorsam aufgebauten Staatsapparats klingt in *Nathan der Weise* immer wieder an. Sittahs scharfe Kritik am Christentum verrät den Ärger des Konkurrenten – sie selbst handelt, wie sich zeigt, im wesentlichen nicht viel anders, wenn sie ihre Untertanen als verdinglichte Subjekte betrachtet.

Der Stil der Korrektur

Die unblutige Lösung im *Nathan* nimmt sich wie ein Wunder aus in Anbetracht der Konflikte, die am Horizont der Handlung sichtbar werden. Lessing benutzt und verändert einen klassischen Lustspielschluß: die Wiedererkennung und Zusammenführung einer Familie, um eine eher wünsch- als vorstellbare Problembewältigung zum guten Ende zu führen. Die Szenen des Werks, einzeln und für sich betrachtet, weisen in der Mehrheit die Tendenz auf, die zum Teil grellen Gegensätze zwischen den Gruppen nicht zu verschärfen, sondern die Figuren einander anzunähern. Einige Personen machen Wandlungen durch: Nathan sieht sich gezwungen, seine Vaterrolle und sein Verhältnis zur Ziehtochter neu zu bestimmen; Recha emanzipiert sich; der Tempelherr durchlebt eine Identitätskrise und findet ein neues Vorbild. Diese Wandlungen präzisieren jeweils die Beziehungen der betreffenden Personen zu anderen Menschen. Beim Tempelherrn zeigt sich, daß schier für unüberwindlich gehaltene Denk- und Urteilsmuster abgelegt werden können, auch wenn dies nicht mit einem Mal vonstatten gehen kann. Die Handlung des Dramas besteht in einer langsamen Verknüpfung von Personen, die zumeist vorher nichts miteinander zu tun gehabt haben oder einander sogar feindlich gesinnt gewesen sind. Einige Vorurteile können vor unseren Augen abgebaut werden. Die gesellschaftliche Struktur, in der diese Vorurteile ihren Platz finden und historische Schubkraft gewinnen, bleibt dagegen unverändert – ebenso der Trieb der Macht, der auf die Verdrängung der Nebenmenschen zielt. Der Weltzustand erscheint nicht als heilbar, doch einige Korrekturen an den sonst so starren Fronten können vorgenommen werden – da, wo die Lebenserfahrung und das Verständnis für die Situation des anderen solches Handeln ermöglichen.

»Ich muß euch doch zusammen / Verständigen.« (IV,4) Dieser Satz stammt von Saladin. Verständigung im dreifachen Sinne von (a) sich begreiflich machen, (b) um Verständnis besorgt sein und werben, (c) Einverständnis herstellen, kennzeichnet die Tendenz der meisten Dialoge, so daß mit Recht *Nathan* ein »Drama der Verständigung« genannt worden ist (Jürgen Schröder). Doch wird der Zusammenklang der Gefühle und Urteile – wenn überhaupt – erst nach langwierigen ›Verhandlungen‹ erreicht. Wie die Handlung des Dramas ist auch seine Sprachform vom Stil der Korrektur geprägt: der Berichtigung, der Ab- oder Eingrenzung, der Präzisierung. Die Personen greifen gerne die Ausdrücke und Stichwörter ihrer Vorredner auf, um sie anders zu wenden. Sie hören gespannt zu und antworten – auf das letzte, aber auch auf das vorletzte Argument. Sie entfalten aus einem gemeinsamen Vokabular abweichende Deutungen – doch überwiegend in der Absicht, den Gesprächspartner auf ihre Seite zu ziehen. Sie handeln auch durch Sprechen (Gottfried Zeißig). Auf diese Weise ›korrigiert‹ Nathan die schwärmende Recha, den befangenen und verrannten Tempelherrn, selbst Saladin, als der anfangs den Sultan herauskehrt. Der Gestus der Korrektur bestimmt sogar die Sprachhandlung des Patriarchen, wenn auch in greller Weise, die Heuchelei und Anmaßung satirisch bloßstellt. Der Stil der Korrektur läßt seiner Absicht entsprechend keine Verhärtungen der Rede in Form von Maximen oder Denksprüchen zu, die aus dem Kontext abgezweigt und als Weisheitsregeln propagiert werden könnten. Vielleicht ist dem prinzipiell unabschließbaren Prozeß der Korrektur auch die Quasi-Lösung des Dramas gemäß, die nur äußerlich Beruhigung zu schaffen versteht und etliche Fragen nach der Art des Weiterlebens dieser Figuren offenläßt. Die Verständigung bleibt in vieler Hinsicht vorläufig.

Der eigentümlich zerrissene oder zerstückelte Blankvers im *Nathan* zeugt von der Dynamik der Korrekturimpulse. Lessing behandelt diesen Vers außerordentlich unorthodox. Er dehnt und verkürzt ihn, setzt Gedankenstriche oder andere Interpunktionszeichen, um ihn biegsam, lebendig, sozusagen ›reaktionsschnell‹ zu erhalten. Einwände und Einfälle, Denksprünge und prompte Folgerungen sperren sich gegen Glätte und Gleichmaß des metrischen Schemas, so daß sich ein Gegenspiel zwischen Redeimpuls und Formzwang entwikkelt. In der ge- und verspannten Artikulation spiegelt sich so der im Drama gerade noch bewältigte Widerspruch zwischen den auseinanderstrebenden Tendenzen des Ausbruchs in die völlige Autonomie (z. B. Al-Hafi) und der zögernden Einordnung (z. B. Nathan), der Emanzipation und der Assimilation im grundsätzlichen Sinne. Obwohl eine allgemeine Tendenz zur Verdichtung der Rede in lapidaren Sätzen besteht, sind die einzelnen Töne doch gut zu unterscheiden: Nathans zartfühlende und bedächtig prüfende Wachsamkeit (er ist alles andere als ein eilfertiger Rhetoriker); Rechas unverstellte, lebhafte Direktheit; des Tempelherrn grübelndes und gereiztes Rumoren; Saladins sozusagen losspringende Zuwendung, die seinen Gesprächspartnern gilt; des Klosterbruders Sprechen in seiner bekümmerten und in der verfremdeten, schrillen Tonlage des Patriarchen; des Patriarchen herrischer, fast brutaler Gestus, der immer wieder schockierend durch die fadenscheinige Maske falscher Milde hindurchscheint. Daß die einzelnen Personen für das verantwortlich zu machen sind, was sie sagen – und nicht der Autor –, hat Lessing nachdrücklich betont, sicherlich auch in der Erwartung, daß manche Aussagen ihm vom Zensor als authentische Meinungen zugeschrieben werden.[14] Tendenziell waltet tatsächlich der aus anderen Werken Lessings vertraute Perspektivismus vor, der Denk- und Redeweisen dem besonderen Blickwinkel von Personen einschreibt. So ist es etwa für Nathans ›eindringliche‹ Anteilnahme am Fühlen und Denken anderer Menschen charakteristisch, daß er sehr häufig zuhört und nur in wenigen Szenen für längere Zeit das Wort ergreift, z. B., wenn er Recha ausmalt, was aus ihrem Lebensretter vielleicht geworden sein könnte; wenn er dem Sultan das Märchen von den Ringen erzählt; wenn er dem Klosterbruder die Geschichte vom Pogrom berichtet. Den Tempelherrn dagegen ertappen wir sehr viel häufiger beim ingrimmigen Monologisieren. Die Häufigkeit der mimographischen Bemerkungen in diesem Text, der Schilderungen des äußeren Verhaltens und des mimischen Ausdrucks, verdeutlicht, daß selbst die in der Figurenrede untergebrachte Regieanweisung am Stil der Korrektur teilhat – der einschließt, daß man auch nichtsprachlichen Äußerungen der Zuhörer Aufmerksamkeit schenkt, um sich ›korrigierend‹ auf die in diesen Zeichen ausgedrückte Haltung einzulassen.

Die von Lessing gewählte Sprachform ist nicht selten als maskierender Stil verstanden worden (Ingrid Strohschneider-Kohrs), der die große Aufwallung der Gefühle in die prägnante Formel fasse und solcherart auch dämpfe, vielleicht sogar verberge, verheimliche. Da es Lessing hier an einer auf

14 Brief an Karl Lessing vom 19. 12. 1778 (*Erläuterungen und Dokumente* [Anm. 1] S. 106).

Pathos bedachten Affektregie fehlen läßt, er vielmehr umgangssprachliche und niedere Tonfälle einschleust, kommt es zu einer allgemeinen ›Unterkühlung‹ auch jener Selbstaussprache, in der die Dimensionen des Tragischen, Schrecklichen und Empfindsamen berührt werden. Die Normen des geselligen Gesprächs, des polemischen Dialogs, wie wir sie etwa aus den Gesprächen von *Ernst und Falk* (1778 entstanden) oder den *Anti-Goeze*-Schriften (1779) kennen, setzen sich bei Rede und Gegenrede im *Nathan* durch. Lessing strebt damit eine sprachliche Gestalt an, die gesellschaftliche Prägung keineswegs vermissen läßt – wie auch der »Mensch«, der sich aus der antagonistischen Ordnung der Religionen oder Stände herauswindet, deshalb noch nicht jeder sozialen Form entbehrt. Lessings Gattungsbezeichnung »dramatisches Gedicht« deutet gleichfalls auf den Charakter wechselseitiger Korrektur mit dem Ziel der gegenseitigen Annäherung in der sprachlichen Inszenierung hin: Ständische Eigentümlichkeiten sind der Redeform etwa des Sultans oder des Klosterbruders nur noch in Spuren zu eigen, also nicht völlig ausgelöscht. Der Autor durchbricht die zeitgenössischen Schablonen der Ständeregel und der bühnenpraktischen Rollenfächer. Doch ist bei keiner der Figuren des Dramas die gesellschaftliche Situation vergessen, in der sie lebt, aus der sie argumentiert. Auf dem Weg zum Gedicht, bleibt der *Nathan* noch ein Drama, das identifizierbare Personen aufeinander zuführt.

Es mag sein, daß Lessing das Thema der radikalen Opposition noch intensiver durchspielen wollte; er dachte immerhin an eine Fortsetzung in einem Werk, das sich dem Derwisch widmen sollte. Diese Akzentverschiebung hätte ohne Zweifel die bereits vorrevolutionären Elemente fundamentaler Kritik im *Nathan* noch verstärkt. Die Konsequenz ist nur angedeutet, aber nicht ausgeführt unter dem Dach dieses »dramatischen Gedichts«, das im Streit mit Theologen begonnen wurde, aber den Gewinn der Verständigung und der Verträglichkeit im Spiel demonstriert; und über dessen Eingang eine

Formel antidogmatischer Freisinnigkeit und friedlicher, weiser Versöhnungsbereitschaft als Motto zu lesen steht: »Tretet ein, denn auch hier sind Götter!«

Literaturhinweise

Bauer, Gerhard: Revision von Lessings »Nathan«. Anspruch, Strategie, Politik und Selbstverständnis der neuen Klasse. In: Der alte Kanon neu. Hrsg. von Walter Raiz und Erhard Schütz. Opladen 1976. S. 69–108.

Birus, Hendrik: Poetische Namengebung. Zur Bedeutung der Namen in Lessings »Nathan der Weise«. Göttingen 1978. (Palaestra. 270.)

– »Introite, nam et heic Dii sunt!« Einiges über Lessings Mottoverwendung und das Motto zum »Nathan«. In: Euphorion 75 (1981) S. 379–410.

Bohnen, Klaus: Gleichheit als Postulat und Problem im Werk G. E. Lessings. In: Text & Kontext 9 (1981) S. 218–236.

Erläuterungen und Dokumente. Gotthold Ephraim Lessing. Nathan der Weise. Hrsg. von Peter Düffel. Stuttgart 1972 [u. ö.]. (Reclams Universal-Bibliothek. Nr. 8118 [2].)

König, Dominik von: Natürlichkeit und Wirklichkeit. Studien zu Lessings »Nathan der Weise«. Bonn 1976.

Lessings »Nathan der Weise«. Hrsg. von Klaus Bohnen. Darmstadt 1984. (Wege der Forschung. Bd. 587.)

Neumann, Peter Horst: Der Preis der Mündigkeit. Über Lessings Dramen. Anhang: Über Fanny Hill. Stuttgart 1977.

Politzer, Heinz: Lessings Parabel von den drei Ringen. In: The German Quarterly 31 (1958) S. 161–177. Auch in: H. P.: Das Schweigen der Sirenen. Stuttgart 1968. S. 339–372.

Rohrmoser, Günter: Lessing. Nathan der Weise. In: Das deutsche Drama vom Barock bis zur Gegenwart. Interpretationen. Bd. 1. Hrsg. von Benno von Wiese. Düsseldorf 1958. S. 113–126.

Schulze, Harald: Lessings Toleranzbegriff. Eine theologische Studie. Göttingen 1969.

Strohschneider-Kohrs, Ingrid: Lessings Nathan-Dichtung als ›eine Art von Anti-Candide‹. In: Nation und Gelehrtenrepublik. Lessing im europäischen Zusammenhang. Hrsg. von W. Barner und A. M. Reh. Detroit/München 1984. S. 270–302.

Wessels, Hans-Dietrich: Lessings »Nathan der Weise«. Seine Wirkungsgeschichte bis zum Ende der Goethezeit. Königstein (Taunus) 1979.

Zeißig, Gottfried: Die Überwindung der Rede im Drama. Vergleichende Untersuchungen des dramatischen Sprachstils in der Tragödie Gottscheds, Lessings und der Stürmer und Dränger. Leipzig 1930.

Die Autoren der Beiträge

Helmut Göbel

Geboren 1939. Studium der Literaturwissenschaft, Geschichte und Philosophie in München und Münster (Westf.). Dr. phil. Akademischer Oberrat am Seminar für deutsche Philologie der Universität Göttingen.

Publikationen:

Bild und Sprache bei Lessing. München 1971. – Lessings »Nathan«. Der Autor, der Text, seine Umwelt, seine Folgen. Berlin 1977. [3]1983. (Wagenbach Taschenbuch. 43.) – Einleitungen, Kommentare und Anmerkungen zu Lessings theologiekritischen und philosophischen Schriften in: Gotthold Ephraim Lessings Werke. Hrsg. von Herbert G. Göpfert. Bd. 7. München 1976. S. 719–983. Bd. 8. München 1979. S. 579–755. – Lessing und Cardano. Ein Beitrag zu Lessings Renaissance-Rezeption. In: Aufklärung und Humanismus. Hrsg. von Richard Toellner. Heidelberg 1980. (Wolfenbütteler Studien zur Aufklärung. Bd. 6.) S. 167–186. – »Nicht die Kinder bloß, speist man / mit Märchen ab.« Zur Toleranzbegründung in Lessings Spätwerk. In: Lessing Yearbook 1982. Bd. 14. S. 119–132. – Haus, Straße und Platz. Die Spielräume von Elias Canettis frühen Dramen. In: Elias Canetti. Text und Kritik 28. [3]1982. S. 48–64. – Annäherung an Friedrich Dürrenmatts »Stoffe I–III«. In: Friedrich Dürrenmatt. Text und Kritik 56. 2., erw. Aufl. 1984. S. 8–29.

Thomas Koebner

Geboren 1941. Studium der Germanistik, Kunstgeschichte und Philosophie in München. Dr. phil. Professor für Neuere deutsche Literatur und Medienwissenschaft an der Philipps-Universität Marburg.

Publikationen:

Hermann Broch. Bern/München 1965. – Tendenzen der deutschen Literatur seit 1945 (Hrsg.). Stuttgart 1970. – Ich kam nach England. Alfred Kerr im Exil (Hrsg., mit Walter Huder). Bonn 1979. [2]1984). – Zwischen den Weltkriegen (Hrsg.). Wiesbaden 1983. (Neues Handbuch der Literaturwissenschaft Bd. 20.) – Weimars Ende. Prognosen und Diagnosen in der deutschen Literatur und politischen Publizistik 1930–1933 (Hrsg.). Frankfurt a. M. 1983. – Tendenzen der deutschen Gegenwartsliteratur (Hrsg.). Stuttgart 1984. – Mit uns zieht die neue Zeit. Der Mythos Jugend (Hrsg., mit Rolf-Peter Janz und Frank Trommler). Frankfurt a. M. 1985. – »Deutschland nach Hitler«. Zukunftspläne im Exil und aus der Besatzungszeit 1939–1949 (Hrsg., mit Gert Sautermeister und Sigrid Schneider), Wiesbaden 1987. – Die andere Welt. Kultur- und literaturgeschichtliche Studien zum Exotismus (Hrsg., mit Gerhart Pickerodt), Frankfurt a. M. 1987. – Exilforschung. Ein internationales Jahrbuch (Mithrsg.). München 1983 ff. – Medienwissenschaft: Rezensionen (Hrsg., mit Karl Riha). Tübingen 1984 ff. – Studien zur Literatur des 18. und 20. Jahrhunderts, zur Theater- und Musik-, zur Film- und Fernsehgeschichte.

Wolfgang Kuttenkeuler

Geboren 1939. Studium der Germanistik, Philosophie und Geschichte in Bonn und Köln. Dr. phil. Mitarbeiter des Presse- und Informationsamts der Bundesregierung, Bonn, und Lehrbeauftragter für Neuere deutsche Literaturwissenschaft an der Universität Köln.

Publikationen:

Heinrich Heine. Theorie und Kritik der Literatur. Stuttgart/Berlin [u. a.] 1972. – Poesie und Politik. Zur Situation der Literatur in Deutschland (Hrsg.). Stuttgart/Berlin [u. a.] 1973. Dass. Bonn 1973. – Heinrich Heine. Artistik und Engagement. Stuttgart 1977. – Aufsätze zum deutschen Drama des 18. bis 20. Jahrhunderts, Hörspielkommentare (»Deutsch als Fremdsprache«).

Horst Steinmetz

Geboren 1934. Studium der Literaturwissenschaft, Germanistik und Philosophie in Hamburg und Marburg. Dr. phil. Professor für Allgemeine und Vergleichende Literaturwissenschaft an der Universität Leiden (Niederlande).

Publikationen:

Die Komödie der Aufklärung. Stuttgart 1966. [3]1978. – Die Trilogie. Entstehung und Struktur einer Großform des deutschen Dramas nach 1800. Heidelberg 1968. – Lessing – ein unpoetischer Dichter. Dokumente aus drei Jahrhunderten zur Wirkungsgeschichte Lessings in Deutschland (Hrsg.). Frankfurt a. M. / Bonn 1969. – Eduard Mörikes Erzählungen. Stuttgart 1969. – Max Frisch: Tagebuch, Drama, Roman. Göttingen 1973. – Suspensive Interpretation. Am Beispiel Franz Kafkas. Göttingen 1977. – Gotthold Ephraim Lessings »Minna von Barnhelm«. Dokumente zur Rezeptions- und Interpretationsgeschichte (Hrsg.). Königstein 1979. – Friedrich II., König von Preußen, und die deutsche Literatur des 18. Jahrhunderts (Hrsg.). Stuttgart 1985. – Texteditionen von Gellert, Gottsched, Hagedorn, J. E. Schlegel. – Aufsätze zu Problemen der Literaturwissenschaft (Interpretation, Rezeption, Stil, Gattungen) und zur Literatur des 18. bis 20. Jahrhunderts.

Erläuterungen und Dokumente

Eine Auswahl

zu Böll, *Ansichten eines Clowns.* 84 S. UB 8192

zu Brecht, *Der kaukasische Kreidekreis.* 120 S. UB 16007 – *Leben des Galilei.* 231 S. UB 16020 – *Mutter Courage und ihre Kinder.* 208 S. UB 16035

zu Büchner, *Dantons Tod.* 208 S. UB 16034 – *Lenz.* 176 S. UB 8180 – *Woyzeck.* 325 S. UB 16013

zu Droste-Hülshoff, *Die Judenbuche.* 87 S. UB 8145

zu Dürrenmatt, *Der Besuch der alten Dame.* 93 S. UB 8130 – *Die Physiker.* 243 S. UB 8189

zu Eichendorff, *Aus dem Leben eines Taugenichts.* 120 S. UB 8198

zu Fontane, *Effi Briest.* 171 S. UB 8119 – *Frau Jenny Treibel.* 120 S. UB 8132 – *Irrungen, Wirrungen.* 148 S. UB 8146 – *Schach von Wuthenow.* 173 S. UB 8152

zu Frisch, *Andorra.* 88 S. UB 8170 – *Biedermann und die Brandstifter.* 128 S. UB 8129 – *Homo faber.* 196 S. UB 8179

zu Goethe, *Egmont.* 165 S. UB 8126 – *Faust. Der Tragödie Erster Teil.* 301 S. UB 16021 – *Faust. Der Tragödie Zweiter Teil.* 358 S. UB 16022 – *Götz von Berlichingen.* 216 S. UB 8122 – *Iphigenie auf Tauris.* 156 S. UB 16025 – *Die Leiden des jungen Werther.* 192 S. UB 8113 – *Novelle.* 160 S. UB 8159 – *Torquato Tasso.* 230 S. UB 8154 – *Urfaust.* 168 S. UB 8183 – *Die Wahlverwandtschaften.* 260 S. UB 16048 – *Wilhelm Meisters Lehrjahre.* 398 S. UB 8160

zu Grass, *Die Blechtrommel.* 223 S. UB 16005 – *Katz und Maus.* 192 S. UB 8137

zu Hauptmann, *Bahnwärter Thiel.* 62 S. UB 8125 – *Der Biberpelz.* 104 S. UB 8141 – *Die Ratten.* 183 S. UB 8187 – *Die Weber.* 227 S. UB 16014

zu Heine, *Deutschland. Ein Wintermärchen.* 208 S. UB 8150

zu Hölderlin, *Hyperion.* 339 S. UB 16008

zu Hoffmann, *Das Fräulein von Scuderi.* 136 S. UB 8142 – *Der goldne Topf.* 176 S. UB 8157 – *Der Sandmann.* 176 S. UB 8199 zu Ibsen, *Nora (Ein Puppenheim).* 86 S. UB 8185

zu Kafka, *Der Proceß.* 230 S. UB 8197 – *Das Urteil.* 144 S. UB 16001 – *Die Verwandlung.* 196 S. UB 8155

zu Keller, *Kleider machen Leute.* 108 S. UB 8165

zu Kleist, *Amphitryon.* 160 S. UB 8162 – *Das Erdbeben in Chili.* 168 S. UB 8175 – *Das Käthchen von Heilbronn.* 164 S. UB 8139 – *Die Marquise von O…* 128 S. UB 8196 – *Michael Kohlhaas.* 140 S. UB 16026 – *Penthesilea.* 160 S. UB 8191 – *Prinz Friedrich von Homburg.* 204 S. UB 8147 – *Der zerbrochne Krug.* 157 S. UB 8123

zu J. M. R. Lenz, *Der Hofmeister.* 191 S. UB 8177 – *Die Soldaten.* 119 S. UB 16027

zu Lessing, *Emilia Galotti.* 159 S. UB 16031 – *Minna von Barnhelm.* 165 S. UB 16037 – *Miss Sara Sampson.* 109 S. UB 8169 – *Nathan der Weise.* 175 S. UB 8118

zu H. Mann, *Der Untertan.* 165 S. UB 8194

zu Th. Mann, *Mario und der Zauberer.* 104 S. UB 8153 – *Der Tod in Venedig.* 196 S. UB 8188 – *Tonio Kröger.* 104 S. UB 8163 – *Tristan.* 96 S. UB 8115

zu Novalis, *Heinrich von Ofterdingen.* 243 S. UB 8181

zu Schiller, *Don Karlos.* 238 S. UB 8120 – *Die Jungfrau von Orleans.* 160 S. UB 8164 – *Kabale und Liebe.* 174 S. UB 8149 – *Maria Stuart.* 214 S. UB 8143 – *Die Räuber.* 232 S. UB 8134 – *Wallenstein.* 294 S. UB 8136 – *Wilhelm Tell.* 111 S. UB 8102

zu Schnitzler, *Fräulein Else.* 118 S. UB 16023

zu Shakespeare, *Hamlet.* 264 S. UB 8116 – *Romeo und Julia.* 182 S. UB 16029

zu Storm, *Hans und Heinz Kirch.* 94 S. UB 8171 – *Immensee.* 88 S. UB 8166 – *Der Schimmelreiter.* 135 S. UB 8133

zu Tieck, *Der blonde Eckbert / Der Runenberg.* 91 S. UB 8178

zu Wedekind, *Frühlings Erwachen.* 204 S. UB 8151

zu Zuckmayer, *Der Hauptmann von Köpenick.* 171 S. UB 8138

Philipp Reclam jun. Stuttgart

Dichtungstheorie der Aufklärung und Klassik

IN RECLAMS UNIVERSAL-BIBLIOTHEK

Gellert, Christian Fürchtegott, *Die zärtlichen Schwestern.* Lustspiel. Im Anhang: Chassirons und Gellerts Abhandlungen über das rührende Lustspiel. (H. Steinmetz) 119 S. UB 8973

Gerstenberg, Heinrich Wilhelm von, *Ugolino.* Tragödie. Mit einem Anhang und einer Auswahl aus den theoretischen und kritischen Schriften. (Ch. Siegrist) 158 S. UB 141

Gottsched, Johann Christoph, *Schriften zur Literatur.* (H. Steinmetz) 387 S. UB 9361 – *Sterbender Cato.* Im Anhang: Auszüge aus der zeitgenössischen Diskussion über Gottscheds Drama. (H. Steinmetz) 144 S. UB 2097

Hamann, Johann Georg, *Sokratische Denkwürdigkeiten. Aesthetica in nuce.* (S.-A. Jørgensen) 192 S. UB 926

Herder, Johann Gottfried, *Abhandlung über den Ursprung der Sprache.* (H. D. Irmscher) 176 S. UB 8729 – *Journal meiner Reise im Jahr 1769.* Hist. krit. Ausgabe. (K. Mommsen / M. Mommsen / G. Wackerl) 312 S. UB 9793 – *Von deutscher Art und Kunst.* Einige fliegende Blätter. Von Johann Gottfried Herder, Johann Wolfgang Goethe und Justus Möser. (H. D. Irmscher) 197 S. UB 7497

Lessing, Gotthold Ephraim, *Briefe, die neueste Literatur betreffend.* (W. Bender) 504 S. UB 9339 – *Fabeln.* Abhandlungen über die Fabel. (H. Rölleke) 167 S. UB 27 – *Hamburgische Dramaturgie.* (K L. Berghahn) 704 S.

UB 7738 – *Kritik und Dramaturgie.* (K. H. Bühner) 94 S. UB 7793 – *Laokoon* oder über die Grenzen der Malerei und Poesie. Mit beiläufigen Erläuterungen verschiedener Punkte der alten Kunstgeschichte. (I. Kreuzer) 232 S. UB 271

Schiller, Friedrich, *Kallias oder über die Schönheit.* Über Anmut und Würde. (K. L. Berghahn) 173 S. UB 9307 – *Über die ästhetische Erziehung des Menschen* (K. L. Berghahn) 287 S. UB 18062 – *Über naive und sentimentalische Dichtung.* (K. L. Berghahn) 151 S. UB 18213 – *Vom Pathetischen und Erhabenen.* Ausgewählte Schriften zur Dramentheorie. (Die Schaubühne als eine moralische Anstalt betrachtet. Über den Grund des Vergnügens an tragischen Gegenständen. Über die tragische Kunst. Über das Pathetische. Über das Erhabene. Über epische und dramatische Dichtung. Über den Gebrauch des Chors in der Tragödie. Tragödie und Komödie.) (K. L. Berghahn) 158 S. UB 2731

Schlegel, Friedrich, *Kritische und theoretische Schriften.* (A. Huyssen) 245 S. UB 9880

Schlegel, Johann Elias, *Canut.* Ein Trauerspiel. Im Anhang: Gedanken zur Aufnahme des dänischen Theaters. (H. Steinmetz) 128 S. UB 8766

Winckelmann, Johann Joachim, *Gedanken über die Nachahmung der griechischen Werke in der Malerei und Bildhauerkunst.* (L. Uhlig) 157 S. UB 8338

Philipp Reclam jun. Stuttgart